東北「海道」の古代史

平川南

東北「海道」の古代史

岩波書店

目次

はじめに

私の研究の原点は東北の地であり、特別史跡多賀城《たがじょう》跡（宮城県多賀城市）の発掘調査である。多賀城は古代東北の行政・軍事の中核拠点として、西の大宰府《だざいふ》に匹敵する一大地方都市であった。

二〇一〇年には、その多賀城跡発掘調査五〇周年を迎え、種々の記念行事が実施された。九月二三日、多賀城市文化センターで行われたパネルディスカッション「多賀城に生きた人々」の会場は、一〇〇〇人を超える市民で埋め尽くされた。また一一月一三日には岩手県陸前高田市で開催された「気仙《けせん》登場一二〇〇年記念講演会　再発見！　古代の気仙」に周辺市町村からも熱心な市民が集い、私は講演で、古代の気仙地方が三陸沿岸の中核として、都への昆布などの進上を担うとともに、北方世界との交易拠点であったことを述べた。

さらに二〇一一年一月三〇日には福島県南相馬市で「古代の郡家《ぐうけ》と地域社会」と題して講演を行った。南相馬市の地は古代には行方《なめかた》郡と称し、古代日本最大の製鉄遺跡（金沢《かねざわ》地区製鉄遺跡群）が発見されている。古代国家はこの製鉄コンビナートを掌握し、鉄の武器・武具を製作し、軍事的拠点としていたことを参加者に伝えた。

多賀城・陸前高田・南相馬の市民の方々は、これからの地域振興には、地域固有の豊かな歴史文化を掘り起こし、共有することが何よりも大切だということを理解し、新たな街づくりの第一歩をスタートさせようとした、まさに矢先の二〇一一年三月一一日の大震災であった。私自身言葉がない。

テレビで映された、津波の猛威に人々の日常がずたずたに引き裂かれる様は、日本列島そして世界の人々を震撼させた。あれから一年が経ち、大きな被害をこうむり、いまだ過酷な情況にありながらも、東北地方の人々は復興へ向かっている。そのエネルギーは、豊かな自然の中で育まれてきた、そして時には脅威の自然に立ち向かってきた歴史と文化への強い思いから生まれているのではないだろうか。

これまでの古代東北史研究は、古代国家の行政・軍事の支配拠点としての城柵を中心に研究が進められてきた。特に多賀城をはじめとする城柵遺跡の長年にわたる計画的な学術発掘調査と、東北縦貫自動車道、東北新幹線などの東北内陸部を縦断する巨大な開発路線に伴う緊急発掘調査の成果は、膨大な学術情報をもたらした。その結果、古代東北史研究が飛躍的に推進したことは事実である。これは、文献史料と考古学成果が緊密に連関しながら、研究が深化してきたともいえよう。しかし、古代国家の編纂した歴史書は基本的には支配する側の立場と論理に基づく記録である。上述した考古学の発掘調査も、城柵中心の学術調査と内陸部に集中した緊急調査に傾斜したものであることは、大勢として否定できない。こうした情況のもと、古代東北太平洋沿岸、いわゆる「海道《かいどう》」地域史研究は大きく遅れてしまったといえよう。

古代国家は広域行政区画の七道制(東海道・東山道・北陸道・山陰道・山陽道・南海道・西海道)をしき、この七道を都(大和・山城)から地方へと放射状に延びる道路としても整えた。東へ延びる官道は東海道・東山道・北陸道の三つのルートを設定した。陸奥《むつ》国は、行政区画としては東山道に属した。東山道には順に近江《おうみ》→美濃《みの》→飛驒《ひだ》→信濃《しなの》→上野《こうずけ》→

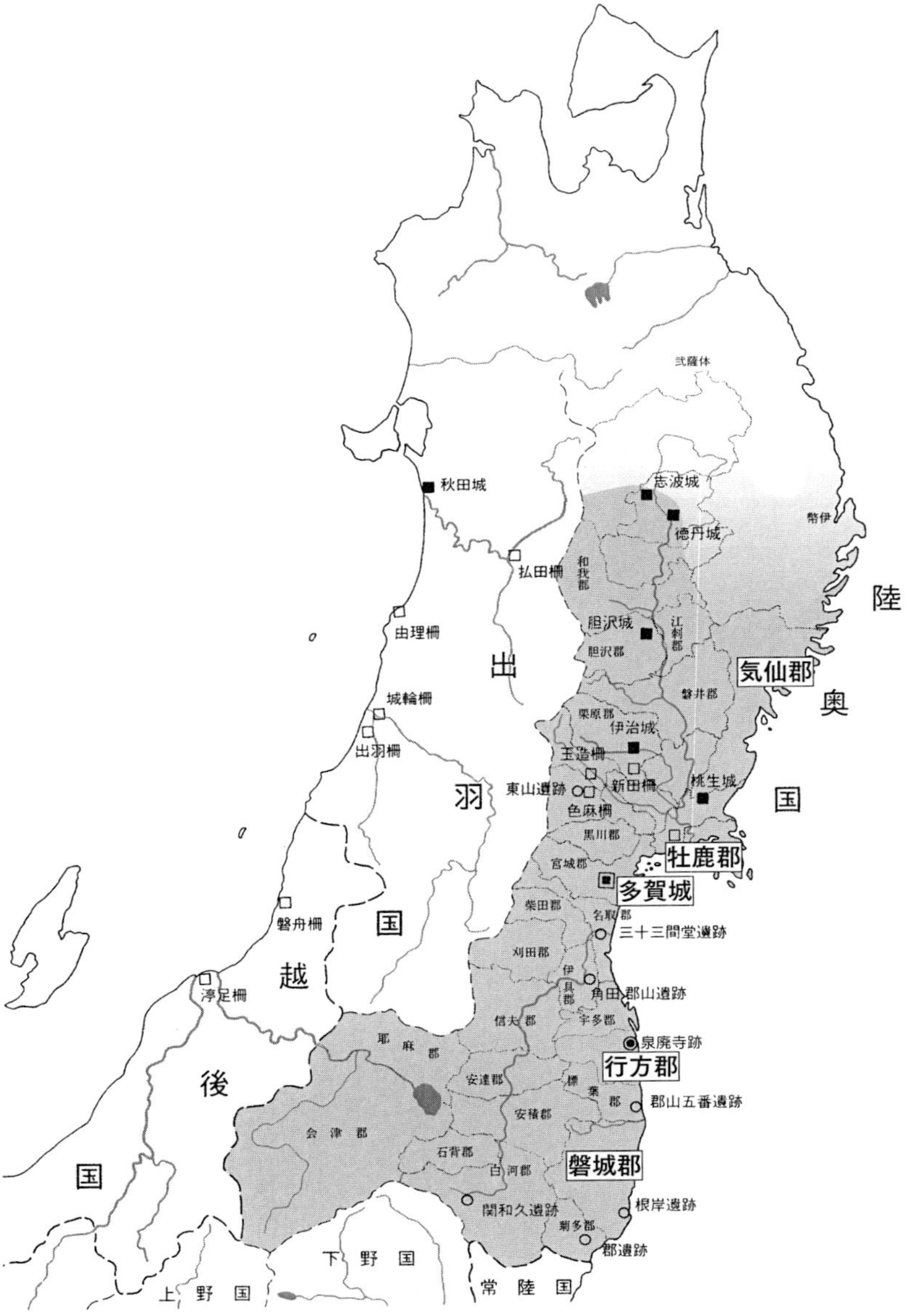

弐薩体
秋田城
志波城
徳丹城
払田柵
和我郡
陸
由理柵
胆沢城
江刺郡
胆沢郡
気仙郡
出
磐井郡
奥
城輪柵
栗原郡
伊治城
出羽柵
玉造柵
新田柵
桃生城
東山遺跡
羽
国
色麻柵
黒川郡
牡鹿郡
宮城郡
多賀城
磐舟柵
柴田郡
名取郡
国
三十三間堂遺跡
刈田郡
越
伊具郡
角田郡山遺跡
渟足柵
信夫郡
宇多郡
泉廃寺跡
耶麻郡
行方郡
後
安達郡
標葉郡
郡山五番遺跡
安積郡
会津郡
石背郡
磐城郡
国
白河郡
根岸遺跡
関和久遺跡
菊多郡
郡遺跡
下野国
常陸国
上野国

図１　古代の東北地方

下野《しもつけ》→陸奥→出羽《でわ》の国が属し、交通路としての東山道は、現在の東北新幹線・東北自動車道の通る内陸コースをとった。

一方、東海道は伊勢湾沿岸から現在の中部・関東地方の太平洋岸に沿った地域で、伊賀《いが》国から常陸《ひたち》国が所属する行政区画である。また、これらの諸国を結ぶ交通路も東海道と称し、「海の道」ともよばれた。この「海の道」はさらに北上し陸奥国に入り、菊多関《きくたのせき》(勿来関《なこそのせき》・福島県いわき市)から曰理《わたり》郡(宮城県南東部、阿武隈《あぶくま》川の河口部右岸)まで、そして国府所在の宮城郡以北は、内陸の長岡(宮城県北部の古川市)や北上川流域の諸郡を経て牡鹿《おしか》郡(宮城県石巻市)・気仙(宮城県気仙沼市〜岩手県陸前高田・大船渡《おおふなと》市付近)へ至る。その道の周辺地域を含めて海道と呼んだ。

陸奥国府が置かれた多賀城は、貞観《じょうがん》一一(八六九)年の大地震と津波で大きな被害を受けたことでも明らかなように、河川と河口部に良好な津(港)をもつ港湾都市としても機能したであろう。その点からも東北沿岸「海道」地域の中核拠点として、多賀城を位置づけたい。

被災地の再生にあたり、歴史・文化が地域社会の基盤となるものと確信している。

本書は、海道の拠点的地域として多賀城・気仙・牡鹿・行方・磐城《いわき》を取り上げ、その歴史・文化の原像ともいうべき古代史を鮮明に描いてみたい。

一　多賀城——その創建の意義

1　多賀城の創建構想

多賀城とは

古代の中国では、自らが世界の中央にあって最も開化した民族で、周辺諸国は遅れているという〝中華思想〟が根強かった。この影響を受けた日本(倭《わ》)でも、天皇の支配する〝中華〟の周辺には蝦夷《えみし》や隼人《はやと》が住み、彼らは次第に王《おう》化《か》に帰属し、支配者は彼らを教え導くという考え方が取り入れられていた。古代国家において辺境とされていたのは、東辺・北辺は東海・東山・北陸道の蝦夷と接する地域であり、西辺は西海道の隼人に接する地域を指している。

七世紀後半、古代国家が確立された時点においても、新潟県から東北地方北部にかけては、国家の支配が直接及ばない地域であった。この広大な「蝦夷の地」を国家に組み込み行政的支配を行うために大きな役割を果したのが、多賀城《たがじょう》をはじめとする城柵である。政府は、常に蝦夷や隼人に対して、食を饗し禄《ろく》を与えるなどの懐柔策をとる一方、その攻撃などを予測して、辺境の地には軍隊を常駐させ防衛機能を備えた〝城柵〟を設置した。

多賀城は、陸奥《むつ》国の国府の所在地であるとともに古代東北地方の行政・軍事の中心地であった。陸奥・出羽《でわ》両国を統括する最高行政官・按察使《あぜち》が派遣され、奈良時代には、軍事の統括機関・鎮守府《ちんじゅふ》も置かれた。

郡山遺跡

多賀城が陸奥国統治の中核として整備される以前、七世紀後半の陸奥国の中心となった城柵遺跡は、仙台市太白区郡山の郡山《こおりやま》遺跡である。[1]この遺跡は北を広瀬川、南を名取《なとり》川で画された自然堤防と後背地に立地している。こうした立地は、『日本書紀』の大化三(六四七)年、四(六四八)年条にみえる「渟足《ぬたり》柵」跡が阿賀野《あがの》川の河口(現在の新潟市王瀬)付近、「磐舟《いわふね》柵」跡が荒川の河口(村上市岩船)に想定されていることと共通しているであろう。

郡山遺跡はⅠ期官衙《かんが》・Ⅱ期官衙の二時期の遺構が重複している。Ⅰ期官衙は材木塀で区画され、平面形はほぼ長方形である。官衙の造営基準方位が真北から東へ三〇～四〇度ふれている。東北辺が未確認であるが短辺(西南辺)二九五メートル、長辺六〇四メートル以上の広がりを有している。Ⅰ期官衙の年代は、出土遺物から七世紀半ば～末葉と考えられている。Ⅱ期官衙はⅠ期官衙を取り壊して造営されているが、造営基準方位はほぼ真北に方向を合わせ、四町(約四二八メートル)四方のほぼ正方形で、直径三〇センチほどのクリの丸材を立て並べた材木塀を外郭施設としている。

図２　郡山遺跡全景

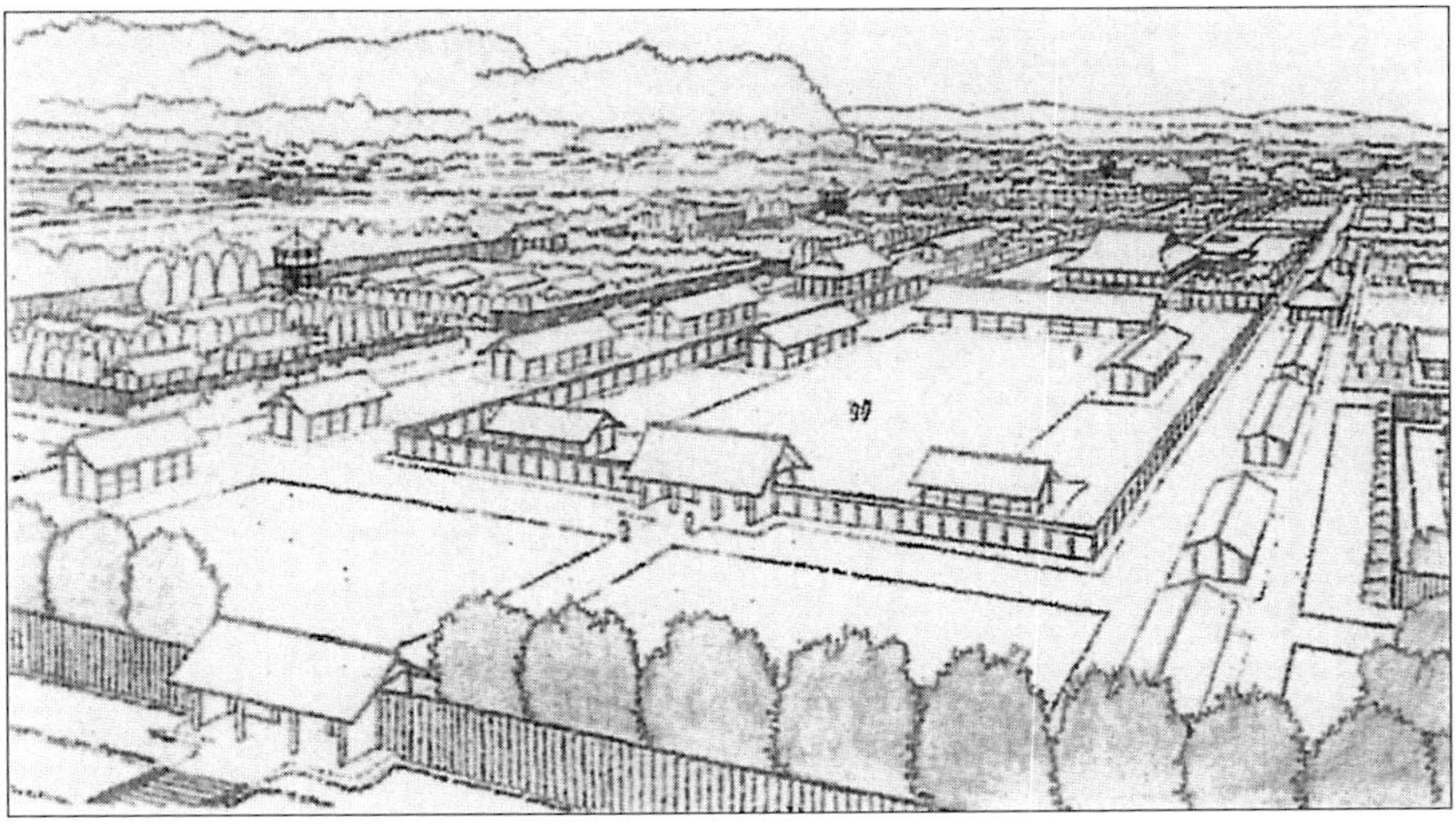

図３　郡山遺跡Ⅱ期官衙の想定復元

図４　多賀城跡空撮

郡山遺跡II期官衙は多賀城以前の陸奥国府とみられているが、II期官衙の全体構造は八世紀以降の国府政庁というよりも、藤原宮や平城宮の太極殿《だいごくでん》朝堂《ちょうどう》や大宰府《だざいふ》政庁(II期)との共通点が多いとされている。いうまでもなく、藤原宮は持統八(六九四)年に飛鳥浄御《あすかきよみ》原《はら》宮から遷された王宮である。郡山遺跡II期官衙の地割は藤原宮と密接な関連があると想定されている。すなわち外溝で区画された範囲は東西一五〇〇大尺×南北一五〇〇大尺(一大尺＝約三五・七センチ)であり、藤原宮の周囲の条坊計画線の間隔である東西三〇〇〇大尺×南北三〇〇〇大尺と比較すると長さは二分の一、面積では四分の一となる。そのII期官衙の時期も、藤原宮完成(六九四年)直後の七世紀末とされている。その存続期間は多賀城創建(七四〇年)前後までという。南には郡山廃寺がある。

古代における多賀城周辺の景観

その郡山遺跡につづく多賀城跡は、一部沖積地を取り込み、遺跡内の最高部標高五二メートルを測る丘陵上に立地してお

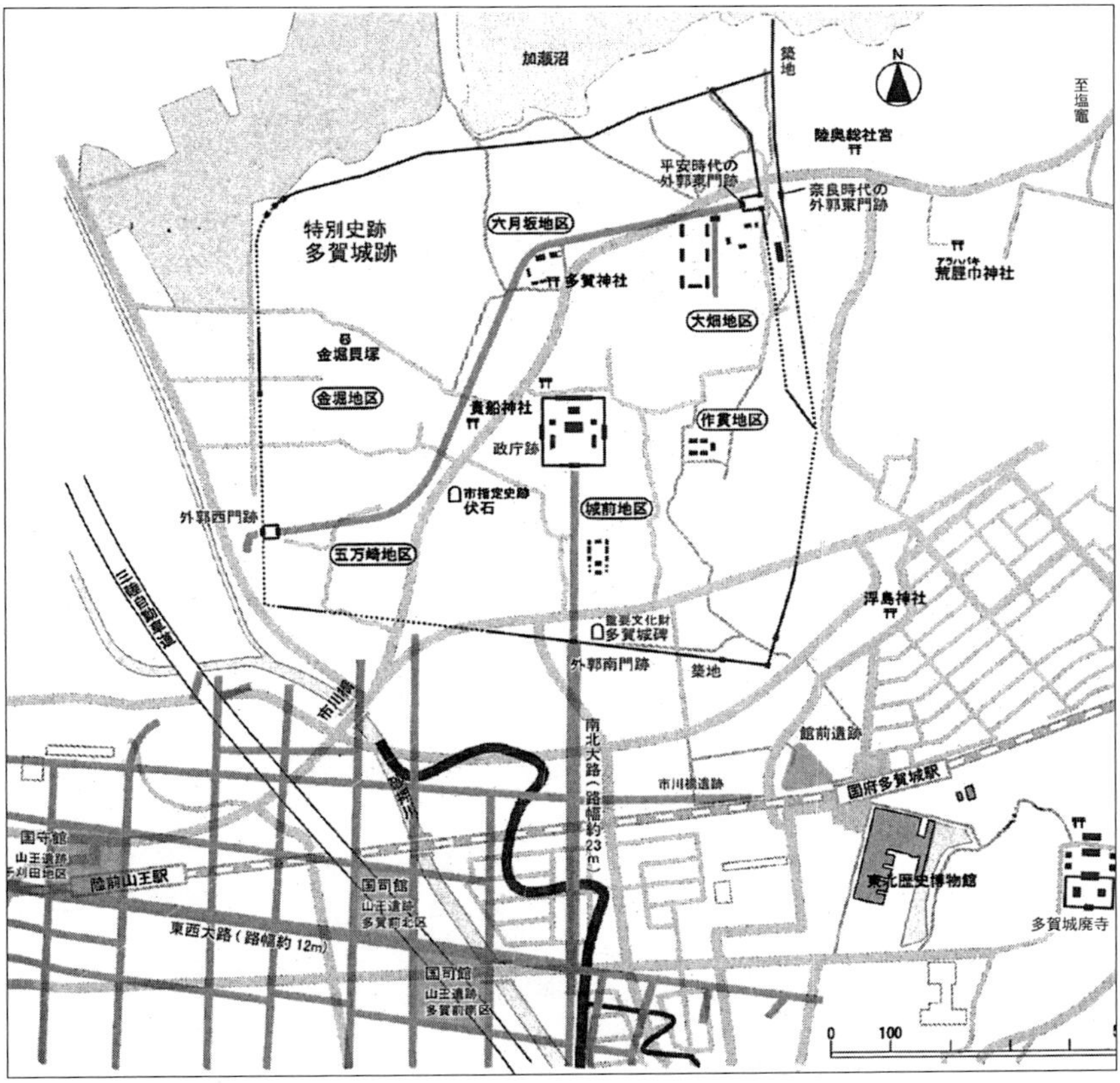

図５　多賀城と南面の街並み

り、仙台平野を一望することができる。南面の沖積平野には七北田《ななきた》川、砂押《すなおし》川が流れている。

古代・中世の多賀城周辺では、今日とはかなり様相を異にする景観が広がっていた。河川交通と港湾は、古代においては多賀城前面の調査例があるが、周辺の様相は必ずしも明らかでないので、中世における水上交通および港湾の状況を参照しながら紹介したい。この時代には、海水が現在の多賀城市八幡《やわた》付近まで入り込み、広大な入海《いりうみ》＝〝潟《かた》の世界〟をつくっていたのである。今でも多賀城市八幡・笠神《かさがみ》などには、往時の海水の浸入を示す地名が分布している。

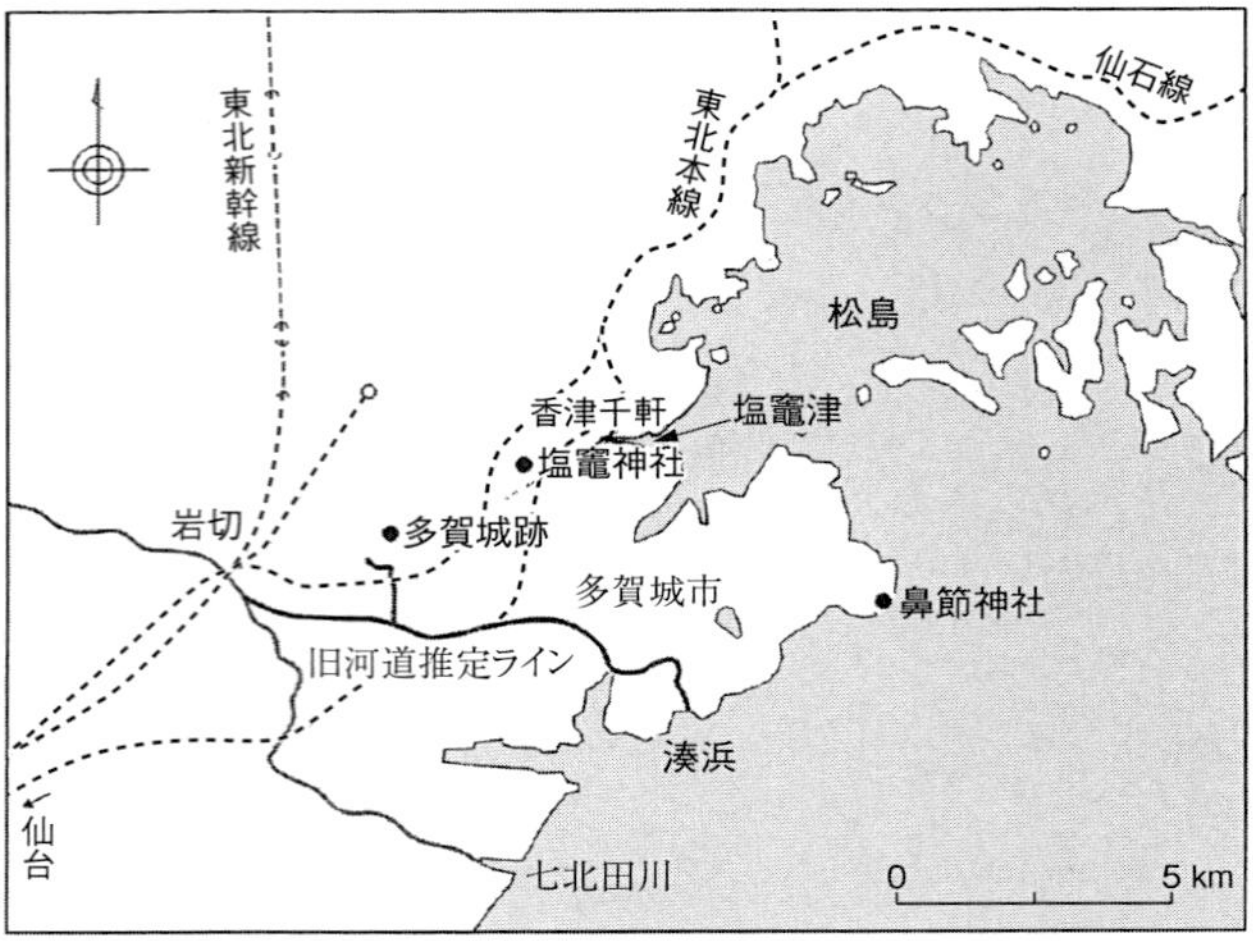

図６　多賀城周辺図

例えば、八幡地区に「塩入」「塩留」「塩窪」、笠神地区には「船塚」といった地名が残っている。かつて冠川《かむり》(七北田川)は岩切《いわきり》・新《にい》田《だ》から東流し、市川(砂押《すなおし》川)を合わせ七ヶ浜町の湊浜《みなとはま》の地で太平洋に注いでいたのである。湊浜は古代・中世において多賀城・岩切に通じる河口港であったと考えられる。

丘陵尾根上約二キロ東、波静かで外洋船も停泊できる塩竈津《しおがまのつ》は、陸奥国府多賀城の外港でもある。そこには今も「香津《こうづ》千軒《せんけん》」(「香津町」という地名も現在残っている)と伝えているところがあり、香津はいうまでもなく国府津の当て字である。一方、湊浜は、内陸に直接通ずる水路(冠川＝七北田川)をもっている。このような中世の景観からも、古代の多賀城が港湾都市的要素を色濃く備えていたと想定することができよう。陸奥国において多賀城が海へと通じる拠点となっていたことにあらためて注目する必要がある。

大宰府と多賀城

〝遠《とお》の朝廷《みかど》〟と称された九州大宰府は四神相応《ししんそうおう》の地として、北を四王寺《しおうじ》山、東西をそこから派生した低丘陵に囲ま

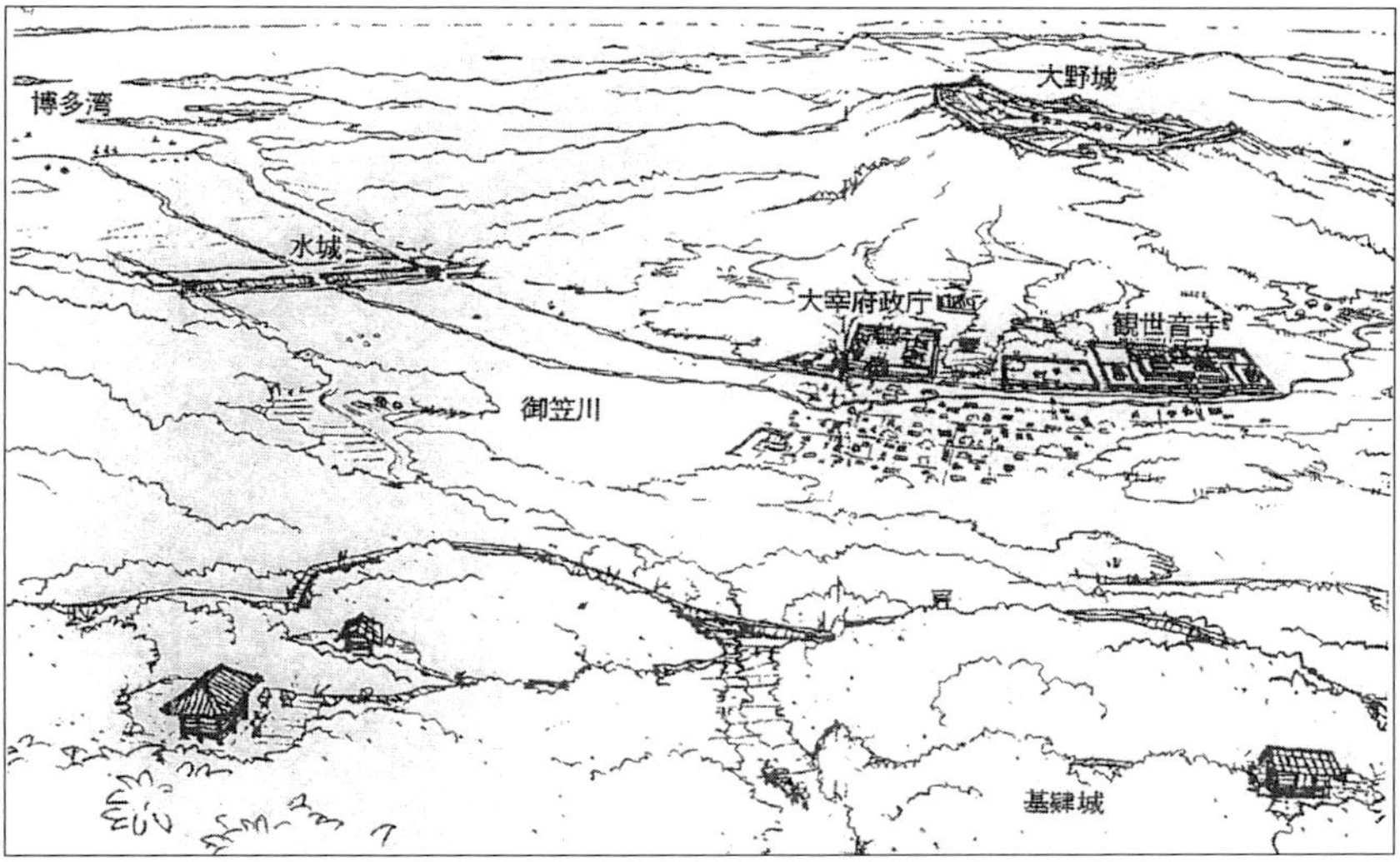

図７　大宰府政庁と山城「大野城」「基肄城」「水城」

れ、南を御笠川《みかさ》が西流する広い谷に造営された。大宰府は西海道の九国三島のみならず、南方の島々も含めた広範な地域を統轄した。

府庁域は政庁を中心にして東西八町(八六四メートル)、南北四町(四三二メートル)の範囲の前面に張出し部が取り付いた逆凸字形を呈した、面積約四五ヘクタールほどの規模であったと推定されている。(2) 政庁は東西約一一〇メートル、南北約二一〇メートルで南門、中門、正殿、後殿、東西脇殿が整然と並び、築地《ついじ》塀《べい》や回廊《かいろう》で囲まれていた。

大宰府は、その都市形態として条坊制を敷き、官衙・寺院を備えた、いわば小型の国都的形態をなしていた。それと同時に大宰府は防塞施設によって防衛されていた。すなわち、府郭の北側に大野城、南に基肄《きい》城、そして西北の平野部には水城《みずき》が築かれ大宰府を取り囲む一種の羅城《らじょう》(城壁)を形成している。これらは天智二(六六三)年、朝鮮半島の白村江《はくそんこう》の戦いにおける倭・百済《くだら》連合軍の敗戦を契機として築造されたもので、例えば『日本書紀』によると、天智四(六六五)年に「達率《だちそち》(百済の官位一六

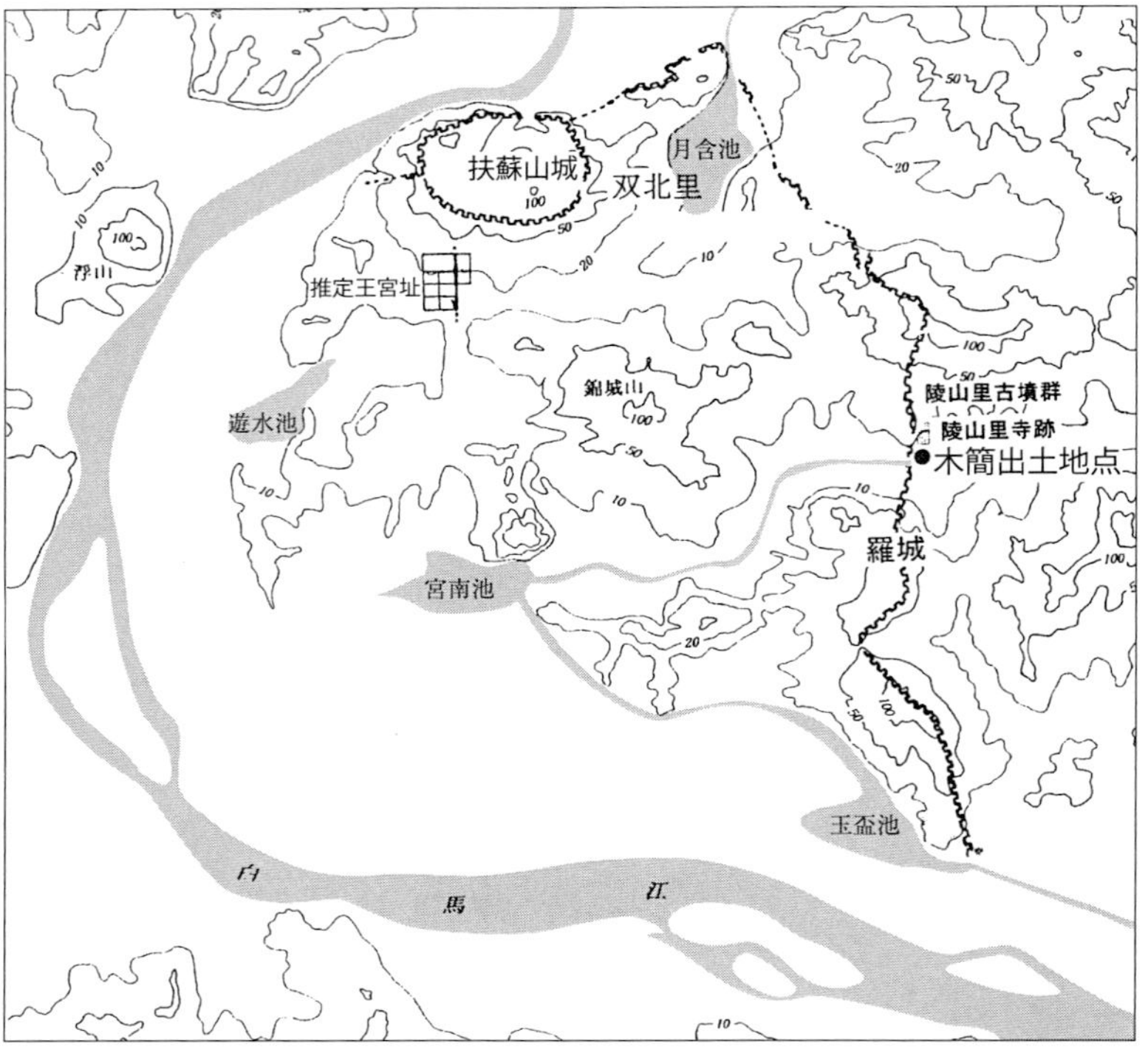

図８　泗沘都と木簡出土地点

階の第二答㶱春初《とうほんしゅんしょ》を遣わして、城を長門《ながと》国に築かしむ。達率憶礼福留《おくらいふくる》と達率四比福夫《しひふくふ》を筑《つく》紫《し》国に遣わして、大野及び椽《き》（基肄）の二城を築かしむ」とある。

　このように、大宰府を中心とした山城《やまじろ》は百済将軍の指導によって築造されたものである。百済の最後の都である扶餘《ふよ》の泗沘《しひ》は、王宮を中心として北に王城でもある城周約二二〇〇メートルの土城・扶蘇《ふそ》山城を配し、そこから東へは自然の山を利用しながら羅城を築き、北から西・南は錦江《きんこう》（白馬江）を防禦線に利用したとされる。東西約三・五キロ、南北約三キロの広さであった。

　大宰府は平地に政府を含む府庁域の行政府と背後に防塞施設としての大野城・基肄城などを配していた。大野城は大宰府政庁背後の標高四一〇メートルを最高峰とする四王寺山に築造されたもので、馬蹄形《ばていけい》にめぐる尾根に沿って全長六キロに及ぶ土塁《どるい》がめぐらされている。基肄城も標高四〇〇メートルの山城である。大宰府は古代朝鮮の王宮と山城を一体的に模して造営された。

七世紀後半の白村江の戦い前後の古代中国・朝鮮との対外関係の危機的状況から脱するのに伴い、八世紀には大宝令《たいほうりょう》制下、新たな国家体系の確立を目指したことが東北政策にも大きな転換をもたらした。その東北政策遂行の行政・軍事の新たな拠点が多賀城であった。多賀城は東の〝遠の朝廷〟として、大宰府に種々ならって創建された。

多賀城・秋田城の立地構想

多賀城は大宰府府庁機能と大野城などの山城機能を合体させた行政・軍事施設として造営された。しかも、多賀城が大宰府やそれ以前の東北城柵と大きく異なるのは、丘陵の上に位置するという立地である。七世紀後半の越国《こし》の渟足柵・磐舟柵そして陸奥国の郡山遺跡が平地に立地しているのに対して、多賀城は三〇〜五〇メートルほどの低丘陵に造営されたのである。多賀城は従来の平地の柵から、東日本ではじめて低い丘陵上に行政府を構え、なおかつ軍事機能に配慮した新たな城柵として画期的な転換を成し遂げ、古代国家の東北政策の新展開を体現した城柵にふさわしい施設であったといえよう。この陸奥国の多賀城に呼応する形で、出羽国では、庄内平野の出羽郡に設置された出羽柵を北へ一〇〇キロの「秋田村」に遷置させた。

『続日本紀《しょくにほんぎ》』天平五(七三三)年一二月己未条によると、

出羽柵遷㆓置於秋田村高清水岡㆒。

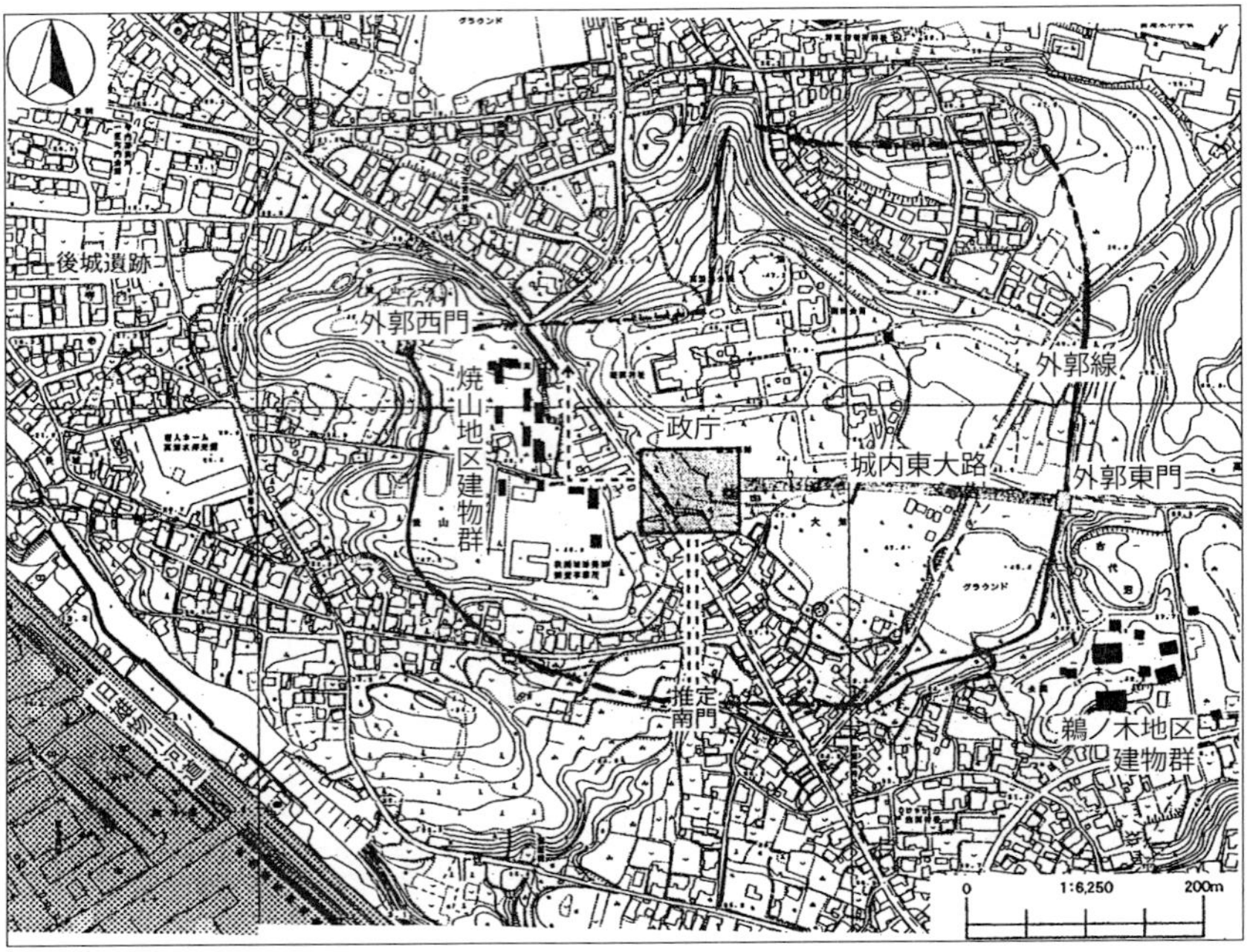

図９　秋田城跡全体図

出羽柵を秋田村高清水の岡に遷《うつ》し置く。

とある。通常ならば「秋田村に遷し置く」と記すべきところ、「秋田村高清水岡」と強調しているのは、多賀城と同様に平野から標高三〇～五〇メートルの低丘陵「高清水岡《たかしみずのおか》」に遷し置いたことに重要な意義があることを強調した表現であろう。

そののち、八世紀半ばには、雄《お》(小)勝《がち》柵(城)の場合、『続日本紀』天平宝字元(七五七)年七月戊午条に「出羽国小勝村の柵戸に移し賜わく」、『続日本紀』天平宝字二年一二月丙午条に「坂東の騎兵・鎮兵・役夫と夷俘《いふ》らとを徴発して、桃生《ものう》城・小勝柵を造らしむ」とあり、「小勝村」に「小勝柵」(雄勝城)を造営している。桃生城の場合、『続日本紀』天平宝字四(七六〇)年正月丙寅条に「陸奥国牡鹿《おしか》郡に、大きなる河を跨《こ》え峻《たか》き嶺を凌《しの》ぎ、桃生柵を作りて賊の肝胆《きも》を奪う」と、「牡鹿郡」に新たに「桃生柵」

(城)を造営したと記録されている。これらの城柵造営記事と比しても、「秋田村高清水岡」という表記がいかに特異であるか理解できよう。

このように、新たに丘陵上に造営された多賀城・秋田城であるが、その全体構造においてはやはり、百済の都、扶餘の泗沘都を模していると考えられる。

多賀城は北から西を砂押川、秋田城は北から西を雄物《おもの》川がそれぞれ防禦線となっている。さらに、多賀城の南北大路は儀礼空間であり、実際の城内道路は東門から入り、西門に至る。東門も西門も内側に入り込んだ場所に八脚門《はっきゃくもん》が設置されている。

秋田城も一九八九年の調査で外郭東辺の中央部で八脚門の東門が、二〇〇八年には外郭西辺の北端で八脚門の西門跡が発見され、西門が北に大きく偏っているのは地形に制約されたものとされている。[3] 外郭東門から政庁へ通ずる東西大路が走っている。また外郭東門の外側に東西南北に規則的に配置された多くの掘立柱《ほったてばしら》建物跡ときわめて特殊な構造の古代水洗便所跡が発見されている。水洗便所跡の便槽に堆積した土壌分析の結果、通常豚を常食とする人間を中《ちゅう》

(1)「无奉義《(刻書)》」 道縁立立《(墨書)》(2)—(4)面の釈文は略す)

長さ226×幅25×厚さ25㎜

※以下、木簡の法量の単位はすべてミリメートル

図10 扶餘・陵山里寺跡出土陽物形木簡(第1面)

表1　西日本の城跡の立地・規模・構造

	立　地	全体の規模	外郭線の構造
大野城跡	350 m(最高標高 410 m)	延長 15 km	土塁・石塁
基肄(椽)城跡	400 m	延長 3.9 km	土塁(水門石塁)
怡土《いと》城跡	415 m	延長 8 km	土塁・石塁

表2　東北の城柵跡の立地・規模構造

	立　地	規　模	
		内　郭	外　郭
多賀城跡	10〜50 m の低平な丘陵	東西約 100 m 南北 120 m	一辺約 900 m 四方
桃生城跡	65〜80 m の小丘を含む丘陵(平均 50 m)	(東西約 116 m) 南北 72 m	東西約 600 m 南北約 800 m
胆沢城跡	比高 0	不明	一辺約 65 m 四方
徳丹城跡	水田中の微高地	東西 72 m 南北 85 m	一辺 380 m 四方
秋田城跡	標高は最高点 50 m たらず,平均 30 m の丘陵	不明	長径約 550 m の多角形
城輪《きのわ》柵跡	標高 11〜13 m の沖積地	一辺 120 m	約 720 m 方形

間宿主《かんしゅくしゅ》とする有鉤条虫《ゆうこうじょうちゅう》(サナダムシ)の卵が検出された。このことから、当時豚を常食していた大陸系すなわち渤海使《ぼっかいし》(六回出羽国に着岸している)が便所を使用していたのではないかと指摘されている。こうした渤海使を受け入れる施設も外郭東門周辺に設置されていた可能性もあることなどから、秋田城においても外郭東門が〝正門〟的役割を果たしていたことが想定される。

一方、朝鮮半島の百済の泗沘の王宮は、北・西そして南に錦江(白馬江)の大河が画し、北には扶蘇山が位置し、さらに王宮を羅城が取り囲んでいる(前掲図8)。その羅城のうち、最も直線的で完全に閉鎖しているのは東辺である。これは、平野部へ通ずる唯一の道路が東にあることによる。東辺羅城のほぼ中央に、東門と東方に通ずる道が想定されている。しかも、東門を

城柵の外郭構造と立地

時期	立地・構造	城柵
七世紀後半	平地の柵 ※材木列	越国―渟足柵・磐舟柵 仙台郡山遺跡 出羽柵
八世紀	丘陵上の城(柵) ※築地・土塁	仙台郡山遺跡→多賀城(柵)　標高10～50mの丘陵上 出羽柵→秋田村高清水岡　標高30～50mの丘陵上 ←秋田城 桃生城　標高60～70mの丘陵上 伊治《これはる》城　標高20～25mの丘陵上
九世紀	平地の城 ※築地	胆沢《いさわ》城 志波《しわ》城・徳丹《とくたん》城　沖積地

出た付近から陽物（男性性器を表現したもの）の形状を呈した木簡が出土し、「道縁立立」という文字が墨書されていた（図10）。おそらく六世紀前半の百済では、王宮を囲む羅城の東門入り口付近に設置された柱に陽物形木簡を架けていたのであろう。これは王宮内に邪悪なものが道から侵入するのを防ぐための祭祀具である。(4)

七世紀後半、大宰府をはじめ西日本の城の造営は、古代朝鮮、特に百済系渡来人の指導のもとに推進された。八世紀前半の東北地方の多賀城・秋田城造営にあたり、その占地および全体構造の設計が、百済の都・泗沘によく似たものであり、西日本同様に百済系渡来人が深く関わっていたことが推測される。しかも多賀城・秋田城は、低い丘陵上の城に行政府と防禦機能を兼備した日本独自の新たな城柵として画期的な意義をもつといえるのではないか。

2　城と柵

古代においては、「城」も「柵」も「キ」という音で、同義に用いられているが、「城」も「柵」も本義は閉塞施設の呼称であり、「城」は築地《ついじ》や土塁など、「柵」は材木列などによる閉塞物を指す。(5)

『日本書紀』『続日本紀』などの歴史書によると、東日本の場合は「柵」を用い、西日本の場合は「城」というように、明確な使い分けが行われている。その使い分けは、時期的にはすでに七世紀後半に始まっている。天智四（六六五）年八月、百済からの渡来人答㶱春初らを遣して、筑紫《つくし》国（大野・椽二城）および長門国に城を築かしめている。このような西日本の「城」に対して、東日本では越後国の「渟足柵」「磐舟柵」（『続日本紀』文武二〔六九八〕年および四〔七〇

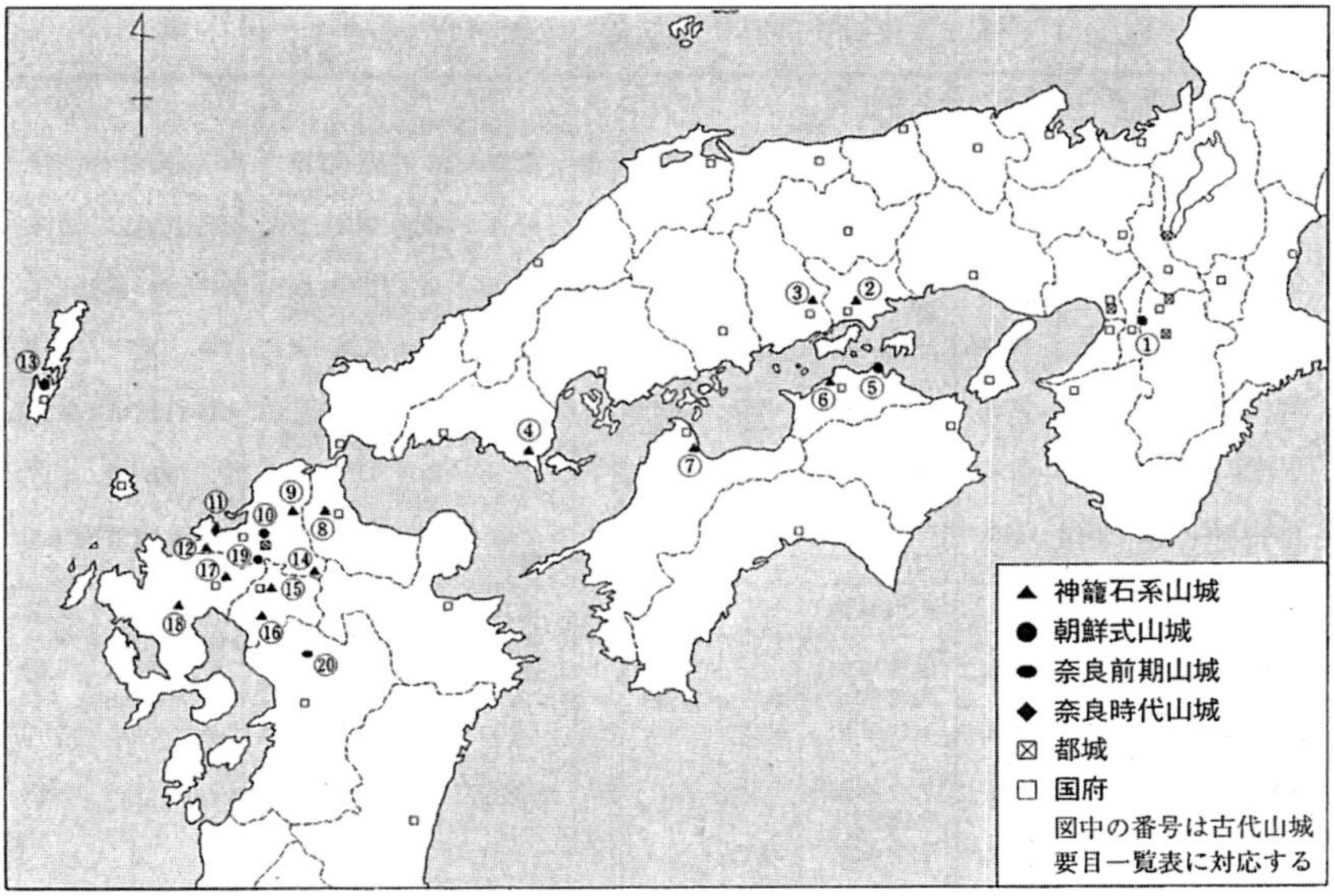

図 11　西日本の古代山城分布図

表３　西日本の古代山城要目一覧表

城名	所在地	外郭標高
①高安城	畿内・大和国平群郡(奈良県生駒郡平群町ほか)	?〜470
②大廻小廻山城	山陽・備前国上郡(岡山県岡山市草ヶ部)	85〜190
③鬼城山城	山陽・備中国賀夜郡(岡山県総社市奥坂ほか)	290〜385
④石城山城	山陽・周防国熊毛郡(山口県熊毛郡大和町)	275〜335
⑤屋島城	南海・讃岐国山田郡(香川県高松市屋島町)	90〜280
⑥城山城	南海・讃岐国阿野・鵜足郡(香川県坂出市西庄町ほか)	外 260〜370 内 375〜420
⑦永納山城	南海・伊予国桑村郡(愛媛県東予市河原津)	35〜110
⑧御所ヶ谷城	西海・豊前国京都郡(福岡県行橋市大字津積ほか)	75〜240
⑨鹿毛馬城	西海・筑前国嘉麻郡(福岡県嘉穂郡穎田町)	15〜70
⑩大野城	西海・筑前国御笠・糟屋郡(福岡県大野城市大字瓦田ほか)	外 195〜400 内 220〜400
⑪怡土城	西海・筑前国怡土郡(福岡県糸島郡前原町)	30〜400
⑫雷山城	西海・筑前国怡土郡(福岡県糸島郡前原町)	380〜485
⑬金田城	西海・対馬国下県郡(長崎県下県郡美津島町)	25〜276
⑭杷木城	西海・筑前国上座郡(福岡県朝倉郡杷木町)	55〜145
⑮高良山城	西海・筑後国御井郡(福岡県久留米市御井町)	65〜250
⑯女山城	西海・筑後国上妻郡(福岡県山門郡瀬高町)	15〜190
⑰帯隈山城	西海・肥前国佐嘉・神崎郡(佐賀県佐賀市久保泉町ほか)	35〜150
⑱おつぼ山城	西海・肥前国杵島郡(佐賀県武雄市橘町)	12〜50
⑲基肄城	西海・肥前国基肄郡(佐賀県三養基郡基山町)	180〜400
⑳鞠智城	西海・肥後国菊池郡(熊本県鹿本郡菊鹿町)	90〜168

〇)年には「石船柵」とある)をはじめ、「柵」と表記されている。西日本も厳密に地域をみると、筑前国《ちくぜん》(大野城・水城・怡土城《いと》)、肥前国《ひぜん》(基肄城)、肥後国《ひご》(鞠智城《きくち》)、讃岐国《さぬき》(屋島城《やしま》)、対馬国《つしま》(金田城《かねだ》)、大和国(高安城《たかやす》)、備後国《びんご》(茨城《いばら》・常城)のほか、長門国《ながと》にも「城」が築かれている。西海道をはじめ、山陽道・南海道・畿内がその範囲である。この使い分けは、東日本の八世紀段階の城柵に関する記述でも同様で、「石船柵」「出羽柵」、天平九(七三七)年四月の陸奥出羽連絡路に関する記事中の「多賀柵」「玉造《たまつくり》柵」「新田《にいだ》柵」「色麻《しかま》柵」「牡鹿柵」などの例にみられるように、「柵」で統一されている。

この七世紀後半から八世紀前半にかけての傾向は律令の規定においても確認できるのである。

〇衛禁律《えごんりつ》・越垣及城条

凡越㆓兵庫垣。及筑紫城㆒。徒一年。陸奥・越後・出羽等柵亦同。

凡そ兵庫の垣、及び筑紫の城を越えたらば、徒《ず》一年。陸奥・越後・出羽等の柵も亦《また》同じ。

〇賊盗律《ぞくとうりつ》・盗節刀条

凡盗㆓節刀㆒者。徒三年。宮殿門。庫蔵。及倉廩。筑紫城等鑰。徒一年。国郡倉庫。陸奥・越後・出羽等柵。及三関門鑰亦同。

凡《およ》そ節刀《せっとう》を盗めらば、徒三年。宮殿門・庫蔵及び倉廩《そうりん》・筑紫城等の鑰《かぎ》は、徒一年。国郡の倉庫、陸奥・越後・出羽等の柵及び三関の門鑰も、亦同じ。

ここにいう筑紫は、西海道の総称的な意味で用いられている。西海道の城に対して、陸奥・越後・出羽は柵を使用していている。すなわち、律令の規定および正史『続日本紀』では、西日本の「城」に対して、東日本の城柵施設は「柵」と明確に区別されているのである。

ただし、西日本においても、薩摩《さつま》・大隅《おおすみ》・日向《ひゅうが》の三国の場合は、「陸奥出羽越後等国」と同様に「柵」を用いている。

○『続日本紀』大宝二(七〇二)年一〇月丁酉条

唱更国司等今薩摩国也言。於㆓国内要害之地㆒建㆑柵置㆑戍守㆑之。

唱更《しょうこう》の国司等、今薩摩国なり。言《もう》さく、「国内要害の地に、柵を建てて戍《まもり》を置きて守らん」ともうす。

○『続日本紀』天平神護二(七六六)年六月丁亥条

日向・大隅・薩摩三国大風。桑麻損尽。詔勿㆑収㆓柵戸調庸㆒。

日向・大隅・薩摩の三国大風ふきて、桑麻損い尽けり。詔して柵戸の調庸を収むること勿《なか》らしめたまう。

東北では天平宝字から宝亀年間にかけて(七五七—七八〇)、正史のなかで「城」と「柵」との併用または混用がみられるようになる。この東北城柵の名称における城と柵の併用または混用は重要な意味を有している。すなわち「桃生城」と「桃生柵」、「雄勝城」と「小勝柵」、「覚鱉《かくべつ》城」と「覚鱉柵」のいずれもが、きわめて時期的に近い史料のなかに出てくることから、同一対象物を指していることは間違いない。さらに延暦二三(八〇四)年の中山柵を除いて、宝亀年間以降、固有名詞としての「柵」の用例はなくなり、「城」で統一されるのである(胆沢《いさわ》城・徳丹《とくたん》城など)。一方、西日本においては、『文徳天皇実録《もんとくてんのうじつろく》』天安二(八五八)年閏二月丙辰条の「肥後国言さく、菊池郡城院兵庫鼓《こ》自ずから鳴く」、また『類聚三代格《るいじゅうさんだいきゃく》』貞観一八(八七六)年三月一三日官符の「大野城」などのように、依然として、「城」で統一されているのである。

ところが、さらに遡ってみると、『日本書紀』『続日本紀』などの歴史書や律令の規定に「城」と「柵」が明確に区別されていた八世紀初めにおいても、呼称の混用を確認できる絶好の資料がある。

図12　威奈真人大村骨蔵器

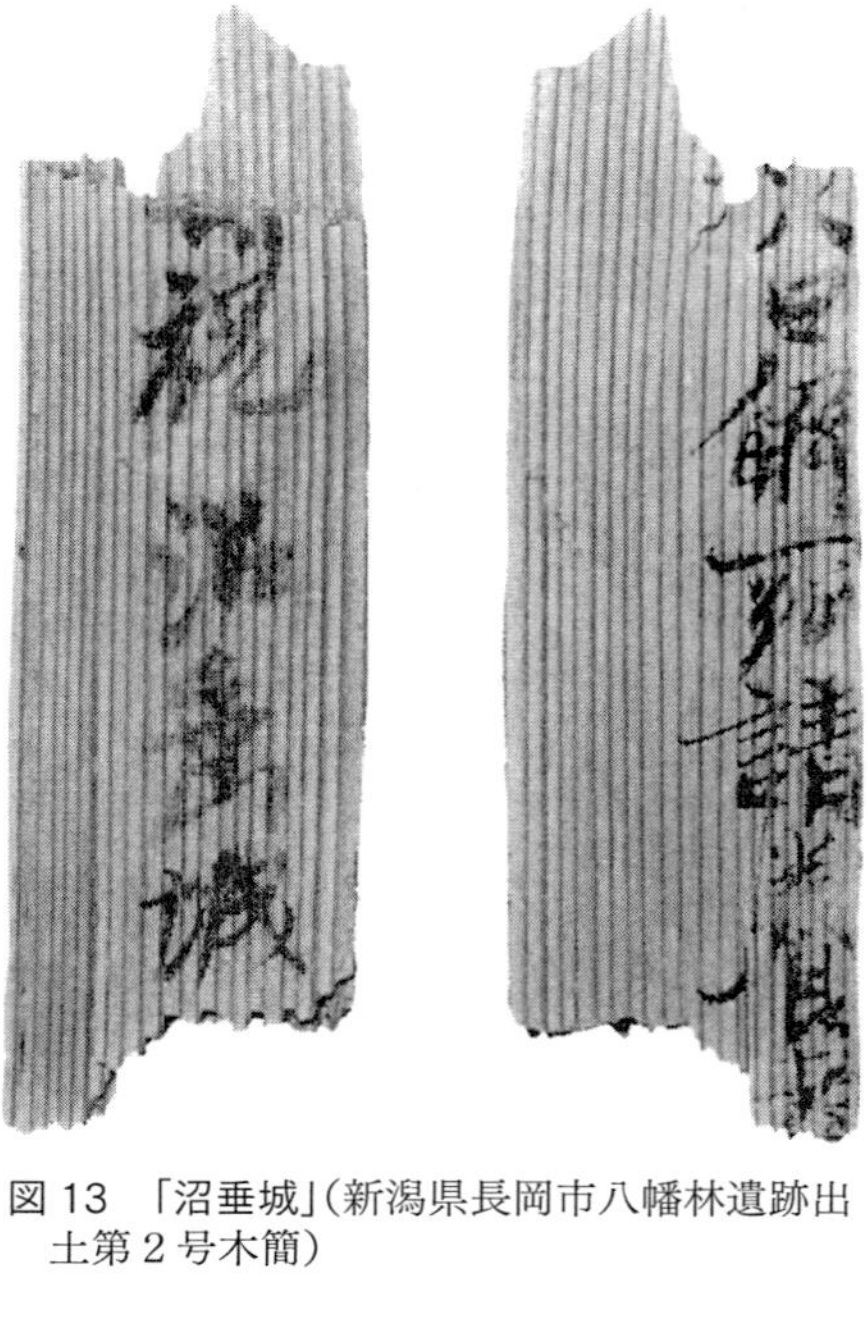

図13　「沼垂城」(新潟県長岡市八幡林遺跡出土第2号木簡)

一つめは、慶雲四(七〇七)年四月二四日に病没した威奈真人《いなのまひと》大村《おおむら》の骨蔵器《こつぞうき》銘文である。骨蔵器銘や墓誌銘は私的色彩の強い資料であるが、これによれば、「同歳十一月十六日命卿除越後城司(同歳一一月一六日、卿に命ありて越後城司に除す)」「四月廿四日、寝疾終於越城、時年卌六(四月二四日疾に寝し、越城に終わる。時に年四六)」とある。

二つめは、新潟県長岡市八幡林《はちまんばやし》官衙遺跡出土第2号木簡(図13)であり、養老年間(七一七―七二四)とみられる文書中に「沼垂城」と明確に記載されている。(6)

これらの用例は、『日本書紀』大化三(六四七)年是歳条「渟足柵」および大化四(六四八)年是歳条「磐舟柵」をはじめ、『続日本紀』文武二(六九八)年一二月丁未条および同四(七〇〇)年二月己亥条「石船柵」などの表記や律の「陸奥越後出羽等柵」の例とは明らかに異なる。正史(『日本書紀』『続日本紀』など)および法令(衛禁律・賊盗律など)において、古代国家は七世紀後半から八世紀前半にかけて西日本の城と東日本の柵を意図的に使い分けている。ところが、私的色彩の強い墓誌銘や地方社会内で用いられる木簡においては、八世紀前半の東日本の城柵も「城」と表記しているのである。

3　多賀城創建年代

年代特定の手がかりとなる木簡群

多賀城の創建年代は史料上にみえない。『続日本紀』天平九(七三七)年四月戊午条に「多賀柵」とあるのが初見で、「多賀城」とあらわれるのは、同書宝亀一一(七八〇)年三月丁亥条の伊治公呰麻呂《これはるのきみあざまろ》の乱に関する記事である。ただ、当時の諸情勢について文献史料を検討するならば、おおよそ養老～神亀年間(七一七―七二九)にかけて多賀城の成立を想定できる。考古学の成果からは、その創建年代は郷里制とよばれた行政区画の実施された期間(七一七―七四〇)内に限定できる。例えば、多賀城の創建瓦を焼いた大崎市木戸《きど》窯跡《かまあと》出土文字瓦「□郡仲村郷他辺里長二百長丈部呰人」などから明らかである。多賀城碑は近年の研究により真物とみて問題なく、碑は多賀城の創建を「神亀元年」と明確に刻している。ただし、この年代は城の完成時か造営着手時かがはっきりしない。

ところで、多賀城の中心・政庁と外郭南門とを結ぶ正面道路跡の石組暗渠《いしぐみあんきょ》(排水のために地下に設けた石組の溝)の裏《うら》込《ご》め(石組を固めるために、石組の裏に粘土などをつめこむこと)土から出土した木簡群は、年紀こそ記していないが、その内容を詳細に検討した結果、多賀城創建年代を限定できることが明らかとなった。[7]

まず、その調査で検出された遺構の概要を報告書にもとづいて述べておきたい。

政庁南面道路跡は大別してA～C期に変遷している。

A期　大部分は盛土《もりつち》によるが、東から丘陵が迫る部分では地山《じやま》を削り出して造られた道路跡で、幅は約一〇メートルである。八世紀前半に構築され、暗渠に霊亀元(七一五)年から八世紀中頃の間と八世紀後期頃の二回の改修がある。

B期　A期道路の上に盛土し、路幅を約一八メートルに拡幅。構築年代は七八〇年から九世紀前半頃までの間。

図14　多賀城碑拓本

図15　多賀城政庁南面道路跡の石組暗渠

C期　B期道路の西側に継ぎ足して幅四～六メートルで盛土を行った時期で、路幅は約二二メートルに拡幅。構築年代は九世紀後半頃。

第1号木簡――「戸籍抜書」から読みとれること

次に、木簡の内容から出土年代を考えてみたい。木簡は、最も古い道路に伴う石組暗渠の裏込め土から一九七点、同暗渠東半部の埋《うま》り土から八六点の計二八三点が出土している。大部分は削屑《けずりくず》であり、文字の判読が可能なものは約七〇点である。

第1号木簡の表側には、上部にクギのようなもので引かれた約一一ミリメートル間隔でほぼ平行する三本の刻線がみられる。本木簡は、歴名《れきみょう》(人名を列記)ではあるが、通常の「続柄＋人名」ではなく、「人名(黒万呂)＋続柄(姉)＋人名(占マ麻用売《うらべのまよめ》)」という記載となっている。このような歴名の記載のしかたは、現存史料でみる限り、大宝二(七〇二)年御野《みの》(美濃)国戸籍および和銅元(七〇八)年戸籍に伴う陸奥国戸口損益帳《ここうそんえきちょう》にのみみられるものである。

本木簡は、単なる歴名記載ではなく、戸籍原簿から一つの戸の構成をそのまま抜書《ぬきがき》したものと考えられる。

本木簡の特徴をまとめるならば、次のようになる。

(1)「人名＋続柄＋人名」の記載。

(2) 男女順の戸口配列法をとっていること。

(3) 「戸主同族」の記載は陸奥国戸口損益帳にしかみられない。なお御野国戸籍は「戸主同党」という類似の記載がある。

これら三点は、大宝二年西海道戸籍・養老五(七二一)年下総《しもうさ》国戸籍とは異なる記載様式といえる。戸籍制度に関する通説のように、大宝二年戸籍は浄御原令《きよみはらりょう》(六八九年施行)の様式にもとづく御野国戸籍と、大宝令(七〇一年施行)の様式による西海道戸籍とする説明ではなく、大宝二年籍では、美濃・陸奥(陸奥国戸口損益帳よりの類推)両国型戸籍と西海道型戸籍が併存したとみるべきであろう。その後、和銅元年籍・和銅七(七一四)年籍は現存史料がこれまで知られていないが、おそらくは、養老以前には戸籍の統一がいまだ成らず、養老五年籍においてはじめて全国的様式の統一がなされたのではないか。養老五年籍において記載様式が統一され、それ以降戸籍・計帳は全国的に一定し

図16 「戸籍抜書」(多賀城政庁南面道路跡出土第1号木簡)

『□』
『□』
黒万呂姉占マ麻用売
弟万呂母占マ小冨売□
戸主同族[　　]

(118)×(38)×7

※(　)は欠損を示し、現状の法量を記す。

表４　大宝２(702)年御野国加毛郡半布里戸籍

中政戸県造荒嶋戸口十三 正丁三 兵士一　小子三　并七　正女三 少女一　小女一　并五　正奴一
下中戸主荒嶋年廿六 正丁　嫡子知国年六 小子　戸主弟大嶋年廿二 正丁
戸主同党黒猪年卅九 兵士　嫡子黒麻呂年十四 小子　次赤麻呂年七 小子
戸主同党尾治国造族伊加都知年廿四 正丁　戸主母大伴部首姉売年卌七 正女　児高嶋売年廿 少女
戸主妻秦人広庭売年廿五 正女　黒猪妹嶋弥売年卌三 正女　伊加都知妹意弥奈売年十四 小女
戸主奴麻呂年廿五 正奴

表５　和銅元(708)年陸奥国戸口損益帳

意弥子黒麻呂、年廿六、　残丁　和銅元年死
戸主占部加弖石、年卌四、　正丁　太宝二年籍、戸主占部古弖弥戸、戸主子、今為戸主、
寄大伴部忍、年九、　小子　太宝二年籍後、移出里内戸主大伴部意弥戸、戸主為甥、
次真忍、年七、　小子
従父弟丈〔自脱カ〕麻呂、年廿三、　正丁
忍姉麻刀、年十四、　小女　上件三人、忍従移往、
(以下略)

表６　大宝２年筑前国嶋郡川辺里戸籍

戸主卜部乃母曽、年肆拾玖歳、　正丁　課戸
母葛野部伊志売、年漆拾肆歳、　耆女
妻卜部甫西豆売、年肆拾漆歳、　丁妻
男卜部久漏麻呂、年拾玖歳、　少丁　嫡子
男卜部和哥志、年陸歳、　小子　嫡弟
女卜部哥吾良売、年拾陸歳、　小女
女卜部乎哥吾良売、年拾参歳、　小女　上件二口、嫡女
従父弟卜部方名、年肆拾陸歳、　正丁
妻中臣部比多米売、年参拾漆歳、　丁妻
男卜部黒、年拾漆歳、　少丁　嫡子
(以下略)

た様式を踏襲したものと考えられる。

　この点から御野国戸籍および陸奥国戸口損益帳と同様の記載様式をもつ本木簡は、下限を養老五年籍完成の養老六年五月三〇日(戸令造戸籍条「凡《およそ》戸籍は、…十一月上旬より起《た》ちて…五月卅日の内に訖《おわ》れ」)とすれば、その戸籍原簿は和銅七年籍・和銅元年籍・大宝二年籍のいずれかの戸籍からの抜書と考えられるであろう。

第2号木簡――地名の解読

　非常に薄い削屑で、郡の上部が欠損して確定しがたい。「多」はほとんど問題ないが、陸奥・石城《いわき》・石背《いわせ》三国内で考えるならば、現存第一字目は宇《う》多《た》郡の「宇」ではなく、菊多《きくた》郡の「菊」の字画の一部とみてよいと判断できる。

表7　養老5(721)年下総国葛飾郡大島郷戸籍

戸主孔王部佐留、年肆拾漆歳、	残疾	課戸
母孔王部乎弖売、年漆拾参歳、	耆女	
妻孔王部若大根売、年参拾漆歳、	丁妻	
男孔王部古麻呂、年拾伍歳、	小子	嫡子
男孔王部麻麻呂、年拾弐歳、	小子	嫡弟
男孔王部勝、年玖歳、	小子	
男孔王部小勝、年漆歳、	小子	
女孔王部与佐売、年弐拾弐歳、	丁女	
女孔王部真黒売、年拾弐歳、	小女	
（以下略）		

表8　戸籍作成年

造籍年	西暦	間隔年数
天智 9（近江令施行 庚午年籍）	670	20
持統 4（浄御原令施行 庚寅年籍）	690	6
持統 10	696	6
大宝 2（大宝令施行）	702	6
和銅 元	708	6
和銅 7	714	7
養老 5	721	6
神亀 4	727	6
天平 5	733	7
天平 12	740	6
天平 18	746	6
天平勝宝 4	752	6
天平宝字 2	758	

図17　「菊多郡…」(多賀城政庁南面道路跡出土第2号木簡)

菊多郡は前掲史料の『続日本紀』養老二(七一八)年五月乙未条によれば、常陸国多珂《たか》郡の郷二一〇烟(戸)を割いて石城国に加えた新置の郡である。なお、石城国は前述したように確実な下限は神亀五(七二八)年、さらに解釈を加えれば、神亀元(七二四)年段階では陸奥国に復しているとみられる。

結局のところ、養老二年新置の「菊多郡」の記載から、第2号木簡は養老二(七一八)年以降の資料であることがわかった。

718 養老二年五月(菊多郡新置) ―― 722 養老六年五月(養老五年籍完成)

このことにより、暗渠裏込め土出土の木簡の年代を、養老二(七一八)年以降、養老六年五月三〇日(養老五年籍完成)までに限定することができる。さらに、第1号木簡で抜書の原簿を大宝二年籍・和銅元年籍・和銅七年籍のいずれかと想定したが、第2号木簡の年代を養老二〜六年の間に限定すれば、第1号木簡は和銅七年籍からの抜書であると判断を下すことができるであろう。

さらに付け加えるならば、多賀城木簡の検討の結果、和銅七年籍も大宝二年籍の御野型・陸奥型を踏襲しているとみなすことができると判断した。この見解が認められるならば、陸奥国(陸奥国戸口損益帳および和銅七年籍の一部を伝える第1号木簡)は、御野国(大宝二年戸籍)と同様に東山道に属する国であることに共通点を有しているので、戸籍の類型としては、西海道型戸籍に対して御野型ではなく、東山道型と称すべきであろう。

第18・19号木簡――蝦夷反乱との関わり

この二点は、本来同一木簡から削り取られたものであるから、その内容は、密接な関連をもつものとして扱わなければならない。

「鉦師《しょうし》」の「鉦」とは、いくさで行進の合図に用いるたたき鳴らすかねのことである。〝軍旅の設〟は「吹角《すいかく》」(軍事用の吹奏楽器)を本となし、〝征戦の備〟は「鉦鼓《しょうく》」(たたきがねと太鼓)を先となすとされた。中央の衛府《えふ》関係のものであるが、授刀寮《たちはきのつかさ》と五衛府とに鉦・鼓各一面を設け、将軍が行軍の進退・動静の指示に使用することを目的としたと史料にみえる(『続日本紀』養老五年一二月辛丑条)。この非常体制は、同月七日に元明太上天皇が没し、その直後の不測の事態に備え、新田部《にいたべ》親王が将軍に任命されたことに伴う措置とされ、不測の事態に備えた軍事体制と鉦鼓の密接な関連を示すものとみてよいであろう。

このように、鉦と鼓は「鉦鼓」また「鼓鉦」と並称されるが、実際は、常時の軍団には鼓のみが置かれ、鉦は戦闘行動等に際して大軍の行進の合図に使用された。いわば、鉦とそれを指揮する鉦師は、非常時の征討軍などには必要不可欠の構成員であった。一方「主典」という表記も、鉦師との関連でいえば、当然征討軍の第四等官・主典(軍曹)に相当するであろう。

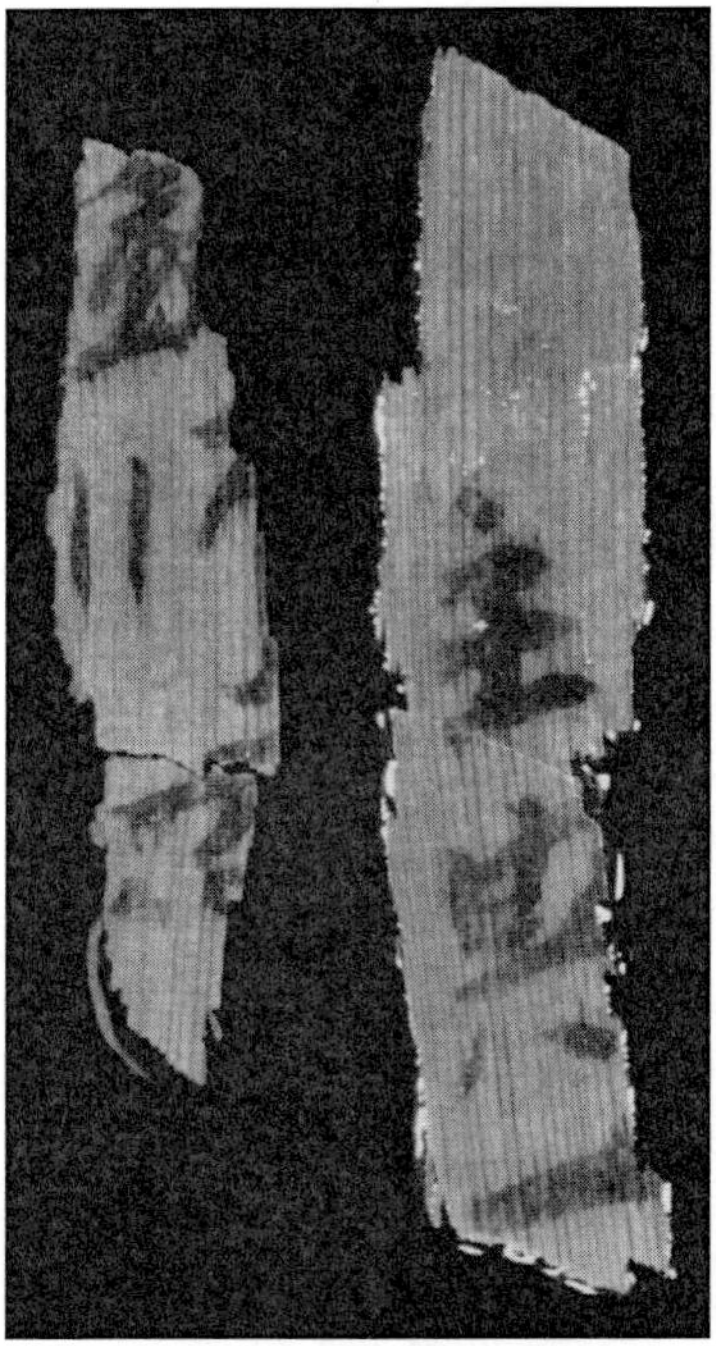

図18 「主典一」(右)，「鉦師四」(左)
(多賀城政庁南面道路跡出土第18・19号木簡)

このように「鉦師」と「主典」が征夷軍の構成員とするならば、八世紀前半の蝦夷の反乱とそれに対する征夷軍派遣に注目しなければならない。本木簡と関連するのは八世紀前半のうちでも養老二年以降養老六年五月以前の間に起きた蝦夷の反乱とそれに対する征討事業となるであろう。

○『続日本紀』養老四(七二〇)年九月丁丑条

陸奥国奏言。蝦夷反乱。殺㆓按察使正五位上上毛野朝臣広人㆒。

陸奥国奏して言《もう》さく、蝦夷反乱し、按察《あぜち》使正五位上上毛野朝臣《かみつけののあそん》広人《ひろひと》を殺せりともうす。

○同書養老四年九月戊寅条

以㆓播磨按察使正四位下多治比真人県守㆒為㆓持節征夷将軍㆒。左京亮従五位下下毛野朝臣石代為㆓副将軍㆒。軍監三人。軍曹二人。以㆓従五位下阿倍朝臣駿河㆒。為㆓持節鎮狄将軍㆒。軍監二人。軍曹二人。即日授㆓節刀㆒。

播磨《はりま》按察使正四位下多治比真人《たじひのまひと》県守《あがたもり》を持節征夷将軍と為す。左京亮従五位下下毛野朝臣《しもつけののあそん》石代《いわしろ》を副将軍と為す。軍監三人。軍曹二人。従五位下阿倍朝臣《あべのあそん》駿河《するが》を以て持節鎮狄将軍と為す。軍監二人。軍曹二人。即日節刀を授く。

○同書養老五(七二一)年四月乙酉条

征夷将軍正四位上多治比真人県守。鎮狄将軍従五位上阿倍朝臣駿河等還帰。

養老四年九月、蝦夷が反乱を起こし、按察使を殺害した事件の際に派遣された征夷軍の一員が、本木簡の「鉦師四」「主典一」(「軍曹二人」との違いは本木簡の性格によるか)であったと理解できる。

このように理解できるとすれば、木簡の年代は、養老四年九月二九日(征夷軍の派遣)以降と限定することができる。そして、木簡の廃棄年代は、おそらく征夷軍の帰還した養老五年四月からまもない時期と考えられる。

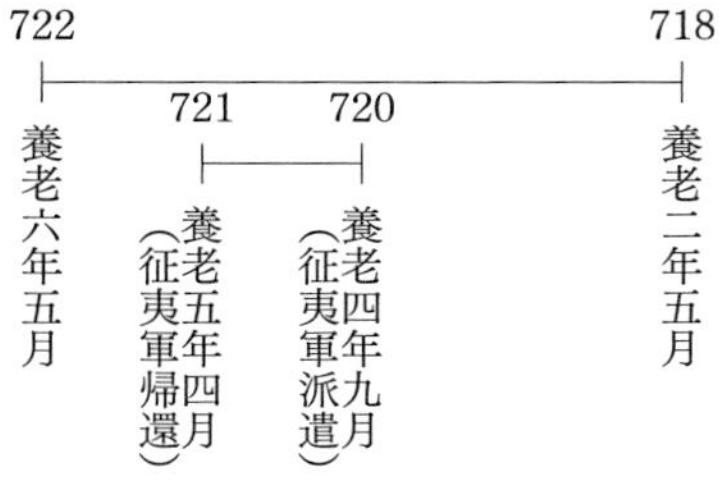

以上の考察から、創建年代についても、多賀城碑が記す神亀元(七二四)年はその完成年とみなすことが最も穏当である。多賀城の創建期について、政庁の造営をその初期として、政庁と外郭南門を結ぶ正面道路の構築年代を養老五(七二一)年ないし六(七二二)年頃とみれば、その後、多賀城外郭内地域の整備を経て、養老八年=神亀元年に完成したとみることができるであろう。

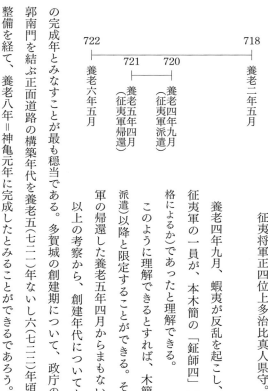

4　多賀城と宮城郡――命名の由来

「多賀城」命名

城柵は、大化三・四(六四七・六四八)年の越後の渟足柵・磐舟柵にはじまり、東北地方の出羽柵・玉造柵・桃生城・雄勝城・秋田城・胆沢城・志波《しわ》城など七世紀半ばから九世紀前半にかけて相次いで置かれた。城柵名は、「陸奥国桃生・出羽国小勝」の地に桃生城・雄勝城、「胆沢」「志波村」の地に胆沢城・志波城が造営されたように、地域名が先行する。

『続日本紀』天平五(七三三)年一二月己未条に「出羽柵を秋田村高清水の岡に遷し置く」とあり、出羽柵を秋田村高清水の岡に遷し置いたのである。出羽柵は「秋田村」に置かれた城であることから、のち「秋田城」と呼称した。西においても城柵名は、文献史料にみえる「大野城」「基肆城」「高安城」など、明らかに地名に基づく命名である。

ところで、〝遠の朝廷〟とされた大宰府は、西海道に属する諸国、現在の九州全域を行政・軍事全般にわたって統括し、さらに加えて古代中国・朝鮮からの使節の接待を重要な職務とする機関である。

その大宰府の「大宰《たいさい》」は中国古代の官名であり、王を佐《たす》けて国家を治めることを掌る意味である。和名は「おおみこともちのつかさ」(勅命を奉じて政務をとること)である。

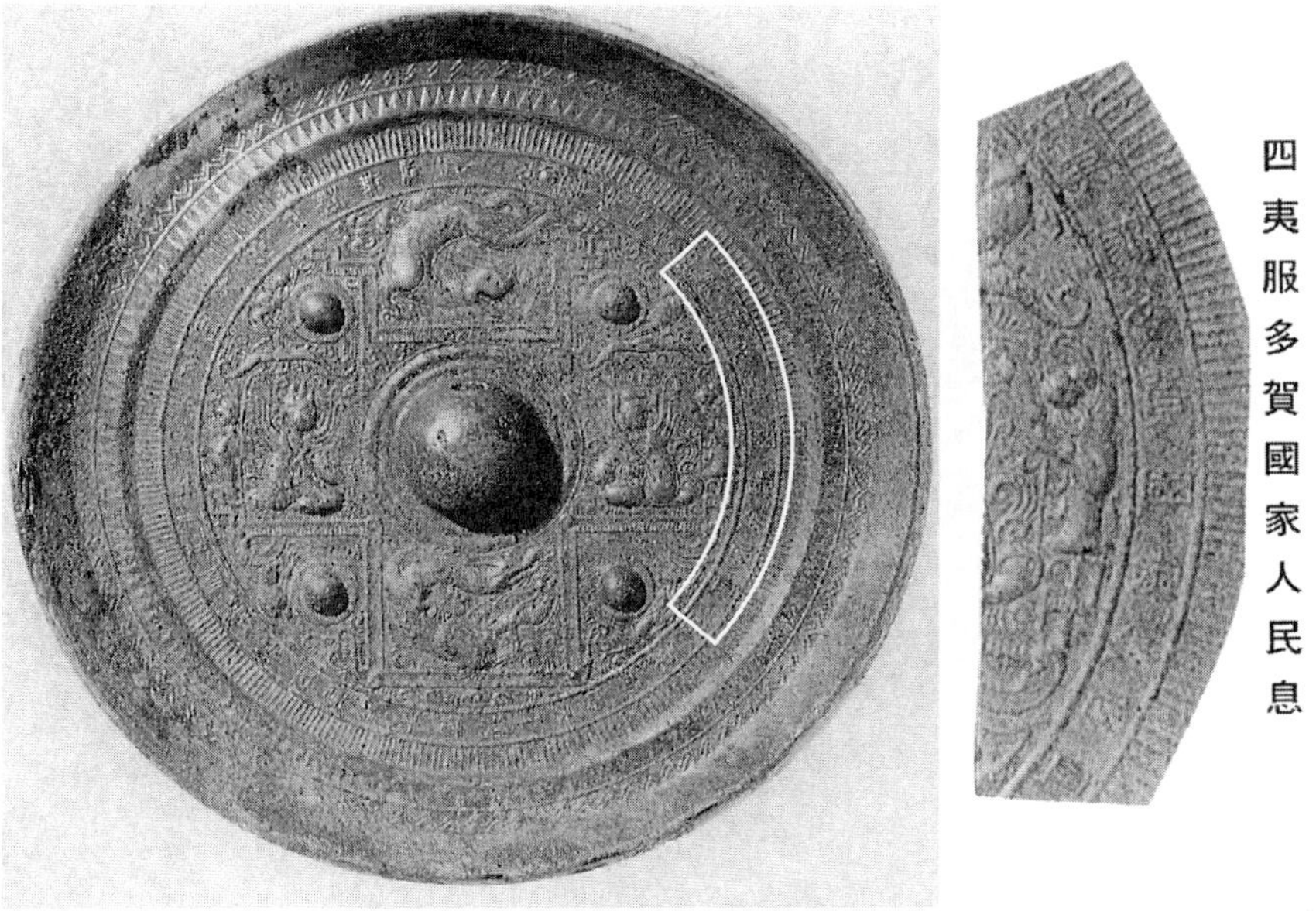

図 19　吾作銘　三角縁重列式神獣鏡(径 21.1cm)

多賀城(柵)は、大宰府と同様に東北地方の行政・軍事全般を統括し、さらに蝦夷対策の拠点となった機関である。多賀城は、中華思想にもとづいて蝦夷対策の中核として設置されたことから、その城柵名も特別の命名であったと考えられる。

その場合、「多賀」の名は、大宰府同様に中国に典拠を求めるべきであろう。

古代中国の鏡(中国および日本国内に現存)に頻出する銘文に次のような文言がみられる。

○愛知　東之宮古墳

吾作明竟**四夷**服　**多賀**国家人民息　胡虜殄滅天下復

風雨時節五穀孰　長保二親得天力　伝告後世楽無極

兮

○中国(出土地不明)

周是作竟**四夷**服　**多賀**国家人民息　胡虜殄滅天下復

風雨時節五穀孰　長保二親得天力

〔釈文〕

○○鏡を作る。
四夷《しい》を服し、多く国家に賀ありて、人民を息《やす》んず。胡虜《こりょ》(北方のえびす)を殄滅《てんめつ》し、天下復し、風雨は時を節して五穀熟す。長《とこ》しえに二親を保ち、天の力を得ん。
後世に伝え告げ、楽しみは極《きわ》まり無し。

古代中国においては、「四夷」なるものは中華の天子の徳を慕って来貢すべきものという観念が成立していた。鏡に記された文言は、まさにこの中華思想の典型的な表現といってよいであろう。

多賀城は蝦夷(四夷)を服属させ、国家に安寧《あんねい》をもたらすことを目的として設置されたゆえに、中華思想に基づく「四夷服、多賀国家人民息」を典拠として、「多賀城(柵)」と命名されたと理解できるのではないだろうか。(8)

従来の説に常陸国の多賀郡に由来するという見解がある。常陸国中央部にあたる地域は「仲」(ナカ)とされ、「仲国造」(『先代旧事本紀《せんだいくじほんぎ》』国造本紀)が支配している。それに対して、多珂郡は、本来、「高国造」の「高」という常陸北部の山地にもとづく表記と考えられる。和銅六(七一三)年「諸国の郡・郷の名は、好《よ》き字を着けしむ」という制度によって、字義のよい漢字二字をもって表記するようになった。

「高」も「多珂」(珂は玉の名、たくさんの宝石の意)と表記し、八世紀以降はあらゆる資料に「多珂郡」とある。音からも「高」「多珂」は清音「タカ」であり、一方「多賀」は濁音「タガ」である。それが中世以降になると常陸国「多賀郡」に変わる。したがって、常陸国の郡名「多賀郡」に由来するという説は、多賀城の呼称には直接結びつかない。

「宮城」の名の由来

『延喜《えんぎ》式《しき》』神名帳には宮城郡に「多賀神社」があり、『和名類聚抄《わみょうるいじゅしょう》』(元和《げんな》古《こ》活字《かつじ》本《ぼん》)では国府所在郡を宮城郡として、その宮城郡の郷名に「多賀郷」「科上《しなかみ》郷」がみえる。

宮城郡―(郷名)赤瀬《あかせ》・磐城《いわき》・科上・丸子《まるこ》・大村・白川・宮城・余戸《あまるべ》・多賀・栖屋《すや》

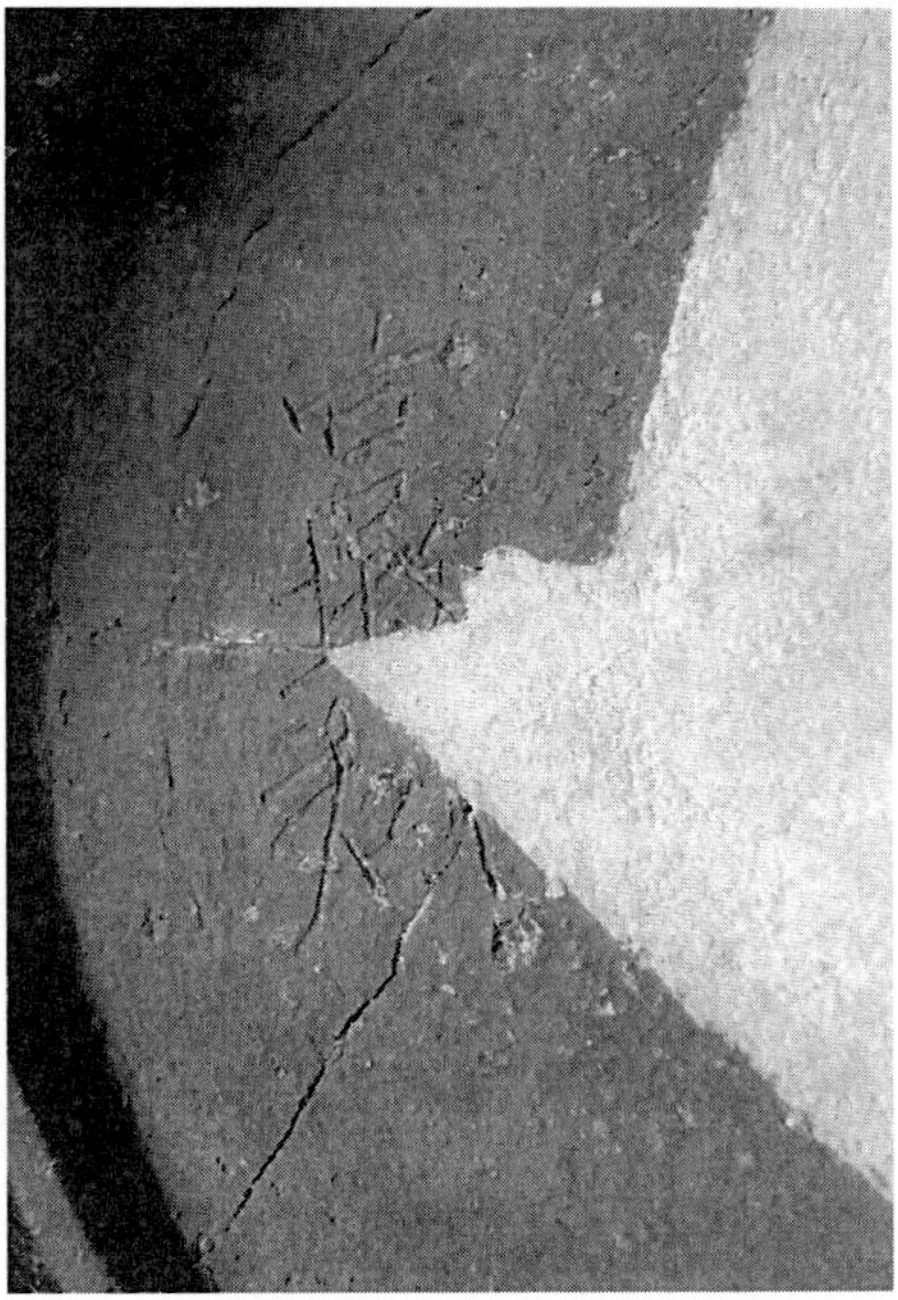

図20 「宮城郡」のヘラ書き(宮城県利府町硯沢窯跡出土須恵器)

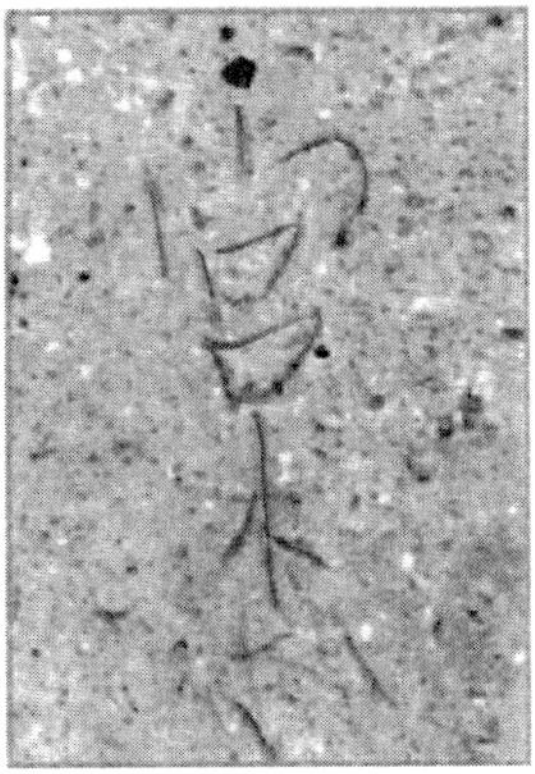

図21 「宮木」のヘラ書き(硯沢窯跡出土須恵器)

宮城郡の文献史料上での初見は『続日本紀』天平神護二(七六六)年一一月己未条である。

ところで、二〇〇八年、多賀城の北に隣接する宮城県利府町硯沢窯跡《すずりさわかまあと》の発掘調査で、多賀城創建期・八世紀前半の須恵器《すえき》窯跡二基が検出された(9)。その窯跡出土の須恵器に「宮城郡」「宮木」などとヘラ書きされていた。すなわち、須恵器ヘラ書「宮城郡」の出土によって、宮城郡は多賀城創建期(八世紀前半)には成立していた事実がはじめて判明した。この「宮城(天皇の居る所)」という郡名は、古代国家においては尋常ではない、遠《とお》の朝廷《みかど》としての「多賀城」設置に因むものであることは明白であろう。ただし、「宮城」を天皇の居所「キュウジョウ」と読むことを避け、「宮木」という別表記でも明らかなように「ミヤキ」としたのである。

すなわち、古代の「城」の読みは、次のとおりである。

【城】漢音—セイ
　呉音—ジョウ
　高句麗—「xor（ホル、またはコル）」
　百済—「kï（キ）」
　新羅—「cas（ツァス）」

天智三(六六四)年大宰府防衛のために築かれた水城(ミズキ)をはじめ、古代日本の城郭としての「城」は一般的には百済音「キ」で読まれている。

一方、都の「宮城」については、『続日本紀』養老二(七一八)年一一月癸丑条「始めて畿内の兵士を差し、宮城を守衛せしむ」、同書天平一四(七四二)年八月乙酉条「宮城より南の大路の西頭《にしのほとり》と、甕原宮《かめはらのみや》より東との間に、大橋を造

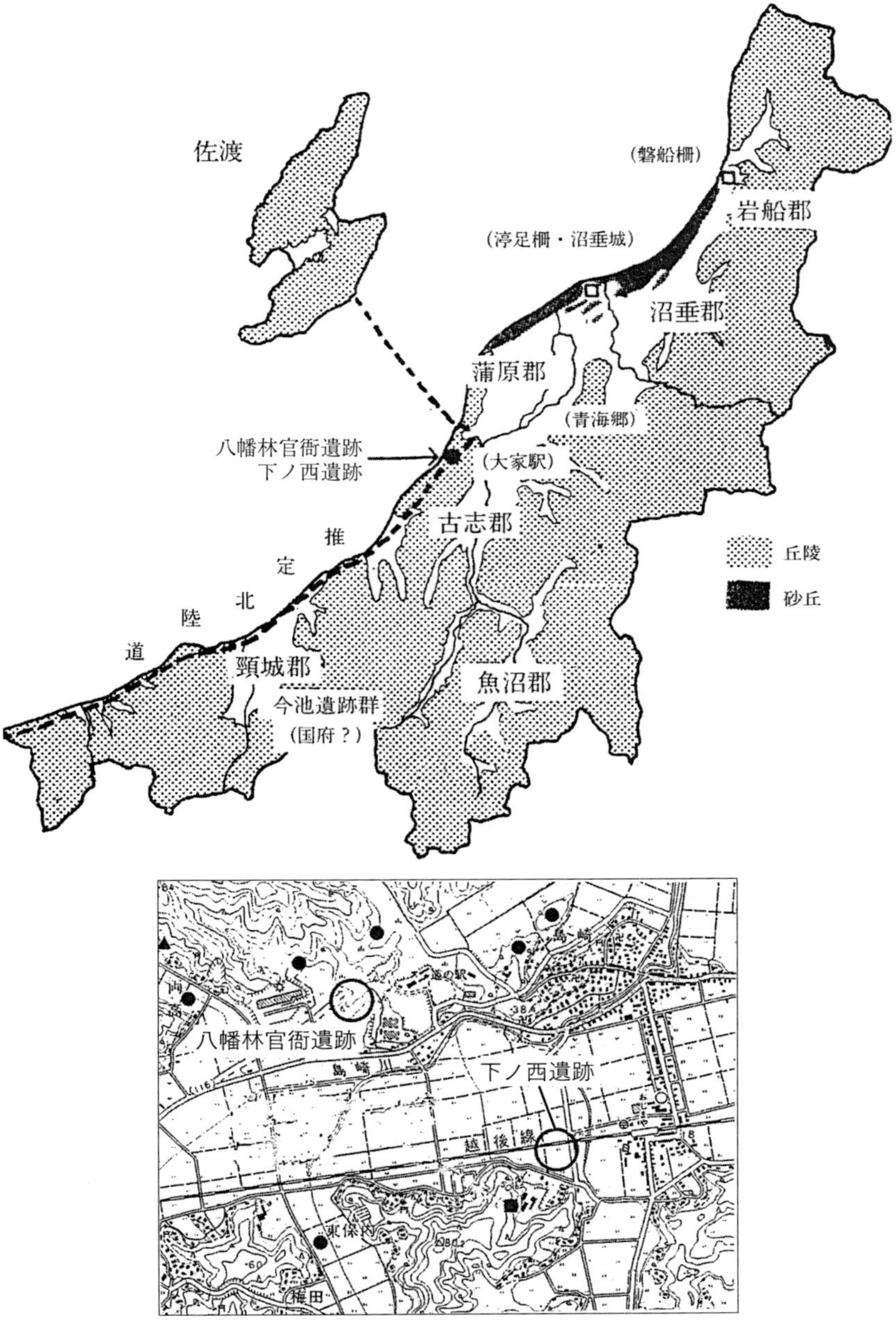

図 22　八幡林官衙遺跡・下ノ西遺跡の位置と古代越後国

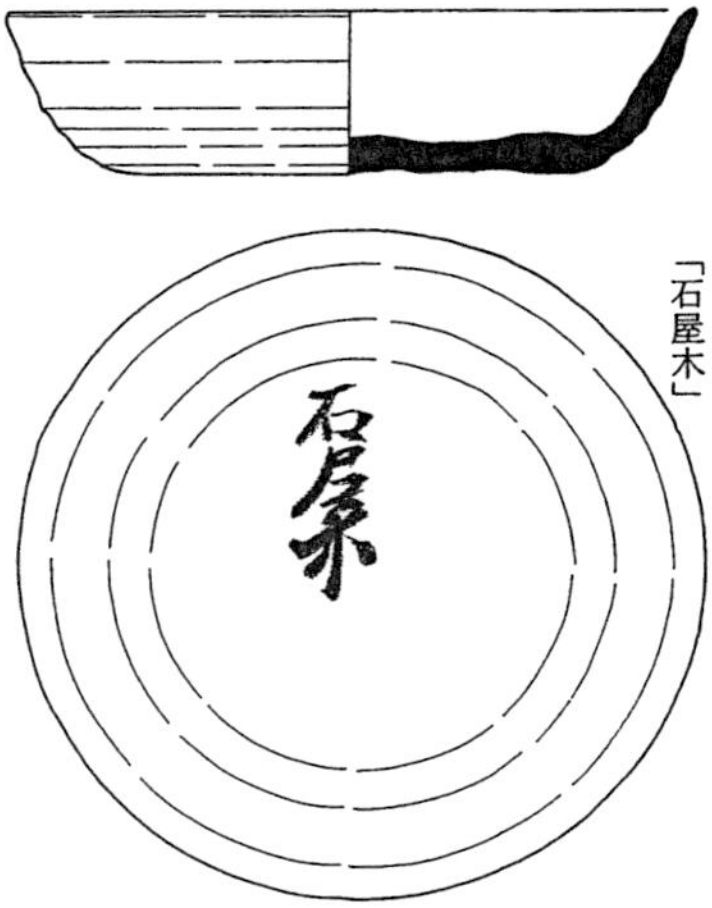

図23　墨書土器「石屋木」(新潟県長岡市八幡林官衙遺跡出土)

らしむ」などとあり、「宮城」の「城」を呉音「ジョウ」と読んでいるのである。城の漢音「セイ」は「平城京」(ヘイゼイキョウ)、「平城天皇」(ヘイゼイテンノウ)など、比較的用例は少ない。

付け加えるならば、「宮城」を「宮木」と明確に表記することが判明したことは、すでに公表されている新潟県長岡市八幡林官衙遺跡出土墨書土器「石屋《いわや》木」の推論を新たに立証するものでもある。[10]

島崎川低地の微高地上に立地する下ノ《しもの》西《にし》遺跡に越後国古志《こし》郡の郡《ぐう》家《け》の中心施設があり、北西八〇〇メートルの丘陵上には、八幡林官衙遺跡が存在する。八世紀前半の八幡林官衙遺跡は、郡家関連施設に加えて過所《かしょ》機能を併せ持つとみられる蒲原郡符《かんばらぐんぷ》(蒲原郡の命令書)や「沼垂城」にかかわる木簡など、関・城柵といった国レベルの機能がうかがえる。

さらに八幡林官衙遺跡では、八世紀中葉頃の「石屋木」「石屋殿」「石屋大領」などの墨書土器が出土している。「石屋木」の「木」は、古代万葉仮名の[き乙類kï]に属し、「城」「柵」と同じ発音でもあることから、「石屋木」は「石屋城」あるいは「石屋柵」の当て字であった可能性があると推測されていた。硯沢窯跡出土須恵器ヘラ書「宮城」＝「宮木」の発見により、「石屋木」＝「石屋城」も成り立つであろう。下ノ西遺跡に郡家の中心施設を想定できるとすれば、当時、丘陵上に立地する八幡林官衙遺跡は、まさに〝石屋〟(堅固な住居)の地と意識されたであろう。

いずれにしても、「多賀城」から「宮城」郡が生まれたことこそ、古代国家において「多賀城」が特別な機関であったことを何より証明しているのである。

前述したように、仙台市郡山遺跡のⅠ期・Ⅱ期官衙とも沖積地に立地し、外郭施設は材木塀を立て並べている。「柵」の原義は『説文解字《せつもんかいじ》』(中国最古の部首別字書。後漢の許慎《きょしん》撰。西暦一〇〇年頃成る)に「柵音策《さく》編竪木也」とあるように、文字どおり材木を立て並べるものを意味している。七世紀後半の「渟足柵」「磐舟柵」はその遺跡・遺構が判明していないが、両者とも平地に位置すると想定されている。これらの実態により七世紀後半における陸奥・越後の城柵施設の呼称が当初、文字どおり「柵」と歴史書に記録されたと推定できるかもしれない。ただ、八世紀前半の「多賀

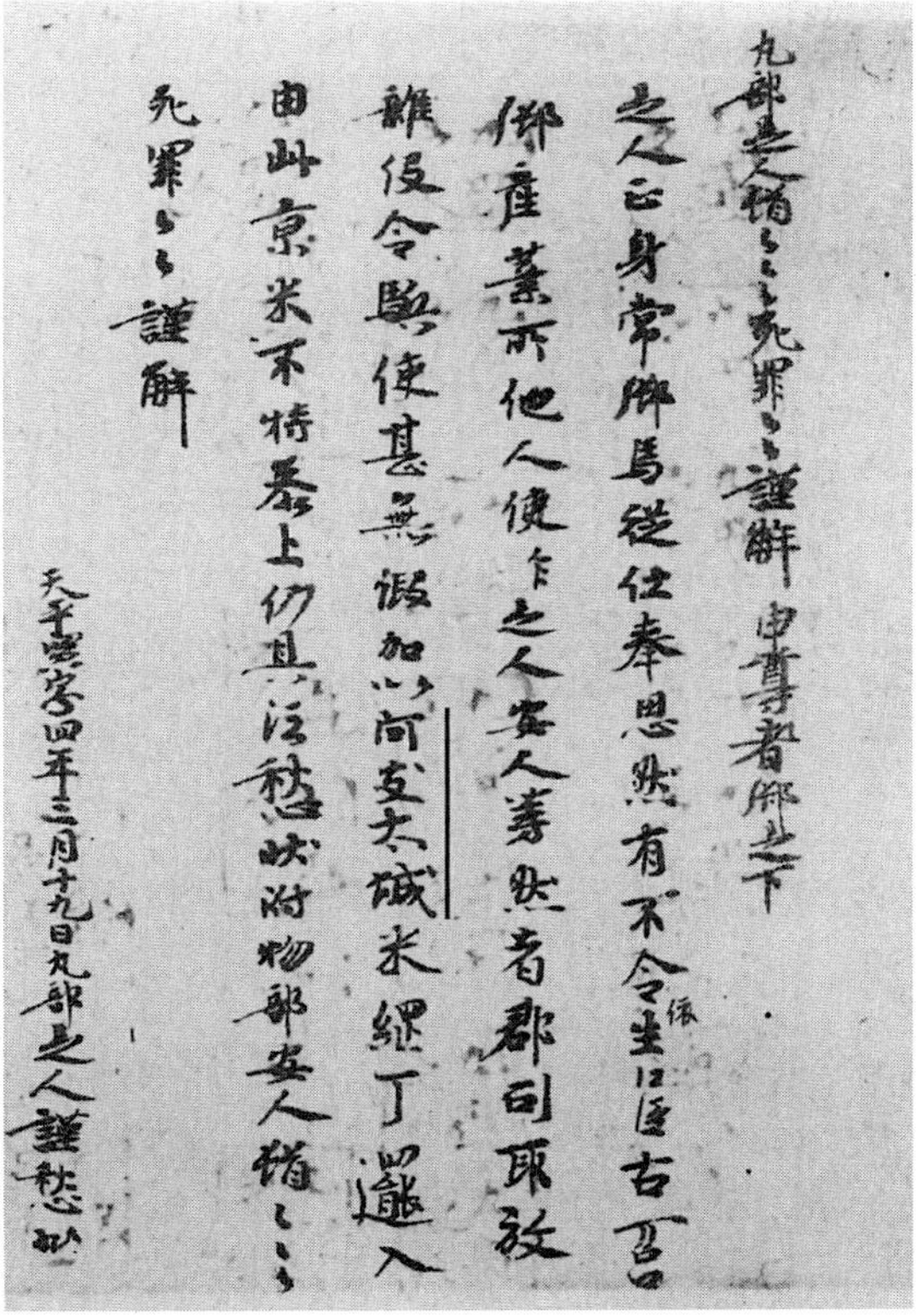

図 24　「阿支太城」丸部足人の解文(正倉院文書)
(傍線は筆者が付した)

柵」をはじめとする陸奥・出羽両国の城柵が実態に適応した呼称であるか疑問である。前述したように天平宝字から宝亀年間にかけては、「城」と「柵」との併用または混用がみられる。すなわち「桃生城」と「桃生柵」、「雄勝城」と「小勝柵」のいずれもが、時期的に前後する用例(天平宝字三年「桃生城」、同四年「桃生柵」)があることなどから、同一対象物を指しているとみてよい。

先にみたように、古代国家は七世紀後半から八世紀前半にかけて正史・法令においては、西日本の城と東日本の柵を意図的に使い分けたが、それ以外の資料(墓誌銘・木簡など)においては、八世紀前半の東日本の城柵を「城」と表記していた。この点を勘案するならば、八世紀前半において「多賀柵」ではなく、「多賀城」という表記が一般的に行われていたとみてよいであろう。むしろ表記にとどまらず、行政上の位置づけおよび構造の上でも「多賀城」そのものであったとみなすべきではないか。八世紀前半の「宮城郡」の成立およびその郡名は、あくまでも「多賀城」創建が前提として可能となるものと理解できるのである。

なお、『続日本紀』の「多賀城」の初見は、宝亀一一(七八〇)年三月丁亥条の伊治公呰麻呂の乱における「独り介大伴宿禰真《おおとものすくねま》綱《つな》を呼びて、囲の一角を開きて出し、護《まも》りて多賀城に送る。其の城、久年国司治《おさむ》る所にして、兵器・粮蓄勝《あ》げて計《かぞ》うべからず」である。一方、金石文資料でいえば、天平宝字六(七六二)年の修造碑とされる多賀城碑に「多賀城」と明記されている。秋田城の歴史書の初見も、『続日本紀』宝亀一一年八月乙卯条の「己ら官威に拠憑《よりたの》みて久しく城の下に居り。今、この秋田城は、遂に永く棄てられんか」である。一方、正倉院文書中の「天平宝字四(七六〇)年三月一九日付　丸部足人解《わにべのたりひとのげ》」(『大日本古文書』二五－二六九)に「阿支太《あきた》城」とみえ(図24)、やはり歴史書『続日本紀』より正倉院文書が二〇年もさかのぼるのである。

二　気仙地方——三陸古代史の新展開

1　陸奥国広域行政ブロック——山道と海道

『延喜民部式』郡名記載からみる行政ブロック

『延喜民部式《えんぎみんぶしき》』によれば、陸奥《むつ》国の郡名は次のとおりである。

白河　磐瀬　会津　耶麻　安積　安達　信夫　刈田　柴田　名取　菊多　磐城　標葉　行方　宇多　伊具　曰理
宮城　黒川　賀美　色麻　玉造　志太　栗原　磐井　江刺　胆沢　長岡　新田　小田　遠田　登米　桃生　気仙
牡鹿

当時、全国最大の三五郡を管した陸奥国は、東辺の国として、広い国内をいくつかの行政ブロックに分けて支配を試みたのではないか。[1] まず、「名取《なとり》以南一十四郡」(『続日本紀《しょくにほんぎ》』延暦四〔七八五〕年四月辛未条)と「黒川以北奥郡」(『類聚三代《るいじゅうさんだい》格《きゃく》』大同五〔八一〇〕年二月二三日官符)が存在することから、大きくは国府所在郡である宮城郡を中心として、名取以南と黒川以北とに国内を二分して行政支配したのであろう。また、延暦二一〔八〇二〕年の鎮守府《ちんじゅふ》胆沢《いさわ》城の成立とともに、磐井《いわい》・江刺《えさし》・胆沢三郡がその支配下に置かれた。

私見によれば、陸奥国は律令行政施行上、国内をさらに細分していたと考えられる。

『延喜民部式』の国郡一覧は、一般的には道に沿って一定の順序を追って記載されているといわれている。陸奥国の場合も、白河から名取郡までは「山道《さんどう》」、菊多《きくた》から日理《わたり》郡までは「海道《かいどう》」に沿って郡名を列記している。そして、国府所在の宮城郡以北は再び、「山道」の黒川から鎮守府所在の胆沢郡までと、長岡から牡鹿《おしか》郡までは「海道」に沿う郡である。

『延喜民部式』の記載順に沿いながら、かりにブロックに分けてみると、次のような区分が可能である。

(a) 白河　磐瀬　会津　耶麻　安積　安達　信夫
(b) 刈田　柴田　名取
(c) 菊多　磐城　標葉　行方　宇多　伊具　曰理
(d) 宮城
(e) 黒川　賀美　色麻　玉造　志太　栗原
(f) 磐井　江刺　胆沢
(g) 長岡　新田　小田　遠田　登米　桃生　気仙　牡鹿

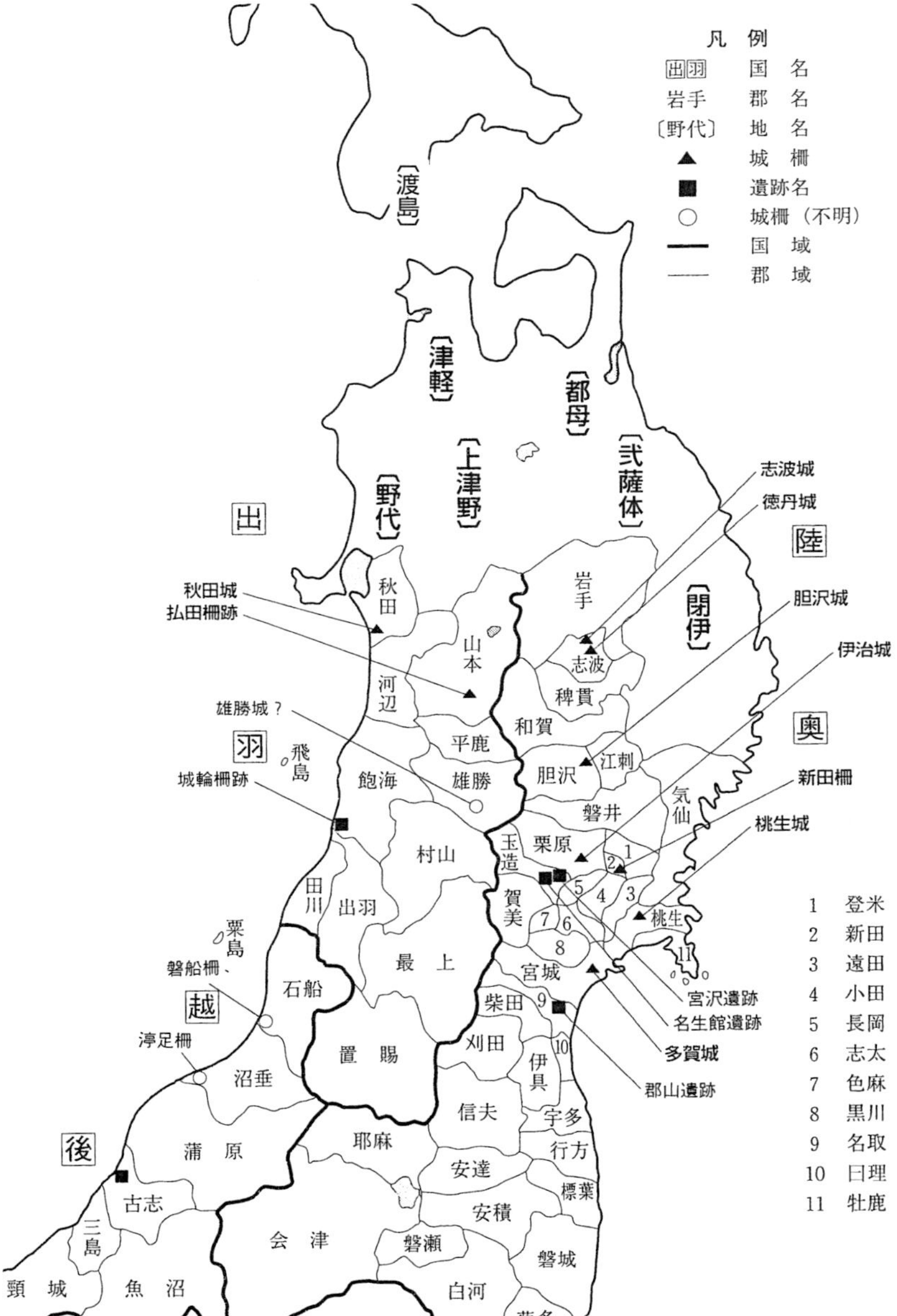

図 25　古代東北の郡および城柵配置図

(d)の宮城郡を中心に南北に大別した区分けがさらに三つずつのブロックを形成することになる。以下、その理由を簡単に説明してみたい。

まず、(a)ブロックは養老二(七一八)年建置の石背《いわせ》国に属した郡である。このうち、耶麻《やま》郡の初見は『続日本後紀《しょくにほんこうき》』承和七(八四〇)年三月庚寅条であり、安達《あだち》郡は『延喜民部式』の頭注によれば、「延喜六(九〇六)年正月廿日安積《あさか》郡を分かちて安達郡を置く」とあり、養老二年段階では、両郡ともまだ成立をみない郡である。次に(c)ブロックは、やはり養老二年建置の石城《いわき》国に属していた郡(伊具《いぐ》郡を除く)である。(b)ブロックの三郡は現在の宮城県南部の一かたまりの郡である。いいかえれば、(a)・(c)ブロックと(b)ブロックは、阿武隈《あぶくま》川によってさらに南北に区分しているといえる。国府所在の宮城郡以北は〝黒川以北〟として一括して扱われるが、さらに細分すると、(e)ブロックは山道、(g)ブロックは海道地域とすることができる。(f)ブロックの磐井・江刺・胆沢は現在の岩手県南部にあり、律令体制の版図にくみこまれたのは一段階遅れていることが明らかである。

軍団関係「漆紙文書」にみる行政ブロック

このブロックの存在を証するような出土文字資料が発見されている。それらのうち、陸奥国北部の軍団関係資料として、岩手県奥州市水沢区の胆沢城跡出土の漆紙《うるしがみ》文書二点をあげておきたい。

①第2号漆紙文書(2)

第四〇次東方官衙《かんが》地区の土壙《どこう》跡から出土。形状は半円形に近く、三つ折りにされている。

図 26　兵士の欠勤届(胆沢城跡出土第 18 号漆紙文書)

〔釈文〕

□員□□　如件以解

延暦廿一年六月廿九日書生宗□

玉造団擬大毅志太□

解文《げぶみ》の文末部分だけであるので、上申書の内容は不明である。延暦二一(八〇二)年は胆沢城の造営された年である。玉造《たまつくり》団は陸奥国の軍団(六ないし七団)の一つで、玉造郡(宮城県北部)に置かれていたと思われる。「志太□」は玉造郡に隣接する志太郡の郡名を負い、擬大毅《ぎたいき》(軍団の司令補)をつとめていることから、おそらく志太郡の豪族と判断される。

②第18号漆紙文書(3)

第四三次調査東方官衙南地区土壙跡から出土。二つ折りにされた紙片で、漆液《うるしえき》の付着した面を内側に折りたたんでいる。二つ折りの紙片を広げると、おおよそ、縦二七・五センチ、横三一・五センチで、内容上から推してほぼ原状の一紙に相当する。

〔釈文〕

⌊⌋　　中依病不堪戍所射手等事

⌊⌋弐人

番上

伴部広根健士

右人自今月廿五日沈臥疫病也

宗何部刀良麿健士

右人自今月廿六日沈臥疫病也

⌊⌋射手等沈臥疫病不堪為戍⌈⌉

⌊⌋□〔主〕帳牡鹿□〔連〕氏縄使申上以解

承和十年二月廿六日⌈⌉

×□×

冒頭の解《げ》の差出し部分を欠くが、病気のため「戍所《じゅしょ》」（守備地）に赴けない射手《いて》二人のことを、軍団の主帳（第四等官。文書作成を担当）の牡鹿《おしか》連氏縄が使として申上したものである。ここで問題は、牡鹿連氏縄は何団の主帳であろうか。

陸奥国の軍団は承和一〇(八四三)年当時、六団存在し、いわゆる黒川以北の諸郡には、玉造団、小田《おだ》団の二団が設置されていた。玉造団には〝山道〟地方の黒川、賀美《かみ》、色麻《しかま》、玉造、志太、栗原郡が属し、小田団には〝海道〟地方の長岡、新田《にいだ》、小田、遠田《とおだ》、登米《とめ》、桃生《ものう》、気仙《けせん》、牡鹿郡が属したと思われる。さきの第2号漆紙文書では、玉造団の擬大毅として、志太郡の豪族と思われる「志太□」が加わっている事実から、志太郡が玉造団に属することが明らかである。この断簡の場合も、軍団の主帳に「牡鹿連」がみえることから、その所属する軍団は小田団という推測が成り立つであろう。なお、『類聚三代格』弘仁六(八一五)年八月二三日官符によれば、胆沢城には兵士四〇〇人と健士《けんし》(実戦経験のある勲位人から選抜)三〇〇人の計七〇〇人が当番兵として分配されていた。本文書にみえる健士も、この三〇〇人のうちの二名に相当するのであろう。

陸奥国の「海道」と「山道」

ここで、陸奥における海道・山道について検討しておきたい。海道・山道に関する史料は、次のとおりである。

イ．『続日本紀』神亀元(七二四)年三月甲申条

陸奥国言。海道蝦夷反。殺二大掾従六位上佐伯宿禰児屋麻呂一。

陸奥国言《もう》さく、海道の蝦夷《えみし》反し、大掾《だいじょう》従六位上佐伯宿禰《さえきのすくね》児屋麻呂《こやまろ》を殺せり、ともうす。

ロ．『続日本紀』天平九(七三七)年四月戊午条

且追二常陸。上総。下総。武蔵。上野。下野等六国騎兵惣一千人一。聞山海両道夷狄等咸懐二疑懼一。仍差二田夷遠田

郡領外従七位上遠田君雄人。遣二海道一。差二帰服狄和我君計安塁一。遣二山道一。並以二使旨一慰喩、鎮二撫之一。

且《ま》た常陸・上総・下総・武蔵・上野・下野等六国の騎兵惣《すべ》て一千人を追《め》す。聞《き》かくは、山海両道の夷狄《いてき》等咸《ことごと》く疑懼《きぐ》を懐《いだ》く、ときく。仍《よ》りて田夷《たえみし》遠田郡領外従七位上遠田君雄人《とおだのきみおひと》を差して、海道に遣わし、帰服《まつろ》える狄和我君計安塁《てきわがのきみけあるい》を差して山道に遣わす。並びに使旨を以て慰め喩《たと》えて鎮撫《ちんぶ》せしむ。

ハ・『日本後紀』延暦二四(八〇五)年一一月戊寅条

停二陸奥国部内海道諸郡伝馬一。以レ不レ要也。

陸奥国の部内、海道の諸郡伝馬を停《や》む。要せざるを以てなり。

ニ・『日本後紀』弘仁二(八一一)年四月乙酉条

廃二陸奥国海道十駅一。更於下通二常陸一道上。置二長有。高野二駅一。為レ告二機急一也。

陸奥国の海道十駅を廃す。更に常陸に通う道に、長有・高野二駅を置く。機急を告げんが為なり。

ハ・ニは、駅制にかかわる内容で海道が文字どおりの交通路をあらわしていることは明らかである。交通路からいえば、(a)から(b)が山道、(c)海道、(e)山道、(g)海道というように、陸奥では山海両道は宮城郡を中心に南北両地域に所在していることになる。そして、ハ・ニは陸奥国南部の海道に関する一連の施策であると思われる。その点では、この弘仁二年条の「海道十駅」は、建国まもない石城国に設けられた「駅家一十処《しょ》」(『続日本紀』養老三年閏七月丁丑条)があたるであろう。

一方、イ・ロの「海道」「山海両道」は単なる交通路だけでなく、地域をも示していることが注目される。従来、山海両道はその記事のほとんどが蝦夷に関係することから、限定した表現と解されがちであった。しかし、この蝦夷関係の記事でも、内容的には山道なり海道地域に居るところの蝦夷という意味で、一定の地域としてのとらえ方がなされている。ロの天平九年条の場合、遠田郡領が海道に遣わされ、もう一方の和我君計安塁はのちの和我《わが》郡（弘仁二年建郡）地方との関連で考えれば、山道に遣わされたとみられ、ともに先のブロックと一致することとなる。

文献史料上の「山道」「海道」が、地域社会の支配体系のなかで十分に機能していたことをものがたる出土文字資料が近年確認されている。

○宮城県多賀城市　市川橋遺跡出土漆紙文書(4)

第二五次〜第二九次調査出土漆紙文書

二a（漆付着面）

□　　□□

□〔乗カ〕駅　駅馬　□□〔等 等カ〕　［　］

［　］符一枚柴田郡［　　　］月卅日

伝□　　□及下　　武蔵　　相□〔模カ〕

□　　迎

□部内山道□□〔諸 郡カ〕　　戸主物

※陸奥国部内（国内）の山道諸郡と表記。

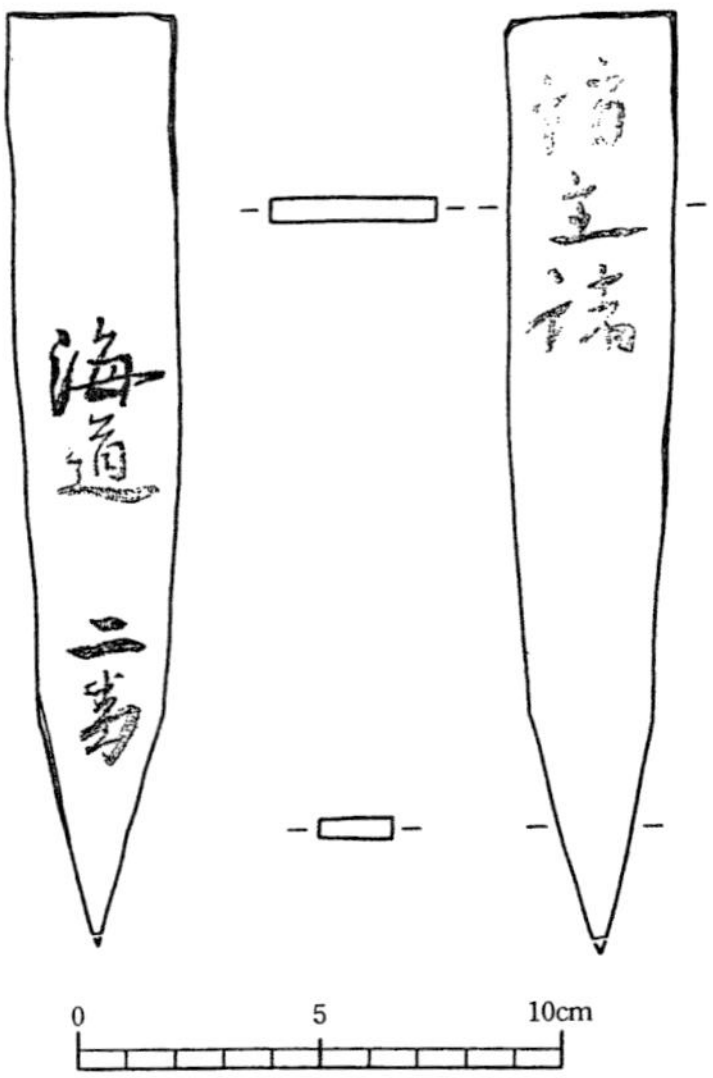

図27　「海道」(赤井遺跡出土第1号木簡)

○宮城県東松島市　赤井遺跡出土第1号木簡[5]

・「□主諸　　」

・「　海道　二番」　194×34×5

※表に人名「□主諸」、裏に海道地域における二番の当番勤務を表記。

陸奥国北部「海道」地域の問題点

次に陸奥国北部の海道地域に関して、いくつかの問題点を検討してみたい。

まず、『延喜民部式』の国郡一覧のうち、陸奥国北部の郡名を再掲すると、次のとおりである。

黒川・賀美・色麻・玉造・志太・栗原・磐井・江刺・胆沢・長岡・新田・小田・遠田・登米・桃生・気仙・牡鹿

このうち長岡郡の記載順をみてみると、海道地域の冒頭の郡として記載されている。

これに対して、元和《げんな》古《こ》活字《かつじ》本《ぼん》『和名類聚抄《わみょうるいじゅしょう》』巻五・国郡部では、「星河(黒川)・賀美・色麻・玉造・志太・長岡・栗原」とあり、長岡郡は山道地域に含まれている。同書高山寺《こうざんじ》本《ぼん》も同様に長岡郡を山道地域に記している。

長岡郡の初見史料は、『続日本紀』延暦八(七八九)年八月己亥条である。

勅。陸奥国入レ軍人等。今年田租。宜三皆免之。兼給二復二年一。其牡鹿・小田・新田・長岡・志太・玉造・富田・色麻・賀美・黒川等一十箇郡、与レ賊接レ居。不レ可二同等一。故特延二復年一。

勅《みことのり》したまわく、陸奥国の軍に入れる人らに、今年の田租、皆免《ゆる》し、兼ねて復《ふく》二年を給うべし。その牡鹿・小田・新田・長岡・志太・玉造・富田・色麻・賀美・黒川等一十箇郡、賊と居を接して同等にすべからず。故に特に復の年を延ばす。

「黒川等一十箇郡」は「与賊接居」という理由から、特に復年(労役の免除)を延長されている。ところが、栗原郡(神護景雲三(七六九)年初見)・桃生郡(宝亀二(七七一)年初見)・遠田郡(天平九(七三七)年初見)の三郡は、すでに史料上、建郡の事実を確認できるが、それぞれ不安定な状況下にあり、通常の令制郡一〇郡のうちに含まれていない。(6) このような特殊な郡を除くと、延暦八年条の郡名表記は、『延喜民部式』の逆順であり、長岡郡は海道地域に含まれている。長岡郡についての『延喜式』と『和名類聚抄』の記載の相違は、単なる誤記とみなすよりも、長岡郡の地理的位置が山海両道の分岐点に存在した事実を反映していると判断すべきではないか。(7)

郡名記載に関して、もう一つの問題は、『和名類聚抄』刊本の国郡部の郡名列記である。

黒川・賀美・色麻・玉造・志太・栗原・磐井・江刺・胆沢・長岡・新田・小田・遠田・気仙・牡鹿・登米・桃生・大沼

この郡名列記は『延喜民部式』の海道地域の郡名順「長岡・新田・小田・遠田・登米・桃生・気仙・牡鹿」と比べ

ると、遠田以下に大きな相違がみられる。

このような海道地域の郡名記載順の混乱は、陸奥国内の他の地域ではみられない。すなわち陸奥国南部および北部でも山道の場合は、ほぼ官道に沿って南から北へ列記している。

陸奥国北部海道地域の記載順の混乱は、次のような事情によると考えられる。一つは、八・九世紀を通じて、黒川以北において山道が主要官道であったのに対して、海道はおそらく交通路も複雑で、海道そのものが地域的呼称としての側面を強くもっていたのではないか。もう一つは、海道地域の建郡事情、いいかえれば山道に比して新置の郡が多く、しかも新置郡が令制郡の体裁を整えていないことなどが考えられ、これらが郡名記載にあたり混乱を生じた原因だったのであろう。

2 「気仙」の表記・呼称と地域

「計仙麻」から「気仙」へ

○『和名類聚抄』元和古活字本・名古屋市博本
気仙郡
気仙　大島　気前

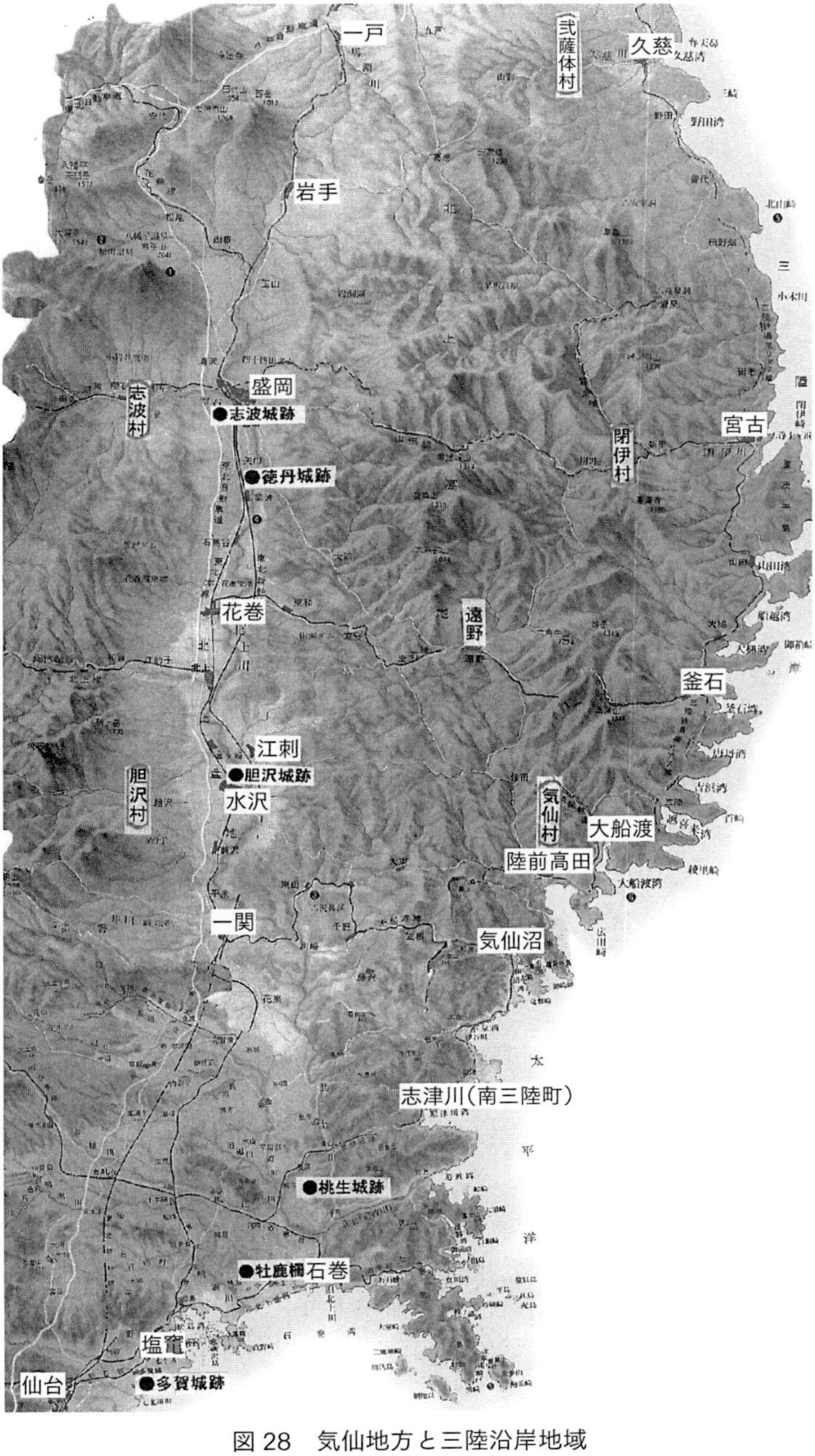

図 28　気仙地方と三陸沿岸地域

○『和名類聚抄』高山寺本

気仙郡

気仙気ゝ如結　大嶋

○『延喜式』神名下

牡鹿郡十座大二座小八座

零羊埼《ひつじさき》神社名神大

伊《い》去《こ》波《は》夜《や》和《わ》気《け》命《のみこと》神社

拝幣志《おろへし》神社名神大

大嶋《おおしま》神社

久集比奈《くすひな》神社

香取伊豆乃御子《かとりのいずのみこ》神社

曽波《そわ》神社

鳥屋《とりや》神社

鹿嶋御児《かしまのみこ》神社

計仙麻《けせま》神社

桃生郡六座大一座小五座

飯野山《いいのやま》神社

二俣《ふたまた》神社

計仙麻大嶋《けせまのおおしま》神社名神大

日高見《ひたかみ》神社

石《いし》神社

小鋭《おと》神社

気仙郡三座並小

理訓許段《りくこた》神社

登奈孝志《となかし》神社

衣太手《えだて》神社

気仙郡は『和名類聚抄』元和古活字本・名古屋市博本によると、気仙・大島・気前の三郷、高山寺本によると、気仙・大嶋の二郷である。高山寺本に「気仙気ヽ如結」とあることから、気は「ケ(結)」と読まれている。さらに、『延喜式』神名帳によると、牡鹿郡一〇座のうちには、下総《しもうさ》・香取《かとり》神宮、常陸《ひたち》・鹿嶋《かしま》神宮の末社「香取伊豆乃御子神社」「鹿嶋御児神社」とともに、「大嶋神社」「計仙麻神社」、桃生郡六座のうちに「計仙麻大嶋神社」が祀られている。一方、気仙郡には理訓許段《りくこた》神社・登奈孝志《となかし》神社・衣太手《えだて》神社の三座のみで、計仙麻神社・大嶋神社がみえない。

図 29 「上野国印」復元(群馬県立歴史博物館蔵)

7世紀には「上毛野(国)」と表記していたが，8世紀に「上野(国)」と2文字で「かみつけ(の)」また「こうずけ」と読む．

まず、「気仙」の表記はおそらく『続日本紀』和銅六(七一三)年五月甲子条の「畿内七道諸国郡郷の名は好き字を着《よ》けよ」によるものと判断できよう。この「気仙」表記以前は、神社名にみえる「計仙麻」と三文字表記した可能性があろう。

ここで参考までに、七世紀段階と八世紀以降の地名表記と読みが一致しない事例をあげておきたい。

国名でいえば、武蔵《むさし》国の場合、七世紀段階では「无耶志《むざし》国」(藤原宮出土木簡など)という三文字で表記していた。大宝四(七〇四)年、諸国の国印が一斉に作られた時、「〇〇國印」と国名を二文字で表記することとなった。この時から「むざ(さ)しのくに」も「武蔵」に統一された。しかし、「蔵」は「ざ」

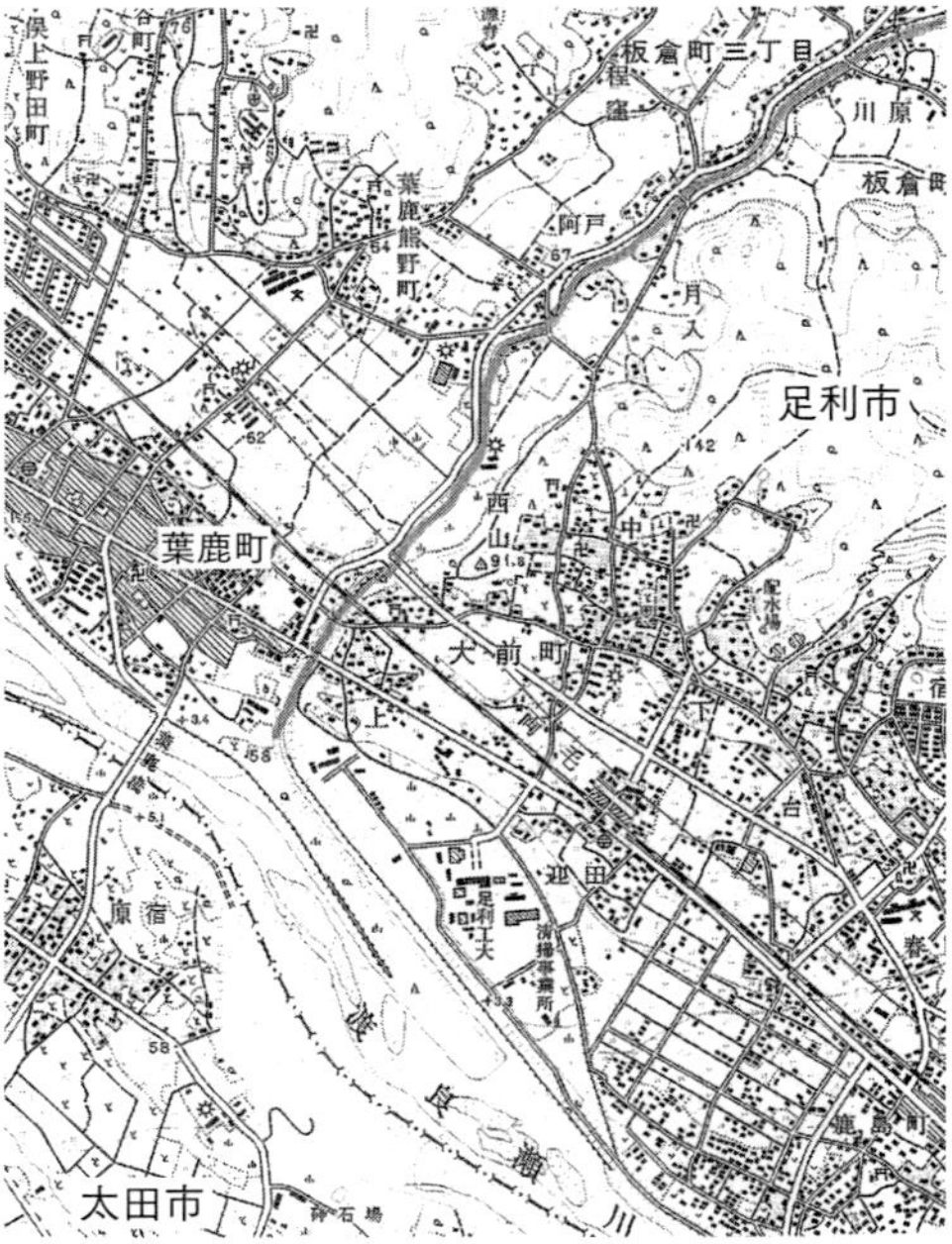

図 30　栃木県足利市葉鹿町付近地図

という音しかなく、「むざ」国と読まなければならないが、二文字でも従来どおり〝むざ(さ)し〟国と呼称したのであろう。

平城宮出土木簡(八世紀前半)に人名「高椅武蔵志」と書かれた木簡が出土している。人名の場合、高椅《たかはしの》「武蔵志《むさし》」と「志(し)」の一文字を加えていることは興味深い。

次に里(郷)の例もあげておきたい。

○藤原宮跡出土木簡　大宝三(七〇三)年
「<下毛野国足利郡波自可里鮎大贄一古参
年十月廿二日」
(410)×(25)×5

○造東寺司牒(正倉院文書『大日本古文書』三―五八七)　天平勝宝四(七五二)年
造寺司　牒三綱所
合奉充封壱仟戸
下野国弐伯伍拾戸　芳賀郡石田郷五十戸　足利郡土師郷五十戸　梁田郡深川郷五十戸
都賀郡高栗郷五十戸　塩谷郡片岡郷五十戸
(以下略)

○『和名類聚抄』元和古活字本(一〇世紀前半)

足利郡

大窪　田部　堤田　土師　余戸　駅家

安永五(一七七六)年修復の鑁阿寺《ばんなじ》一切経等記録(鑁阿寺文書)によると、正応五(一二九二)年七月七日の渡良瀬《わたらせ》川大洪水の際、葉鹿・天前(大前か)・山下・伊予部(五十部)・今福・八幡・借宿などの河原に大木が漂着し、鑁阿寺の修復に使用されたという。現在も栃木県足利市に「葉鹿町《はじかまち》」が所在する。七〇三年の藤原宮跡木簡に「足利郡波自可里」(はじかのさと)と記載されていたことと、中世以降現在まで「葉鹿」郷、「葉鹿」町が存在することから、造東寺司牒、『和名類聚抄』などの足利郡「土師」郷は「はじ」郷ではなく、二文字でも「はじか」郷と読んでいたことが明らかである。

次に、計仙麻・気仙・気仙沼の読みについて言及しておきたい。まず、『和名類聚抄』にみえる読みなどを参考に、他の古代地名の類例からみてみたい。

以上の例を参照し、改めて「気仙」などの音を確認しておくこととする。

表記については、先の「无耶志」→「武蔵」→「武蔵志」、「波自可」→「土師」→「葉鹿」の用例を参照するならば、「計(気)仙麻」→「気(計)仙」(→「気仙沼」)という変遷が想定できるであろう。「気」は漢音「キ」、呉音「ケ」であり、気の意味は天朗気清、人間の心身の活力のことである。「仙」は漢・呉音とも「セン」であり、仙の意味は不老不死の術を修行した者のことである。和銅六(七一三)年の地名を好字しかも二文字表記にすると定めた際に、おそらくそれま

石見国那賀郡伊甘郷

ikam→以加三 ikami

ikam→伊加無 ikamu

甘 m ↓ mu む	延喜式神名帳　伊甘《イカン》神社 兵部省式　伊甘《イカミ》駅家

播磨国印南郡含芸郷

南 m ↓ mi み ↓ mu む	印南郡 in-nam→inam→伊奈美 inami 含芸郷＝河南郷 kanam→賀南牟 kanamu

備前国邑久郡長沼郷

nakanuma→奈加奴 nakanu

沼 numa ぬま ↓ 沼 nu ぬ(奴)	尾沼郷 onuma→乎奴 onu

二条大路木簡

- 「<近江国印勘郡□□□　」
- 「<穴太子人□俵　　　」　179×28×4

勘 m ↓ mi み ↓ mu む	印勘郡 in-kam→inukamu 『和名類聚抄』近江国犬上郡 inukami

〈子音「m」「n」と母音との関係〉

m 音に母音がついたり，n 音から母音がはずれたりする．

での「計仙麻」(ケセマ)を二文字「気仙」と表記し、読みは従来どおり「ケセマ」と読ませたのであろう。『日本歴史地名大系4　宮城県の地名』には、「気仙沼」について次のように記述されている。(8)

　地名はアイヌ語のケセモイ、ケセムイからきており、湾内の奥、もしくはアイヌの勢力の及ぶはずれの港の意味とする説がある。陸前高田市はもと気仙郡に含まれており、「延喜式」神名帳では牡鹿郡に計仙麻神社、桃生郡に計仙麻大島神社がある。計仙麻神社の所在地は確定しがたいが、計仙麻大島神社は大島の亀山にある大島神社に比定される。古代においては陸前高田市から牡鹿郡に至る沿岸部を広く「けせま」とよんでいたものと考えられる。なお慶長五年(一六〇〇)の葛西大崎船止日記・漆請取日記(伊達家文書)には仮名で「けせぬま」と記されている。

気仙(計仙麻)がアイヌ語のケセモイ・ケセムイに由来するとみた場合、

アイヌ語

kesemoi / kesemui } kesema

母音重複の場合、他の一文字母音に変化する。
oi・ui→a

となり、やはりケセマ(計仙麻)が本来の呼称であると判断することができるであろう。ところが、少なくとも近世になると、神社名「計仙麻」・郡名「気仙」の二つの表記から次のような解釈が導き出されたと推測される。

気仙(計) kesen
↓
kesenu
↓
計仙麻 kesenu＋ma

すなわち、「気仙」と、それ以前の表記「計仙麻」(ケセマ・神社名で継承)から、古代においては「気仙」と表記しても「ケセマ」と読ませていた。しかし、のちに「気仙」は「ケセン」→「ケセヌ」、さらに古代からの読み「ケセマ」をうけて地名の読みは、「ケセヌ」+「マ」(「計仙+麻」)と解釈された。この解釈にもとづいて、慶長五年文書にはじめて仮名「けせぬま」と表記され、「気仙沼」の三文字の漢字があてられたのではないか。(9)

道嶋氏と牡鹿地方

ところで、古代東北の最有力豪族は牡鹿地方(現宮城県東松島市＝旧桃生郡矢本町、および石巻市付近)を拠点とした道嶋《みちしま》氏である。道嶋氏は、当初東国に多い丸子を称し、東国からの移民のうちの比較的有力な一族であったとされている。また、『続日本紀』に、次のようにある。

○『続日本紀』神護景雲三(七六九)年三月辛巳条

陸奥国白河郡人外正七位上丈部子老。賀美郡人丈部国益。標葉郡人正六位上丈部賀例努等十人。賜二姓阿倍陸奥臣一。(中略)牡鹿郡人外正八位下春日部奥麻呂等三人武射臣。(中略)玉造郡人外正七位上吉弥侯部念丸等七人下毛野俯見公。並是大国造道嶋宿禰嶋足之所レ請也。

陸奥国白河郡人外正七位上丈部子老《はせつかべのこおゆ》、賀美《かみ》郡人丈部国益《くにます》、標葉郡人正六位上丈部賀例努《かれの》等十人に、姓を阿倍陸奥《あべのみちのくの》臣《おみ》と賜う。(中略)牡鹿郡人外正八位下春日部奥麻呂等三人には武射臣《むざのおみ》。(中略)玉造郡人外正七位上吉弥侯部念丸《きみこべのおしまろ》等七人には下毛野俯見公《しもつけののふしみのきみ》。並に是れ大国造道嶋宿禰嶋足《みちしまのすくねしまたり》が請う所なり。

大国造道嶋宿禰嶋足の申請にもとづく陸奥国内の各郡領クラスの在地有力者の一括賜姓記事である。すべての丈部《はせつかべ》・大伴部・吉弥侯部《きみこべ》がそれぞれ阿倍・大伴・上(下)毛野＋陸奥国名または郡・郷名を賜姓したものであるが、牡鹿郡人春日部奥麻呂ら三人が武射臣を賜姓したのはここでは唯一の例外である。しかも、この一括賜姓の推挙者がもとは牡鹿郡の豪族であった道嶋氏である。この武射臣は「地名＋臣」の型に一致すると思われ、地名「武射」が上総《かずさ》国武射郡を指すことは間違いない。上総国武射郡は現在の千葉県山武《さんむ》郡を中心とした九十九里沿岸に位置している。春日部奥麻呂は、おそらく上総国から海をわたって牡鹿郡に移住し、大きな勢力を有していた。房総半島の武射地方の有力者と牡鹿地方との連繋、いいかえれば牡鹿地方の豪族道嶋氏の勢力伸長の基盤も海上交通との関連があることを示唆している。また牡鹿地方の重要性はやはり陸奥国北部への海からの玄関口にあたっていた点にある。八世紀半ばに造営された桃生城は牡鹿柵とともに、その玄関口と、港からさらに北上川水運を利用して北の内陸部――〝賊の本拠〟とされた胆沢地方――への人や物資輸送上の重要性を配慮したものであろう。

周知のとおり、道嶋嶋足が陸奥国の大豪族となった大きな契機は、天平宝字八(七六四)年の藤原仲麻呂の乱における活躍である。井上光貞氏が指摘するように、道嶋一族が在地社会のなかでみずから築いたものではなく、中央官人としての異例の出世を契機として有力豪族となっていったのである。(10)

本来、陸前高田市あたりから牡鹿郡に至る沿岸部が広く「ケセマ」とよばれていたとみられるが、この道嶋氏の存在が、牡鹿郡・桃生郡一帯すなわち牡鹿地方を独立してとらえ、あえて牡鹿地方を「気仙」(ケセマ)の地の一画をなすとはとらえてこなかった大きな理由であろう。しかしながら、牡鹿郡の「計仙麻神社」「大嶋神社」、桃生郡の「計仙麻大嶋神社」が両郡に設置されていることは、両郡が「気仙」地方に属していたことのなによりの証拠であるといえよう。

3　気仙と三陸沿岸地域の情勢

征夷関連記事と「香河村」

○『続日本紀』霊亀元(七一五)年一〇月丁丑条

陸奥蝦夷第三等邑良志別君宇蘇弥奈等言、親族死亡、子孫数人、常恐レ被二狄徒抄略一乎。請、於二香河村一、造二建郡家一、為二編戸民一、永保二安堵一。又蝦夷須賀君古麻比留等言。先祖以来、貢二献昆布一。常採二此地一。年時不レ闕。今国府郭下、相去道遠。往還累レ旬、甚多二辛苦一。請、於二閇村一。便建二郡家一。同二於百姓一。共率二親族一、永不レ闕レ貢。並許レ之。

陸奥の蝦夷第三等邑良志別《おらしべ》君宇蘇弥奈《うそみな》ら言《もう》さく、親族死亡し、子孫数人、常に狄徒《てきと》に抄略せられむことを恐る。請《こ》わくは、香河村に郡家を造り建てて、編戸の民として、永く安堵《あんど》を保たむことを、ともうす。又、蝦夷須賀君古麻《すがのきみこま》比留《ひる》ら言さく、先祖以来、昆布を貢献せり。常に此地に採《と》りて、年時闕《か》かず。今国府郭下、相去ること道遠く、往還旬《じゅん》を累ねて、甚《はなは》だ辛苦多し。請《こ》わくは、閇村《へいむら》に便に郡家を建て、百姓に同じくして、共に親族を率いて、永く貢を闕《か》かざらむことを、ともうす。並に之を許す。

本条は、深く関連する二つの申請記事からなる。前段では、陸奥蝦夷邑良志別君宇蘇弥奈らが「親族が死亡したため、子孫数人は狄徒に抄略(かすめ奪うこと)されることを恐れている。そこで請うには、香河村に郡家を造り建てて、編戸の民として永く安堵を保たん」と願い出た。

後段は、蝦夷須賀君古麻比留らが「先祖以来、昆布を貢献していた。ただ、この地(閇村)は国府から道遠く、往還に困難を極めている。請うには、閇村に郡家を建て、永く昆布の貢進を続けたい」と申し出ている。

このうち後段にみえる閇村は、平安期の文屋綿麻呂《ふんやのわたまろ》の征夷記事にみえる「幣伊《へい》村」に該当するであろう。

○『日本後紀』弘仁二(八一一)年三月甲寅条

(略)去二月五日奏偁。請発二陸奥出羽両国兵合二万六千人一。征二尓薩体。幣伊二村一者。依レ数差発。早致二襲討一。事期二殄滅一。不レ得三労レ軍以遺二後煩一。

去る二月五日の奏に偁《い》わく、請うは陸奥出羽両国の兵合わせて二万六千人を発し、尓薩体《にさったい》・幣伊の二村を征《う》たむことを、てへるに、数により差発し、早く襲討を致し、事殄滅《てんめつ》を期すれば、軍を労い以て後の煩を遺すことを得ず。

「幣伊村」の表記は、『日本後紀』弘仁二年一二月甲戌条の詔には、「閇伊村」とある。霊亀元年条の「閇」と弘仁二年条の「閇伊」「幣伊」の表記は、例えば「紀」国を二文字で「紀伊」国と表記していることと同様と理解できる。

従来、霊亀元年段階の「閇村」の建郡がほとんど重視されてこなかったのは、おそらく弘仁二年段階においても「閇伊郡」ではなく、「閇伊村」が存在するからであろう。しかし、霊亀元年時の「閇村」の建郡は、昆布貢献を確保するための拠点的な設定と理解すれば、その拠点周辺には建郡されていない「閇村」が存在したのであろう。その建郡されない「閇村」が弘仁二年時の征夷対象とみなすことができる。

後段をこのように解すると、前段の香河村への建郡記事もその内容があらためて問われることになろう。

まず、陸奥蝦夷邑良志別君(宇蘇弥奈)という人名について、後段の「閇村」と関連させてみたい。「邑」は、上野国「邑楽郡」を『和名類聚抄』国郡部で「於波良支(おはらき)」と読みを付している例からも「邑」は「お」と読み、「邑良志別」は「おらしべ」と読むことができる。そこで『日本後紀』の次の記事が重要な意義を有することになる。

○『日本後紀』弘仁二(八一一)年七月辛酉条

出羽国奏。邑良志閇村降俘吉弥侯部都留岐申云。己等与二弐薩体村夷伊加古等一。久搆二仇怨一。今伊加古等。練レ兵整レ衆。居二都母村一。誘二幣伊村夷一。将レ伐二己等一。伏請二兵粮一。先登襲撃者。臣等商量。以レ賊伐レ賊。軍国之利。仍給二米一百斛一。奨二励其情一者。許レ之。

出羽国奏《もう》さく、邑良志閇村の降俘吉弥侯《きみこ》部《べの》都留岐《つるき》申して云わく、己等弐薩体村の夷伊加古《いかこ》らと、久しく仇怨を搆う。今伊加古等、兵を練り衆を整え、都母《つも》村に居し、幣伊村夷を誘いて、将に己等を伐たむとす。伏して兵粮を請い、先ず登りて襲撃せむ、ともうす。臣等商量するに、賊を以て賊を伐つは、軍国の利なり。仍《より》て米一百斛を給い、其の情を奨励せむことを、てへり。之を許す。

出羽国から次のように奏上された。邑良志閇村の帰降した俘囚《ふしゅう》吉弥侯部都留岐が申すには「己らは弐薩体村の蝦夷伊加古等と久しく怨恨状態で対立している。今、伊加古らは兵を集め訓練し、都母村に居る。幣伊村の蝦夷を誘い、自分たちを攻めようとしている。兵粮を請い先制攻撃を仕かけたい」と願い出た。これに対し政府は「賊をもって賊を伐つは、軍国の利なり」として、申し出を許している。

弐薩体村夷が幣伊村夷を誘い、邑良志閇村の降俘に圧力をかけている。このことは、先の霊亀元年条の狄徒に抄略されることを理由に香河村の建郡を申請した陸奥蝦夷の邑良志別君と深く関わるであろう。邑良志閇と邑良志別は、「別」べbe(甲音)、「閇」へFë(乙音)と甲・乙音と異なるが、ともに「おらしべ(へ)」と読む。また、弐薩体村夷が幣伊村夷を誘い邑良志閇村降俘を攻める行為と、霊亀元年条の狄徒が邑良志別君を攻撃する行為は共通しており、幣伊村夷と「狄徒」の関連が想起される。

以上の検討から、霊亀元年条の前段・後段が閇(幣伊)村を指標として三陸沿岸地域における一連の動静をものがたっていると理解できる。

○『日本後紀』弘仁二(八一一)年七月丙午条

勅二征夷将軍正四位上兼陸奥出羽按察使文室朝臣綿麻呂等一曰。省二今月四日奏状一。具知以二俘軍一千人一。委二吉弥侯部於夜志閇等一。可レ襲二伐幣伊村一。彼村俘。党類巨多。若以二偏軍一臨討。恐失二機事一。仍欲レ発二両国俘軍各一千一。

来八九月之間。左右張レ翼。前後奮□。宜下与二副将軍及両国司等一。再三評議。具レ状奏上上。国之大事。不レ可二軽略一。

征夷将軍正四位上兼陸奥出羽按察使文室朝臣綿麻呂等に勅して曰わく、今月四日奏状を省みるに、具《つぶさ》に知るは俘軍一千人を以て、吉弥侯部於夜志閇等に委ね、幣伊村を襲伐すべくに、彼の村俘、党類巨多にて、若《も》しくは偏軍を以て臨みて討つに、恐るらくは機事を失す。仍《より》て両国の俘軍各一千を発せむと欲し、来たる八・九月の間、左右に翼を張り、前後奮□。宜しく副将軍及び両国司等と再三評議し、状を具にして奏上すべし。国の大事、軽略すべからず。

傍線部分によれば、征夷大将軍文室朝臣綿麻呂が次のように報告している。服属蝦夷の族長吉弥侯部於夜志閇らに俘軍一千人を委ね、蝦夷の有力拠点である幣伊村を襲伐する計画であるという。

また弘仁元年条には、渡嶋《わたりしま》の狄《てき》二百余人が気仙郡に来着したという。

○『日本後紀』弘仁元(八一〇)年一〇月甲午条

陸奥国言。渡嶋狄二百余人来二着部下気仙郡一。非二当国所レ管。令二之帰去一。狄等云。時是寒節。海路難レ越。願候二来春一。欲レ帰二本郷一者。許レ之。留住之間。宜レ給二衣粮一。

陸奥国言さく、渡嶋の狄二百余人、部下の気仙郡に来着す。当国の管する所にあらざれば、之を帰去せしむ。狄等云わく、時是れ寒節にして、海路越えがたし。願わくは来春を候《ま》ちて、本郷に帰らむと欲す、てへり。之を許す。

留住の間、宜しく衣粮を給うべし。

渡嶋については、斉明紀の阿倍比羅夫《あべのひらふ》によるいわゆる「北征記事」に初めてみえる。この渡嶋について、本州北部総称説と北海道説で長い論争が続いた。最近発表された小口雅史氏「渡嶋再考」によると、次のように整理している。[11]中世以前における「津軽」は、現在の津軽地方の南部のみを指す語であり、半島海岸部はむしろ道南地域と密接な関わりをもつ世界であった。またそうした津軽海峡を挟む世界は、道央部あるいは道東・道北部とはやはり違った世界である。こうしたことから、津軽の北に位置するという渡嶋は、この海峡を挟む世界に相当するのではないかと想定している。

弘仁元年条によると、渡嶋の狄は陸奥国の所管ではないので、来着した狄二百余人を帰還させようとした。ただ狄らが、今は寒い季節で海路を越えがたいので、来春をまって、渡嶋の地に帰りたいと願い出て許されている。この渡嶋狄二百余人という大勢の人々は、無目的に気仙郡に寄港したのではないであろう。しかも漂着ではなく来着とある。当初から気仙郡を目指して、渡航を計画したと考えるべきであろう。おそらくは、気仙郡が長年にわたり渡嶋の地との北方交易拠点であったことを前提としての移住計画ではなかったのではないか。

以上の諸史料の関係を整理して考えれば、図31のようになり、霊亀元年条の「香河村」は気仙郡との関わりで解釈することが最も妥当性が高いといえるであろう。その場合、「香河村」の表記と「気仙」との関連が今後の検討課題となるであろう。

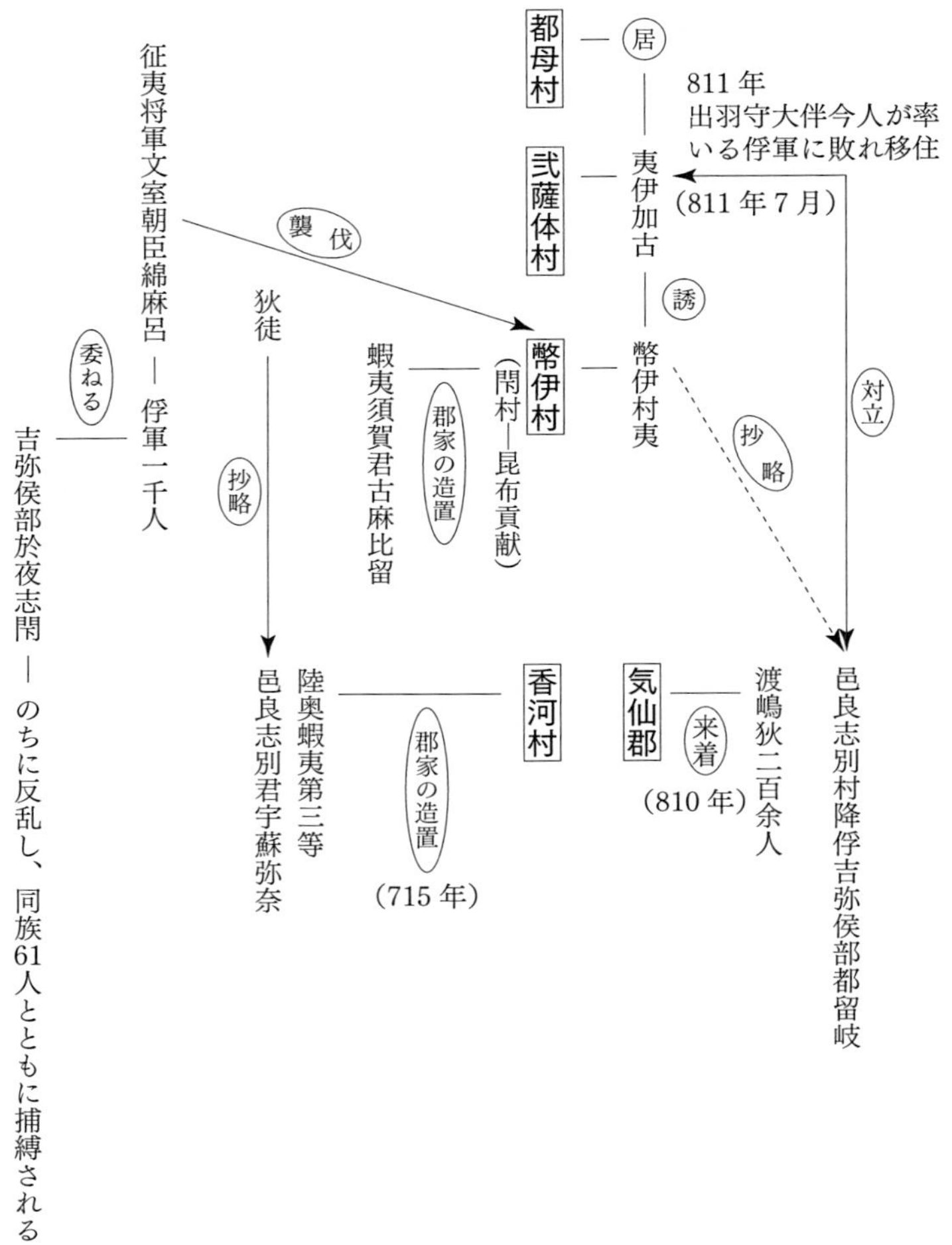

図31　気仙と三陸沿岸地域の政治的動向

北方交易拠点としての気仙郡

気仙郡が北方交易の拠点となりうる直接的な史料は、六国史などの歴史書に見い出すことはできない。しかし、七世紀以降のいわゆる擦文《さつもん》文化における北海道地域とくに太平洋沿岸に近い地域と東北地方との交易で積極的に受容したものは、やはり、金・鉄などの鉱産物・製品および米・漆・布などであったと考えられる。

その点で象徴的な事例が北海道恵庭《えにわ》市ユカンボシE7遺跡で検出された七世紀の土壙墓《どこうぼ》である(図32)。鉄器(斧・鎌・刀子)、黒漆塗りの柄のついた鏃《やじり》、そして鎌に巻かれた布など、鮭・昆布・海獣皮などとの交易で手に入れた本州の産品が副葬されている。土壙墓の壁面に埋め込まれた土器に入っていた黒曜石の原石は、擦文期の北海道が石器から鉄器へと移行していく姿をシンボリックに表している。

また時代は下るが、次に掲げる『源平盛衰記』の記事は、気仙地方が産金の地として注目されていたことをものがたっている。

育王山に金を送る事(『源平盛衰記』巻一一)

我朝の三宝に財宝を抛《なげう》ち給うのみに非ず、異国の仏陀にも志をぞ運びける。奥州知行の時、気仙郡より金千三百両の金を進らせたりけるを、妙典と云う唐人の筑紫に有りけるを召して、百両の金を賜わって仰せけるは、「千二百両の金を大唐へ渡すべし。其の内二百両をば育王山の衆徒に与え、千両をば帝に献って、当山に小堂を建立して供米所を寄進せられ、重盛が菩提を弔うて給わるべしと申すべし」とて、檜木材一艘漕ぎ渡すべき由を下知

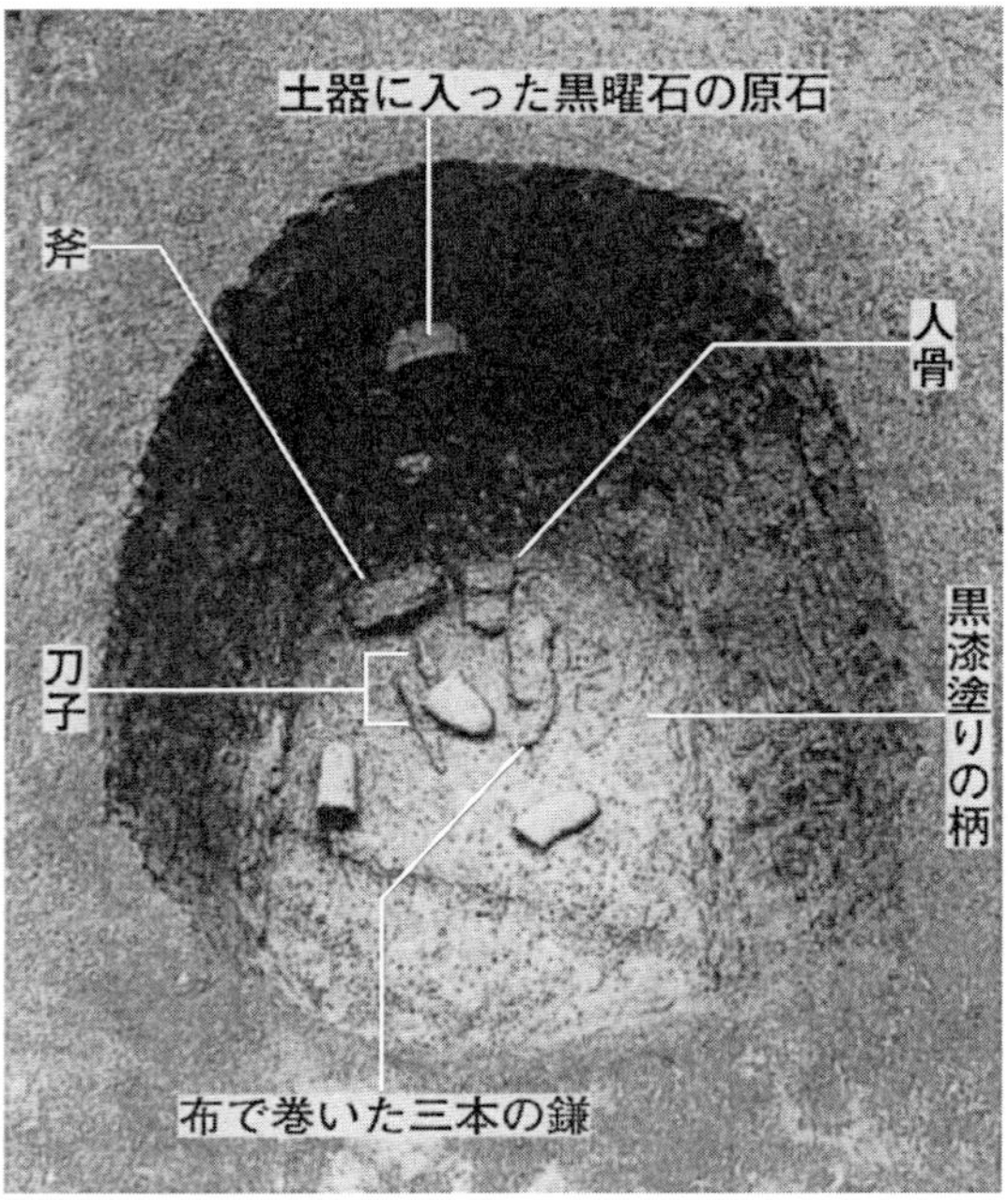

図32　交易で獲得した本州の鉄器などを副葬した墓(北海道恵庭市ユカンボシE7遺跡)

し給いければ、妙典承りて、材木・砂金取り具して、事故なく渡唐して二百両を僧衆に施して、千両を帝に献じて事の仔細を奏しければ、御門《みかど》、其の深き志を随喜して、一塵の送物猶以《なおもっ》て黙止しがたし。況《いわ》んや千金の重宝をやとて、即ち檜木の材木を以て宝形作りの御堂を立て、五百町の供米田を彼の育王山へぞ寄せられける。

これによれば、平重盛が奥州を知行していて、その中に気仙郡も含まれていた。気仙郡は、産金地ゆえに奥州藤原氏が荘園として寄進したものと思われる。この気仙郡から金千三百両が重盛に届けられたので、重盛は唐人の妙典に託した。すなわち、百両を同人に与え、二百両を浙江省の育王山の僧に施し、千両を皇帝に献じさせた。そして同山に重盛の菩提を弔うための小堂を建立し、その供米田購入の資としようとしたのである。気仙地方は早くから金および三陸沿岸で産出された鉄資源などを集積し、北方交易の拠点として活動していた。それが渡嶋の人々の憧憬の対象ともなっていたかもしれない。

4　気仙郡の拠点——小泉遺跡

小泉遺跡は、陸前高田市高田町字法量地区にある。ＪＲ大船渡《おおふなと》線陸前高田駅からは東北東方向に約一・七キロの地点である。陸前高田市付近の海岸線は、複雑な鋸歯《きょし》状のリアス式海岸で、市の東側の広田《ひろた》半島が南東方向に太平洋へ大きく突き出し、広田湾を形作っている。遺跡は、北上高地の東南部にあたり、氷上《ひかみ》山（八七四・七メートル）より南にのびた二つの丘陵に挟まれた海抜一〇メートルほどの低地帯にあり、近くを小泉川が流れる。小泉遺跡の周辺には、五一カ所の遺跡があるが、そのうち、奈良・平安時代の遺構・遺物のある遺跡は二四カ所ある。氷上山には理訓許段《りくこた》神社・登奈孝志《となかし》神社・衣太手《えだて》神社の気仙郡内延喜式三社すべてが鎮座し、麓の高田町西和野には、仮宮の氷上神社がある。このことから氷上山麓の奈良・平安時代の遺跡は、気仙郡の中核的拠点に深く関わるものと考えられる。

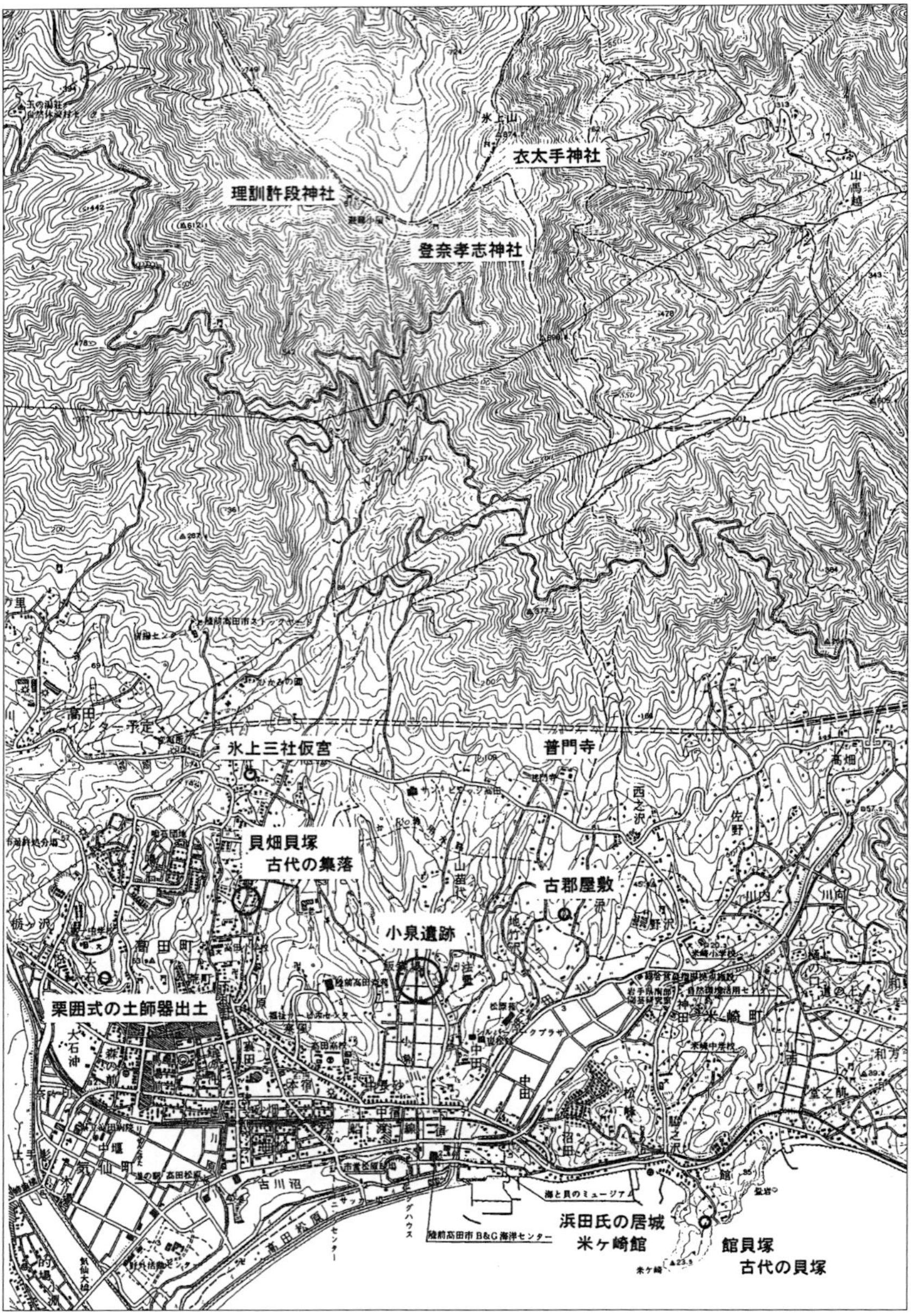

図 33　小泉遺跡の位置図

小泉遺跡の一九九九(平成一一)年度の市道改良工事に伴う発掘調査では、遺構は確認されず、遺物含有層のみが検出された。遺物は土器・土製品・鉄製品である。[12] 土器編年でいえば、小泉1期は八世紀後半、2期は九世紀第2四半期、3期は九世紀第3四半期を中心とする時期に比定されている。八木光則氏の土器の分析によると、小泉遺跡出土の甕《かめ》類では轆轤《ろくろ》成形をしない土師器《はじき》甕《かめ》が圧倒的多数を占めることが大きな特徴となっている。その甕類は、少なくとも胆沢郡以南のような陸奥型甕が圧倒的多数を占める状況でないことは明らかである。結局、小泉遺跡の属する気仙郡は郡制施行前と大きく変化したものとは考えにくく、北部社会的要素を色濃く残していた地域であると指摘されている。[13]

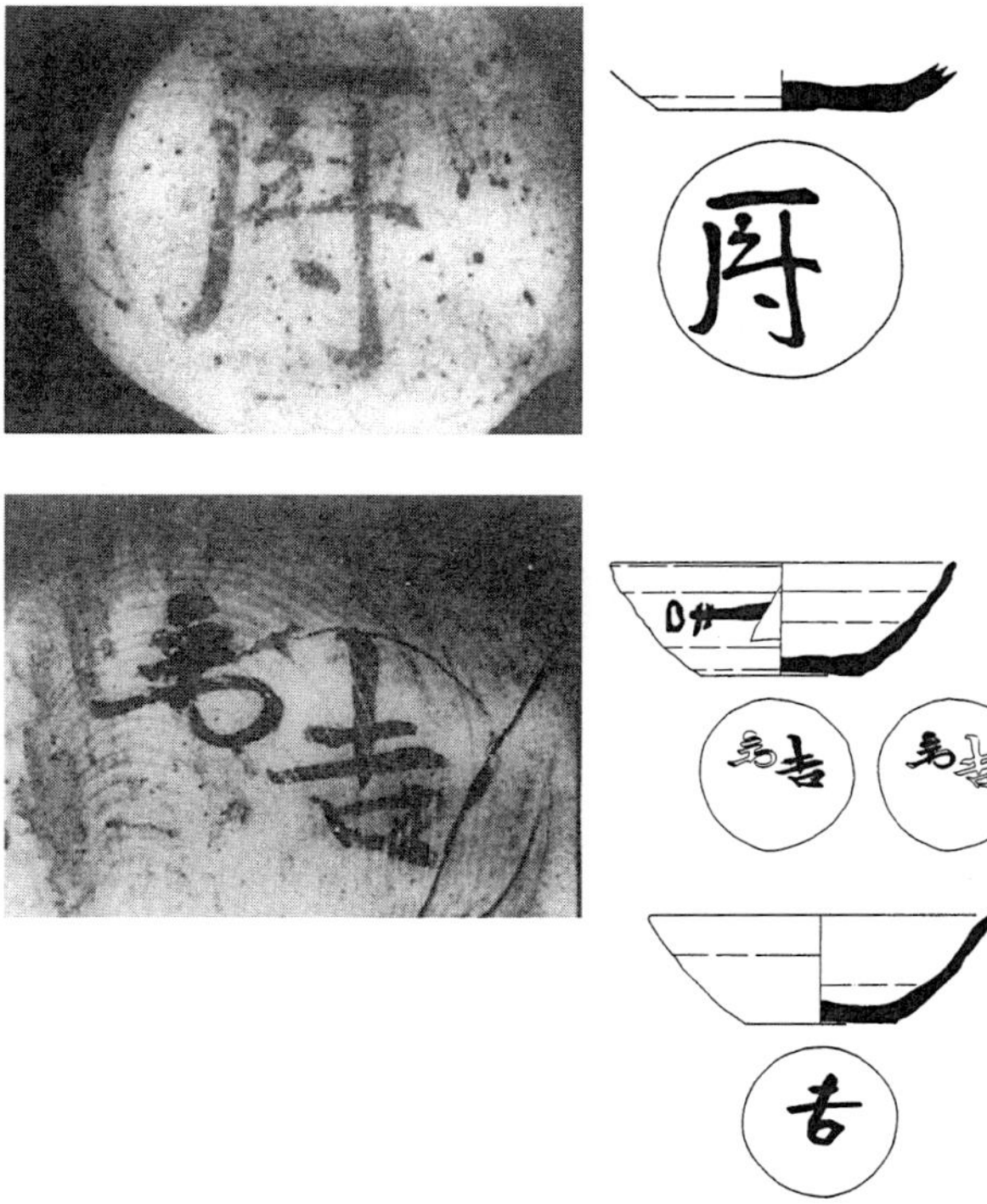

図34　「厨」「主・吉」(小泉遺跡出土墨書土器)

また小泉遺跡は墨書土器が多量で、轆轤非使用の土師器甕主体、須恵器《すえき》坏《つき》類が多く、坏類の器種が単調という特徴を有している。

墨書土器は総数一一二点、刻書土器一〇点、線刻土器二点である。墨書の種類として「吉」(一〇点)、「羽」(四点)、「主」(三点)、「具」「千」「廾」(各二点)、「厨」「下」「中」「化」

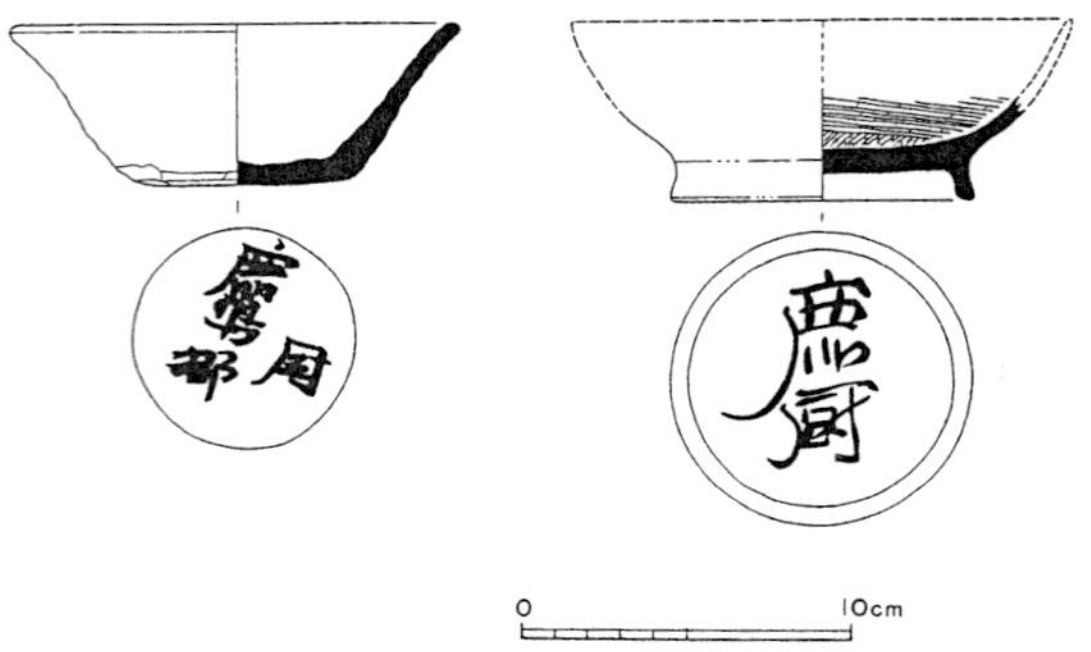

図35 「鹿嶋郡厨」「鹿厨」(茨城県鹿嶋市神野向遺跡〔鹿嶋郡家〕出土墨書土器)

「集」「木」「一」「止」「生」「土」(各一点)がある。(14)

これらの墨書土器のなかでも、「厨」が注目される。全国各地で出土する多量の墨書土器のなかでも代表的なものが「厨」関係の墨書である。「厨」関係の墨書土器は「厨」一字のものに加えて、「国・郡・官・政など+厨」や郡名などを伴うものも少なくなく、遺跡・遺構の性格や地域比定等に活用されている。国府や郡家《ぐうけ》等とされる遺跡の「厨」墨書土器は、文字どおり、厨房内の土器にその施設名を表記し、土器の保管・帰属を表示したものとこれまで理解されてきた。しかし、諸官衙における厨房の土器はおそらくは膨大な数にのぼると想像されるが、発掘調査における出土土器全体のなかで、「厨」と表記される土器はあまりにも少数すぎる。また、これまで一般的に「厨」墨書土器の出土遺構をもって、厨施設の遺構とみなしている傾向も検討の余地がある。筆者は全国各地の「厨」関係墨書土器を検討した結果、次のように理解すべきであるとした。(15)

「厨」墨書土器は、従来いわれているように厨施設が管理・保管する意味で「厨」と記銘したとはいえないのではないか。むしろ、基本的には国府・郡家等の官衙内外における恒例行事や臨時行事あるいは接客等に対して、饗饌《きょうせん》のために「国府之饌」「郡府之饌」等の意味において「国厨」「郡厨」と記銘したものとみなすことができるであろう。したがって、「厨」墨書土器の出土地点は、必ずしも厨遺構そのものではなく、饗饌の場における廃棄場所またはそれらの饗饌を弁備する厨施設であろうと想定しておく必要もある。

この点を注意したうえで、小泉遺跡出土の墨書土器「厨」は、本遺跡が古代官衙関連の施設・機能を示すものと判断することができる。

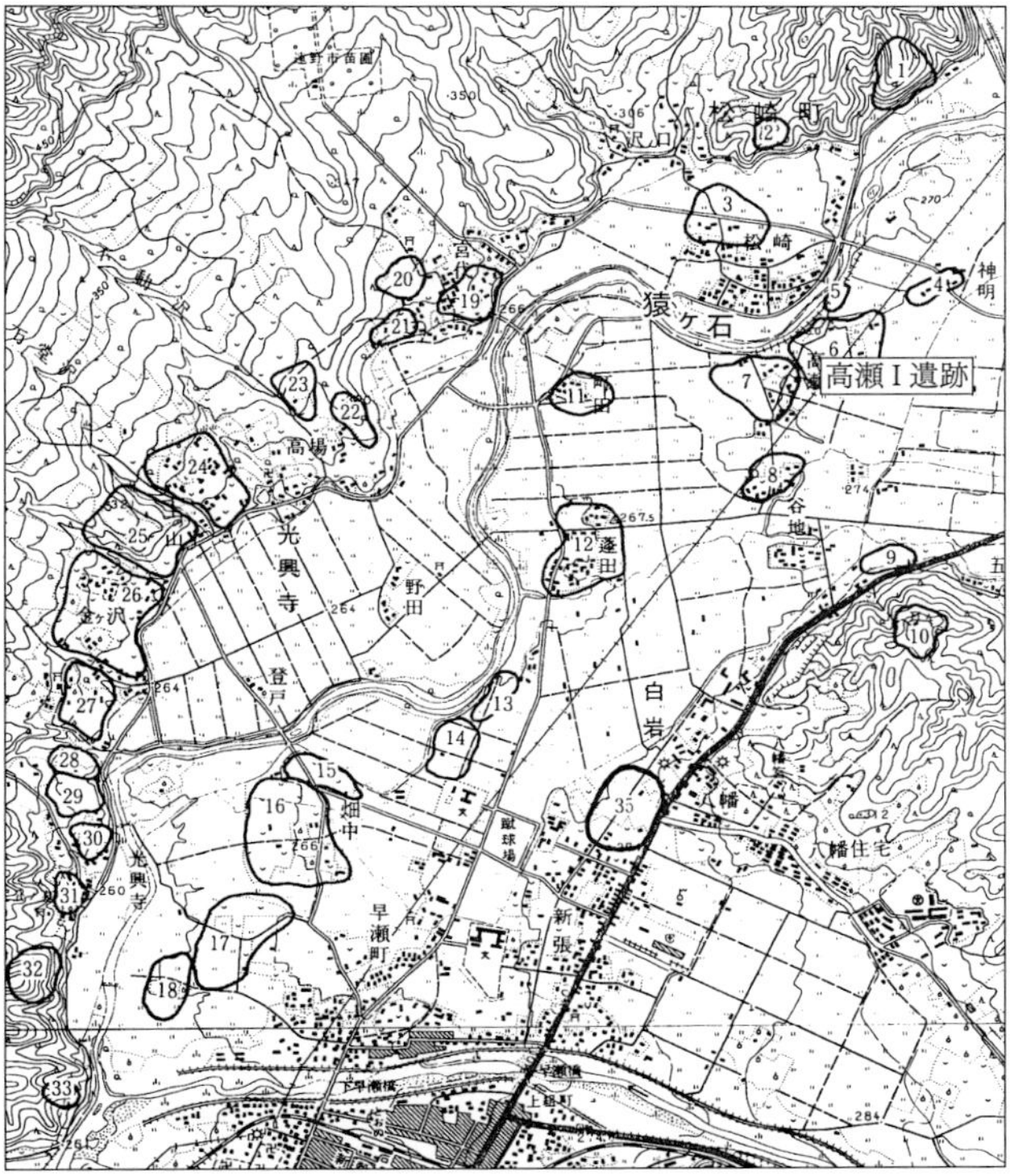

図36　高瀬Ⅰ遺跡とその周辺遺跡（岩手県遠野市）

こうした特徴と類似する遺跡として猿ヶ《さるが》石《いし》川流域の遠野《とおの》市高瀬Ⅰ・Ⅱ遺跡があげられる。[16] 高瀬Ⅰ・Ⅱ遺跡は、八～九世紀の集落遺跡であり、八世紀にはいわゆる末期古墳の高瀬古墳群も営まれている。

高瀬Ⅰ遺跡の検出遺構は、竪穴《たてあな》住居跡一六軒（奈良時代一〇軒、平安時代六軒）、掘立《ほったて》柱《ばしら》建物跡二棟などである。高瀬Ⅱ遺跡の検出遺構は、竪穴住居跡一七軒、掘立柱建物跡二一棟などである。

平安期におけるⅠ遺跡とⅡ遺跡を調査した結果、一般的集落よりは地方官衙的性格が強い施設であるとみることができよう。

遺物としては、墨書土器が注目される。墨

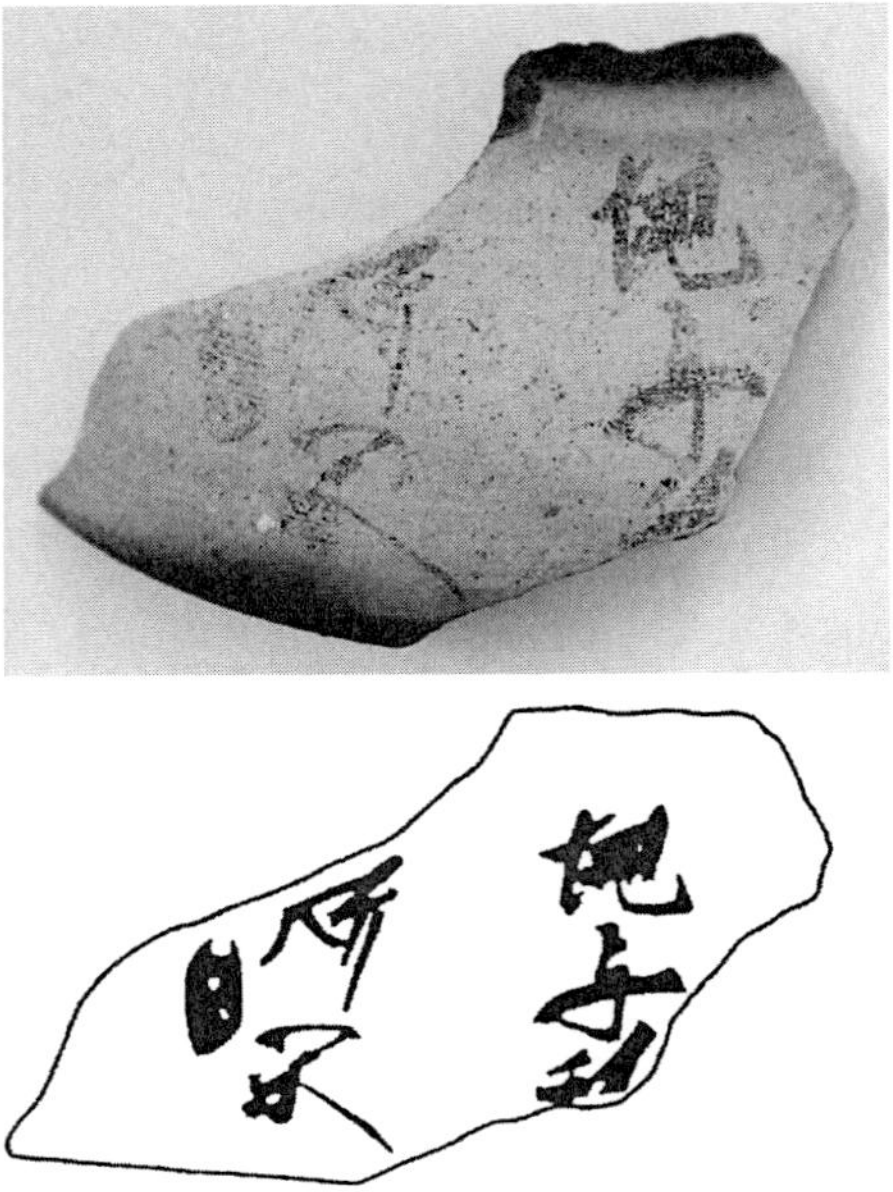

図37　「地子稲得不」（高瀬Ⅰ遺跡出土墨書土器）

書土器の内容は、「物部」「物」「林」「神」「天」「本万」「十万」「上万」などである。

そのなかでも、土師器坏の体部外面に倒位で次のように墨書されたものがある。

〇岩手県遠野市　高瀬Ⅰ・Ⅱ遺跡出土墨書土器

地子稲
得不

地子《じし》とは、公田《こうでん》を賃租《ちんそ》（一年を限って代価を支払い土地を耕作すること）して、その収穫した稲の五分の一を徴収したものである。その貢進先と使途については、養老令《ようろうりょう》の田令《でんりょう》公田条に太政官に送ってその雑用に充てることと定めている。『弘仁式』『延喜式』の主税式《しゅぜいしき》では、五畿《き》内《ない》・伊賀・陸奥・出羽・大宰府所管国の地子は現地で用いられ、それ以外の諸国は軽貨に交易するか、あるいは舂米《しょうまい》として太政官に送ることとされている。陸奥・出羽両国の地子は、陸奥の場合、具体的には儲糒《もうけのほしいい》（たくわえの糒〈日に乾燥させた飯〉）や鎮兵《ちんぺい》の食糧、出羽の場合、狄禄《てきろく》（北の蝦夷〈狄〉への支給物）に充てることと規定されていた。この『延喜式』の規定は、九世紀段階の史料でも確認できる。

○『類聚三代格』承和一一(八四四)年九月八日官符

(前略)此国年中所レ収息利。調庸租地子等。積貯特多。無レ処二納置一。因レ斯年別造二加屋倉一。徒有二民弊一。還煩二宰吏一。(後略)

此の国、年中収むる所の息利・調庸租地子等は、積み貯むること特に多く、納め置く処《ところ》無し。斯に因りて年別に屋倉を造り加え、徒《いたずら》に民弊有り。還りて宰吏を煩《わずら》わす。

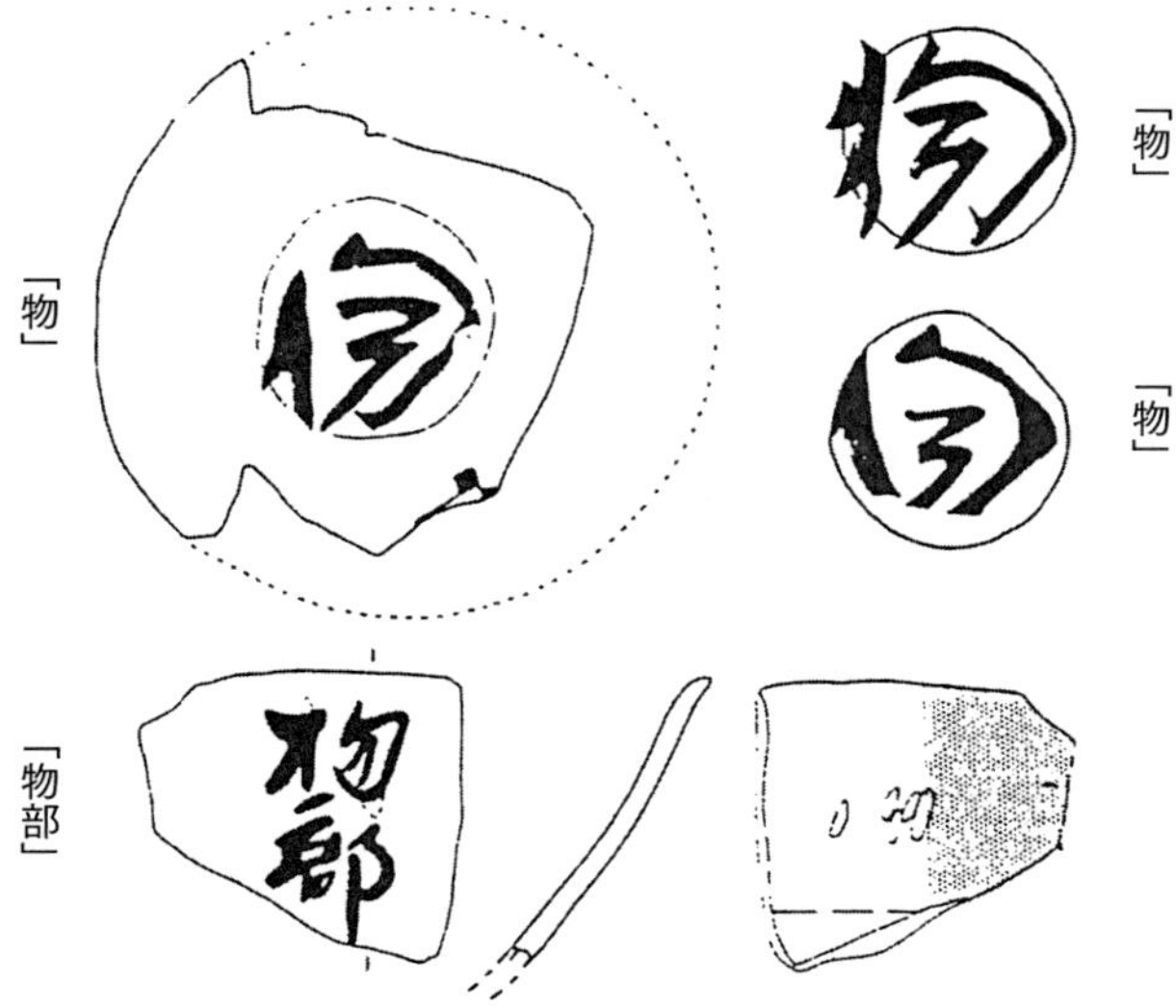

図 38 「物部」「物」(高瀬Ⅰ・Ⅱ遺跡出土墨書土器)

ここでは、調庸をはじめ、地子などが当時の陸奥国の財政を支える主要な財源であったことを示唆している。

さらに、「地子稲」の語を含め、この墨書土器の性格を理解するうえでは、この遺跡の立地および遺構などが問題となるであろう。遠野の地は、三陸海岸と北上川内陸部とを結ぶ要衝に位置している。高瀬Ⅰ遺跡では、八世紀の群集墳《ぐんしゅうふん》が存在することが明らかにされている。また、この高瀬遺跡は、二間×三間の庇《ひさし》をもつ掘立柱建物や九×九メートルの竪穴住居跡が検出されていることからも、在地の有力者層にかかわる遺跡とみてよいであろう。この地域は一般的には古代における胆沢地方の北に位置する「幣伊村」とされた地とみられている。

しかし、当時の辺境の村の呼称は広域なおかつ固定的でないという特徴をもっている。陸奥国北部の九世紀前半の状況からすれば、まず「胆沢村」に胆沢城が造営され、胆沢、江刺、磐井三郡が建てられ、つづいて「志波村」に志波城が造営、斯波《しわ》、薭縫《ひえぬい》、和我の三郡が建郡されている。

このうち、『続日本紀』宝亀七(七七六)年五月戊子条に「出羽国志波村賊」が叛逆したという記事があり、少なくとも八世紀後半には志波村を中心とした地域が出羽国司管掌下にあった可能性がある。出羽国管掌下の北方地域では、「津軽狄俘」(『日本後紀』弘仁五(八一四)年一一月己丑条)、「渡嶋狄」(『日本紀略《にほんきりゃく》』寛平五(八九三)年閏五月一五日条)など、津軽以北の地域に対しても「狄」の呼称が使われていた。「志波村」が一時期出羽国に属していたとすると、「志波村賊」を指して「狄」と称していた可能性もある。遠野の地も胆沢の北に位置し、「志波村」と密接な関連を有していたとみてよいであろう。

この墨書土器に関連するもう一つの墨書土器は「物部」である。陸奥国における物部《もののべ》の分布のうち、とくに志波(斯波)地方および胆沢地方の分布が注目される。

○『続日本後紀』承和七(八四〇)年三月戊子条

俘夷物部斯波連宇賀奴。不レ従二逆類一。久効二功勲一。因授二外従五位下一。

俘夷の物部斯波連宇賀奴、逆類に従はず、久しく功勲を効く。因りて外従五位下を授く。

○『日本三代実録』元慶五(八八一)年五月三日条

授二陸奥蝦夷訳語外従八位下物部斯波連永野外従五位下一。

陸奥の蝦夷訳語外従八位下物部斯波連永野外従五位下を授く。

両史料ともに、斯波(志波)地方の有力な蝦夷が、服属した形で「物部斯波連《もののべのしわのむらじ》」を賜姓されたと判断できよう。「物部+斯波+連」の例からは、斯波地方の蝦夷が「物部」姓を冠していたことを知ることができる。

高瀬遺跡の「物部」墨書土器も服属した蝦夷を指すものであろう。そして、「地子稲得不」は、和文体で「地子稲を得ず」と読み、地子稲を支給されていないという意と理解できる。通常、否定形の場合は和文体「得不」とはならない。しかしここはおそらく、この地の服属した蝦夷が、支給されるべき地子稲を得ていない事実を、ある感情を込めて土器に書き記したのではないか。

この遠野市高瀬Ⅰ・Ⅱ遺跡の墨書土器「物部」「物」を参照するならば、小泉遺跡出土墨書土器のうち最も点数の多い「吉」(一〇点)の解釈が注目される。気仙地方の有力者は、邑良志閇村の降俘「吉弥侯部都留岐」(『日本後紀』弘仁二(八一一)年七月辛酉条)をはじめ、服属した蝦夷は「吉弥侯部」を称していた。このことから推して、小泉遺跡出土の「吉」という墨書土器は吉弥侯部の「吉」の可能性が浮かび上がってこよう。

三　牡鹿地方——川の道・海の道

1　八世紀前半の行政整備と蝦夷の反乱

出羽国の設置と陸奥国の移住政策

和銅五(七一二)年に越後《えちご》国の出羽《でわ》郡を母体として、出羽国が新たに置かれ、陸奥《むつ》国の最上《もがみ》・置賜《おいたみ》二郡(山形県内陸部)は出羽国管内に移された。陸奥国には、翌年、新たに丹取《にとり》郡が設立された。この丹取郡は神亀五(七二八)年、丹取軍団を改めて玉作《たまつくり》軍団としていることからも、最上・置賜二郡の出羽国移管の代わりに、陸奥国北部に建置されたのであろう。また、養老二(七一八)年には、陸奥国の石城《いわき》・標葉《しめは》・行方《なめかた》・宇太《うだ》・曰理《わたり》と常陸国の菊多《きくた》の六郡を割いて石城国、白河・石背《いわせ》・会津《あいづ》・安積《あさか》・信夫《しのぶ》の五郡を割いて石背国がそれぞれ置かれた(『続日本紀《しょくにほんぎ》』養老二年五月乙未条)。ただし、石城・石背両国は一〇年満たないうちに廃されている。石城・石背両国の建置の時点では、一応陸奥国の範囲はほぼ曰理・伊具《いぐ》両郡を除く、阿武隈《あぶくま》川以北の現在の宮城県域となった。その新しい陸奥国では、多賀城《たがじょう》の位置はほぼ中央にあたる。

ところで、大宝令《たいほうりょう》制定後のとくに和銅(七〇八—七一五)から養老年間(七一七—七二四)にかけては、全国的に地方諸国への具体的な支配方式の貫徹を目指した諸政策が相ついで打ち出されている。

和銅六(七一三)年四月には丹後《たんご》・美作《みまさか》・大隅《おおすみ》の三国が新たに置かれ、同五月になると、諸国・郡・郷名を好《よ》き字(文字の意味のよい漢字)二文字にすることとし、また諸国にその風土・産物などを記録し、中央に提出することが命じられた(『風土記』撰進)。さらに、この時期には、国の新置のみでなく、郡の分割・新置をはじめ、陸奥・出羽両国にもみられるような郷の管轄換えも全国的規模でしきりに行われている。

しかし、新たな郡の設置は、旧来の郷の管轄換えだけでは民の絶対量の不足という事態を引きおこすのである。そこで、他地域から積極的な移住が政策的に推し進められている。その代表例が次の記事である。

〇『続日本紀』霊亀元(七一五)年五月庚戌条

移二相模。上総。常陸。上野。武蔵。下野六国富民千戸一。配二陸奥一焉。

相模《さがみ》・上総《かずさ》・常陸《ひたち》・上野《こうずけ》・武蔵《むさし》・下野《しもつけ》六国の富民千戸を移して、陸奥に配す。

上記のうち、上総国を除く五国までが、国名およびそれぞれの国内の郡名を、陸奥国北部のいわゆる黒川以北の一一郡の郷名（色麻《しかま》郡相模郷〔相模国〕、黒川郡新田郷〔上野国新田郡〕など）にとどめている。このことから、八世紀前半において陸奥国北部へ坂東《ばんどう》諸国から多量の移民が実行されたことが明らかである。

一方、陸奥国から他の地域への移住も積極的に実施されていることに注意しなければならない。例えば、『続日本紀』神亀二（七二五）年閏正月己丑条に、

俘囚百卌四人配二于伊予国一。五百七十八人配二于筑紫一。十五人配二于和泉監一焉。

俘囚《ふしゅう》百卌四人を伊予《いよ》国に配し、五百七十八人を筑紫《つくし》に配し、十五人を和泉監《いずみげん》に配す。

とあるのは、時期的にも、先の坂東諸国から陸奥国への移住政策と対応している。さらに、天平一〇（七三八）年の「駿河国正税帳《しょうぜいちょう》」によれば、陸奥国から摂津職《せっつしき》に俘囚一一五人が移され、同年の「筑後国正税帳」からは、この年筑後国に俘囚が六二人いたことが判明する。

以上のように、八世紀前半において、和銅五年の出羽国新置とともに、陸奥国南部の内陸部に位置した最上・置賜両郡を出羽国へ移管し、その一方、陸奥国には新たに丹取郡を建置し、さらに出羽国と同様に陸奥国北部一帯に他地域からの移住政策を実施し、これに並行する形で、在地の民を〝内国〟に移住させたのであろう。この政策は単に住民の数的増加を狙ったものではなく、住民の交換による陸奥国北部に対する律令的支配の強化を意図したものであろう。そして、古代国家による東北地方支配体制の整備は、在地に大きな動揺をもたらしたに違いない。

海道蝦夷の反乱

陸奥国では、養老四(七二〇)年には蝦夷《えみし》が反乱をおこし、按察使《あぜち》(陸奥・出羽両国の行政監察官)の上毛野朝臣広人《かみつけののあそんひろひと》を殺し(『続日本紀』養老四年九月丁丑条)、つづいて神亀元(七二四)年には、海道の蝦夷が大掾《だいじょう》(国司第三等官)佐伯宿禰児屋麻《さえきのすくねこやま》呂《ろ》を殺害している(『続日本紀』神亀元年三月甲申条)。神亀元年の海道の蝦夷の反乱については、その征討記事が注目される。

○『続日本紀』神亀元年四月丙申条

以㆓式部卿正四位上藤原朝臣宇合㆒為㆓持節大将軍㆒。宮内大輔従五位上高橋朝臣安麻呂為㆓副将軍㆒。判官八人。主典八人。為㆑征㆓海道蝦夷㆒也。

式部卿正四位上藤原朝臣宇合《うまかい》を以て持節《じせつ》大将軍とす。宮内大輔従五位上高橋朝臣安麻呂《やすまろ》を副将軍とす。判官八人。主典八人。海道蝦夷を征《う》たむが為なり。

○『続日本紀』神亀二(七二五)年閏正月丁未条

天皇臨㆑朝。詔叙㆓征夷将軍已下一千六百九十六人勲位㆒各有㆑差。授㆓正四位上藤原朝臣宇合従三位勲二等。従五位上大野朝臣東人従四位下勲四等。(中略)外従六位上丸子大国。外従八位上国覔忌寸勝麻呂等一十人並勲六等㆒。賜㆓田二町㆒。

天皇朝に臨みて、詔して征夷将軍已下一千六百九十六人に勲位を叙したまうこと各差有り。正四位上藤原朝臣宇合に従三位勲二等。従五位上大野朝臣東人に従四位下勲四等。（中略）外従六位上丸子大国。外従八位上国覔忌寸《くにまぎのいみき》勝麻呂等一十人に並に勲六等を授く。田二町を賜う。

神亀二年条にみえる征夷将軍以下に対する勲位授与記事は、各自の職名を欠くが、末尾記載の外位《げい》二名を除けば、征夷軍および陸奥国の国司主要官人と推測できる。ここで、注目すべきは、末尾の外位をもつ二名である。

「外従六位上丸子大国」は、海道《かいどう》蝦夷の鎮圧に大きな働きを果たしたのであろうが、「私度《しど》沙弥《しゃみ》小田《おだ》郡人丸子連《まるこのむらじ》宮麻呂」（『続日本紀』天平勝宝元〔七四九〕年閏五月甲辰条。私度沙弥は官許を得ずに得度したが、未だ正式な僧になっていない男子）、「陸奥国牡鹿郡人外正六位下丸子牛麻呂。正七位上丸子豊嶋等廿四人に牡鹿連《おしかのむらじ》の姓を賜う」（同書天平勝宝五〔七五三〕年六月丁丑条）、「陸奥国大初位下丸子嶋足《しまたり》に牡鹿連の姓を賜う」（同書同年八月癸巳条）などを参照すれば、牡鹿郡または小田郡という海道地域の有力豪族とみなして間違いないであろう。

また、「外従八位上国覔忌寸勝麻呂」は、『新撰姓氏録《しんせんしょうじろく》』逸文の「国覔忌寸陸奥国新田郡」を参照すると、やはり海道に属する新田郡の有力者であろう。

いずれにしても、海道の蝦夷に対する征討事業に動員されたのは、海道に属する牡鹿郡、小田郡、新田郡の有力者である。このことから、八世紀前半において令制郡として整えられていた海道に属する郡は、新田・小田・牡鹿の三郡に限られていたと考えられる。

二つの蝦夷の反乱記事は、陸奥国の首脳部が相ついで殺害されているにもかかわらず、右の事実のみを伝えるだけである。この期における海道の蝦夷の反乱の原因は何にあったのであろうか。

この時期の地方官人殺害事件は陸奥・出羽に限るものではなく、西の同じ辺境地域でも発生し、具体的な内容をうかがうことができる。いわゆる隼人《はやと》の反乱である。

大宝二(七〇二)年の薩摩《さつま》隼人の反乱は、「薩摩・多褹《たね》、化《け》を隔てて命に逆《さから》う。是に於いて兵を発して征討し、遂に戸を校して吏を置く」(『続日本紀』大宝二年八月丙申朔条)と記述されている。反乱の理由は、大宝令の施行に伴う薩摩と多褹の建国にあるのであろう。具体的には、令制施行のために編戸《へんこ》が行われたことに対する反抗であったが、結局は、隼人の編戸が強行され、中央から官人が派遣され、支配をうけることになったのである。つづいて、大隅隼人を中心として和銅六(七一三)年に反乱がおこっている。これは『続日本紀』に反乱後の授勲の記事(和銅六年七月丙寅条)をのせるだけだが、和銅六年四月には丹後・美作とともに大隅が分国されていることから、大宝二年の薩摩・多褹の反乱が大隅の建国とも深く関連するものとされている。

養老四(七二〇)年に大隅国守陽《や》侯史《このふひと》麻呂を殺害する事件は、「造籍」(戸籍の作成)の強行に対する反抗だったらしい。大宝二年・和銅六年の反乱も、この養老四年の時も、造籍の年、もしくはその準備に入る前年であることはこれを証明している[1]。

このような隼人の反乱と薩摩・大隅・多褹の建国などの行政整備との関連性の強さは同じ辺境の陸奥・出羽の場合にもあてはまるであろう。養老四年の按察使および神亀元(七二四)年の陸奥国大掾の殺害事件は、この期における前述のような陸奥国の行政整備に伴って引きおこされたのであろう。

牡鹿柵の設置

天平九(七三七)年には、「多賀柵(城)」と新たに秋田村高清水岡《たかしみずのおか》に移転した出羽柵を直接につなぐ陸奥・出羽間連絡路の開削事業に着手した。すなわち、『続日本紀』天平九年正月丙申条に、

先㆑是。陸奥按察使大野朝臣東人等言。従㆓陸奥国㆒達㆓出羽柵㆒。道経㆓男勝㆒。行程迂遠。請征㆓男勝村㆒以通㆓直路㆒。(後略)

是より先、陸奥按察使大野朝臣東人等言さく、陸奥国より出羽柵に達《いた》るに、道男勝《おがち》を経、行く程迂遠《うおん》なり。請わくは男勝村を征《う》ちて、以て直路を通さむことを、ともうす。(後略)

とあり、具体的には陸奥国から出羽柵への直路を開こうとする計画で、そのために「賊地」とされた男勝村を征討しようとするものである。この征討実行に際し、持節大使藤原朝臣麻呂《まろ》はまず多賀柵において鎮守《ちんじゅ》将軍大野東人と対策を練っている。坂東六国の騎兵一千人のうち勇健者一九六人を大野東人が自ら率い、四五九人は玉造柵・新田柵・牡鹿柵などの五柵に分配し、副使以下がその指揮にあたり、残りの三四五人は持節大使藤原朝臣麻呂が率い、多賀柵を鎮守することとしたのである。東人の一行は出羽国の大室駅《おおむろのえき》で、出羽国の兵と合流し、「賊地」雄勝《おがち》を目ざしたが、雪が多く作戦の継続は不可能となったため、一旦、多賀柵へ引き返したのち、再度進軍し「賊地」比羅保許《ひらほこ》山に屯した。ここで、雄勝村の俘長らの来降があり、新たに一六〇里の道を開いたところで、計画は中止された。この作戦においては蝦夷の動揺に備えて、遠田郡領《とおだぐんりょう》遠田君雄人《おひと》を海道に、帰服した狄の和我君《わがのきみ》計安塁《けあるい》を山道《さんどう》に派遣して蝦夷の懐柔を図っている。また、北上川の河口部に位置した牡鹿郡には、軍事的な要衝の地として牡鹿柵が設置された。牡鹿

柵には国の大掾正七位下日下《くさか》部宿禰《べのすくね》大麻呂《おおまろ》が派遣されている。

その牡鹿柵の比定地は、宮城県東松島市赤井《あかい》遺跡である。赤井遺跡は、海岸線から約五キロ内陸側に位置し、石巻海岸平野に東西方向に形成された標高二メートル前後の浜堤《ひんてい》(低い砂の高まり)上に立地する。赤井遺跡の位置する浜堤列の南辺には中江川が東流し、五味倉《ごみくら》付近で定川、新川と合流して定川となり、浜堤列の北辺を蛇行して南流し石巻湾へ注いでいる。遺構は東西約一・七キロ、南北約一キロの範囲に分布することが明らかになった。古代の遺構は真《しん》北《ぼく》から八度～一五度前後傾くⅠ期(七世紀後半～末)の遺構群と、ほぼ真北を基準とするⅡ期(七世紀末～九世紀前半)の遺構群に分けられる。

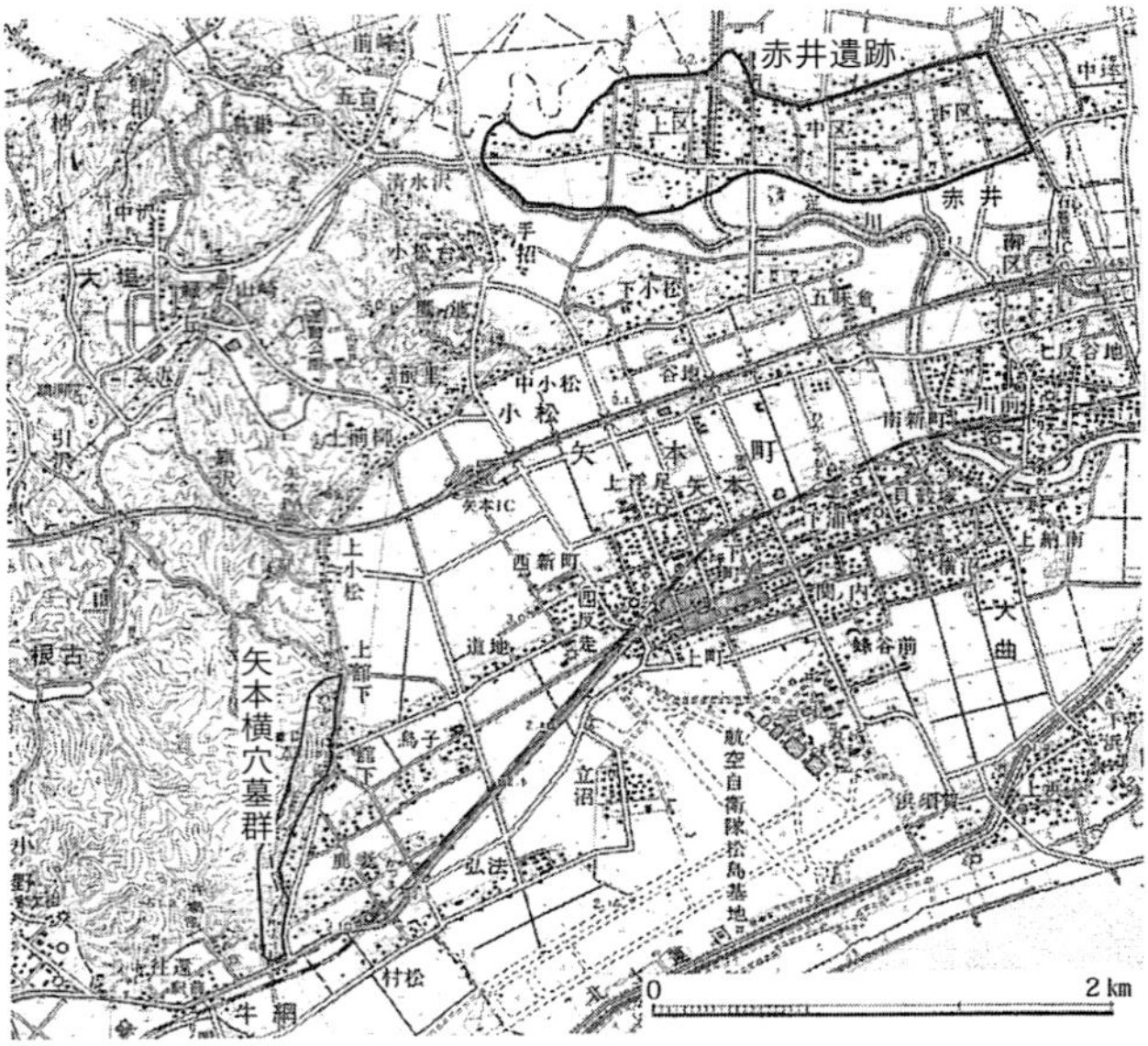

図39　赤井遺跡の位置図

Ⅱ期の遺構群は遺跡の西部の照井《てるい》地区に広がり、Ⅱ－2期は東西に長い微高地上の竪穴《たてあな》住居・掘立柱《ほったてばしら》建物や微高地縁辺を囲む区画溝・材木柱塀で構成され、住居出土の土器には関東系土器が含まれている。区画溝は幅三～七メートルで、南辺は平行する材木柱塀が伴い、その長さは東西五〇〇メートル以上に及ぶと考えられている。内部もさらに材木柱塀によって区画される。

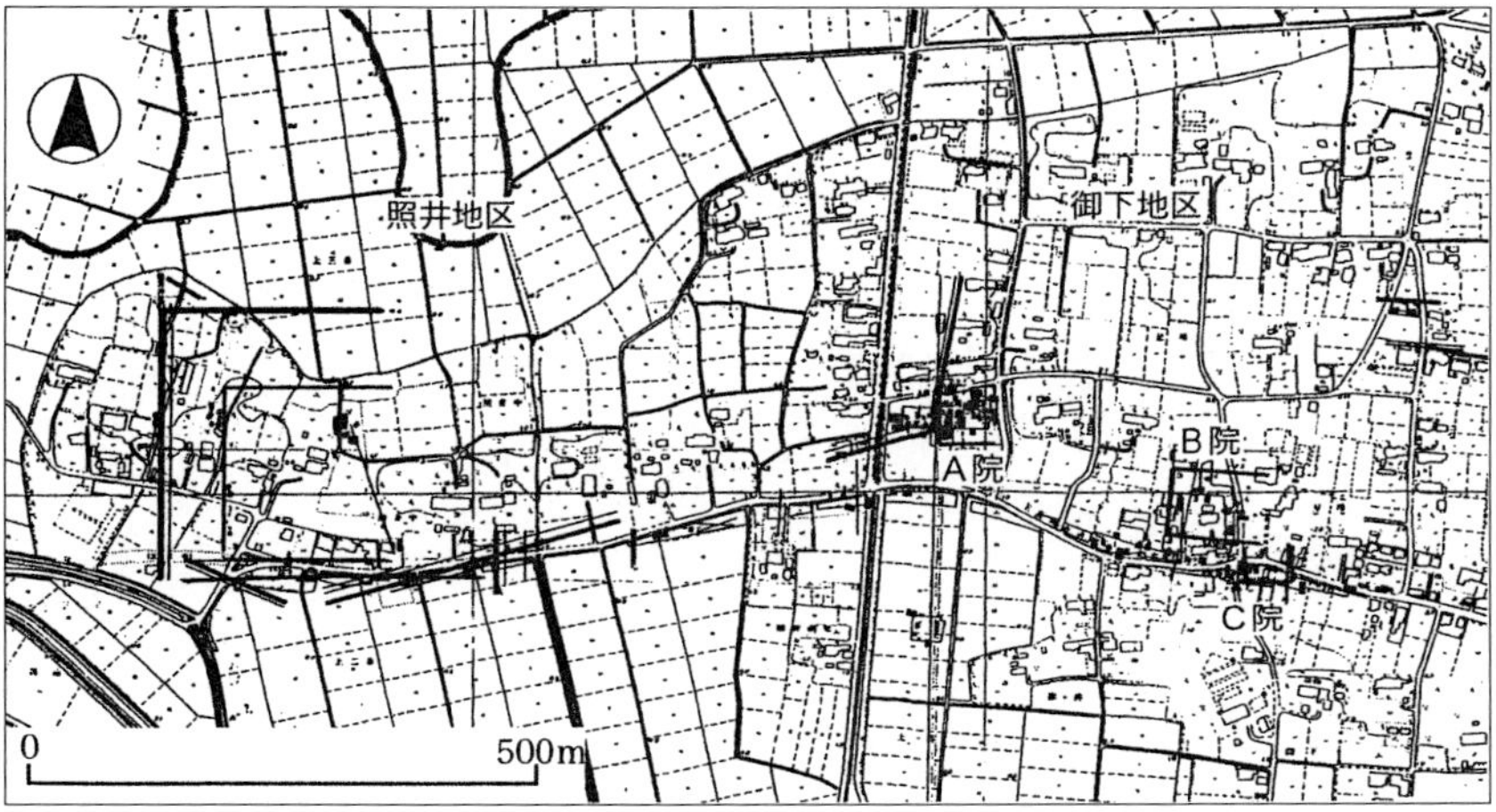

図40　赤井遺跡の主要遺構

遺構群は遺跡中央部の御下《おした》地区を中心に分布し、これまでの調査で材木柱塀によって方形に区画されたA院（一辺六三メートル前後と推定）、B院（南北六三メートル×東西六六メートル以上）、C院（南北三四メートル以上×東西三六メートル）の三区画が明らかになっている。各院内および周辺に掘立柱建物や竪穴住居などが継続的に築かれており、西側の照井地区において、II期遺構群と重複する形で、南北約二八〇メートル規模の大溝と材木柱塀からなる方形の区画と、さらにその内側に一辺二〇〇メートルほどの材木柱塀による方形の区画が想定されている。内側の区画内からは桁行《けたゆき》四～八間の大型掘立柱建物が検出され、また多賀城創建期前後の瓦や円面硯《えんめんけん》も出土しており、この地区が城柵・官《かん》衙《が》の中枢地域である可能性もある。

注目すべき遺物としては、A院内外からは八世紀前半の須恵器《すえき》に「舎人《とねり》」（地方豪族から中央にでて、皇族などに近侍したもの）と刻書されたものが四点、八世紀後半の須恵器に「牡舎人」（牡鹿の舎人の意か）と墨書されたものが出土している。このことからA院が古代牡鹿郡の郡領氏族丸子氏、後の道嶋氏に関係する可能性も指摘されている。なお、赤井遺跡の南西約四・五キロの丘陵斜面には矢本横穴墓群《やもとよこあなぼ》が造営されている。その中には「大舎人《おおとねり》」(国司クラス〔五位以上〕の子弟で、天皇に供奉して雑使などを務めたもの)と墨書された八世紀初頭の須恵器や、七世紀後半とみられる関東系土器が出土した横穴墓があり、また古代上総国に分布する高壇式《こうだんしき》横穴墓に類似した形態のものも含まれている。道嶋氏の出自が上総国伊甚屯倉《いじみのみやけ》(房総半島太平洋岸)の丸子氏と考えられていることなどともあわせ、矢本横穴墓群は道嶋氏との関わりが強いと考えられている。

2 桃生城造営とその影響

陸奥の黄金と桃生・雄勝城の造営

天平二一(七四九)年四月、東大寺盧《る》舎那《しゃな》仏《ぶつ》(奈良の大仏)の鍍金《ときん》が不足している時、陸奥国から黄金九〇〇両が貢献されてきた。この陸奥国の貢金以来、中央政府の陸奥国に対する関心が一段と強まり、政府の東北政策に少なからぬ影響を与えたことは充分に想像されるところである。

天平勝宝九(七五七)年七月に起こった橘奈良《たちばなのなら》麻呂《まろ》の変には、変の首謀者および加担者として、陸奥国関係者が連坐している。陸奥按察使兼鎮守将軍の大伴宿禰古《おおとものすくねこ》麻呂《まろ》は獄死し、陸奥守兼鎮守副将軍佐伯宿禰全成《またなり》も任地で勘問をうけ、ついに自殺した。陸奥按察使・陸奥守・陸奥鎮守将軍・同副将軍が一時的に欠員となった。この異常事態に、陸奥守として登場したのが、時の権力者藤原仲麻呂《なかまろ》の子朝獦《あさかり》である。その父の絶大な勢力を背景に、やがて、陸奥守に

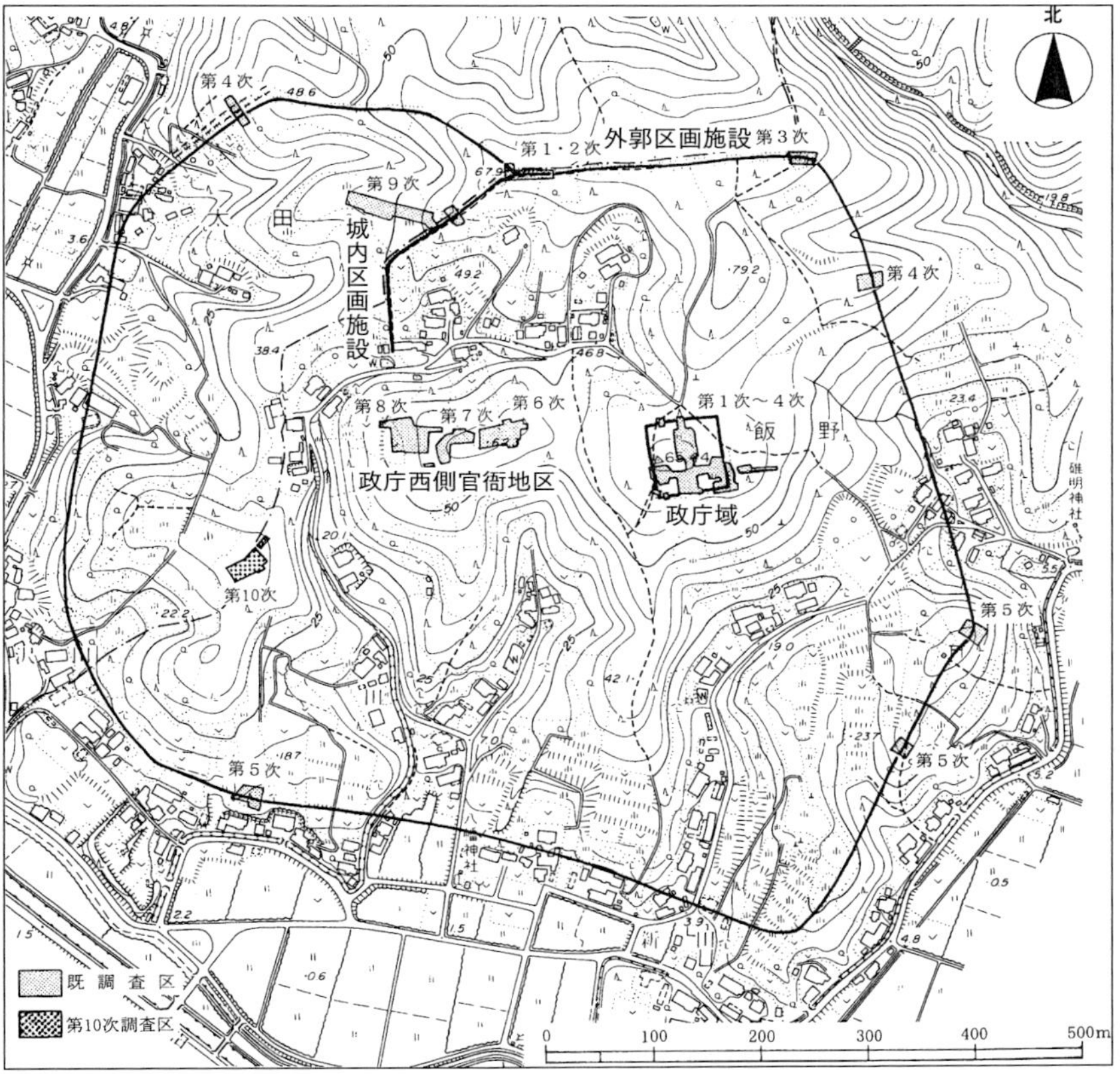

図 41　桃生城跡全体図

加えて按察使・鎮守将軍の三官すべてを兼任した朝獦は、陸奥国桃生《ものう》城と出羽国雄勝《おがち》城の造営を遂行した。仲麻呂の伯父藤原麻呂が天平九(七三七)年持節大使としてとりくんだ陸奥・出羽連絡路の開削に伴う雄勝城造営は中止されたままになっていた。仲麻呂はその念願の雄勝城に加えて、陸奥国北部の海道の中心・牡鹿地方の北に桃生城を建置しようとしたのである。

桃生・雄勝両城の造営は、天平勝宝九年七月の朝獦の陸奥国赴任以前に計画されていた。すなわち、天平勝宝九年四月には、仲麻呂の儒教政策にもとづき、儒教的倫理にそむく不孝・不恭・不友・不順の者を「陸奥国桃生・出羽国小勝」に移配することとしている(『続日本紀』天平勝宝九年四月辛巳条)。両城の造営は天平宝字三(七五九)年九月ごろにはほぼ完成したと思われ、春から秋まで郷土を離れて造営に従事した郡司・軍毅《ぐんき》・鎮兵・馬子ら合わせて八一八〇人に対し、その労をねぎらって、当年の出挙の本稲・利息の稲を免除している(『続日本紀』天平宝字三(七五九)年九月己丑条)。

そこで、陸奥・出羽両国の城柵整備の目的が問題となる。東北の城柵は、単なる軍事的機能を目的としたものではなく、広い意味の行政的機能を兼ねそなえたものである。したがって、城柵の造営は単に前進基地という軍事的施設の設置を意味するだけではなく、新たな行政的支配の拠点の設置でもある。陸奥国では、神護景雲元(七六七)年に伊《これ》治《はる》城が新たに造営されている。また、桃生・伊治両城を新たに造営しても民が進んで両地に住み着かないので、政府は繰り返し移住を促し、陸奥国内はもちろん、坂東諸国にまで範囲を広げ、また浮浪《ふろう》百姓(本籍地を離れた者)など広範囲の階層の人々を移し置いている。城柵の造営は、前述の性格から、多くの民がその地域に定住することで初めて意義を生ずるのである。

この古代国家の積極的な施策は、在地における従来の支配関係に大きな影響を与えた。そこに蝦夷の反乱を誘発する要因が含まれている。蝦夷の攻撃目標は当然、律令的施策遂行の中心的施設である桃生城、さらに南下して、伊治《これはるの》公呰麻呂《きみあざまろ》の乱のときには、多賀城となるのである。

○『続日本紀』宝亀五(七七四)年七月壬戌条

陸奥国言。海道蝦夷。忽発㆓徒衆㆒。焚㆑橋塞㆑道。既絶㆓往来㆒。侵㆓桃生城㆒。敗㆓其西郭㆒。鎮守之兵。勢不㆑能㆑支。国

司量レ事。興レ軍討レ之。但未レ知三其相戦而所二殺傷一。

陸奥国言さく、海道の蝦夷、忽《たちまち》に徒衆を発して、橋を焚《た》き道を塞《ふさ》ぎて、既に往来を絶つ。桃生城を侵して、其の西郭を敗る。鎮守の兵、勢支うること能《あた》わず。国司事を量《はか》りて、軍を興《おこ》し之を討つ。但《ただ》し未だ其の相戦いて殺傷する所を知らず、ともうす。

弘仁二(八一一)年の文室綿麻呂《ふんやのわたまろ》の奏言中には「又宝亀五年より当年に至るまで、惣《すべ》て卅八歳。辺寇屢《しばしば》動く」(『日本後紀』弘仁二年閏一二月辛丑条)とあるから、当時は、うち続く動乱いわゆる〝三十八年戦争〟の始まりを宝亀五年の海道の蝦夷による桃生城攻略事件ととらえていたようである。

海道・山道の蝦夷と城柵

ところで、城柵設置にあたっても、海道・山道は一種の広域行政区画として機能していたと考えられる。例えば、天平九年の「玉造等五柵」は、「玉造柵」「色麻柵」の二柵は山道に所在し、「新田柵」「牡鹿柵」の二柵は海道に位置する。八世紀後半の城柵の新たな造営に際しても、海道地域に桃生城が造られると、まもなく、山道地域に伊治城が置かれる。また、「海道蝦夷」「山道蝦夷」という表現は、海道または山道地域に居住する政府に服従しない勢力のことである。八世紀前半、建郡さらに城柵の設置・移民などにより、古代国家の版図に当然属していたと思われた陸奥国北部地域に八世紀後半においても政府に服従しない勢力が混在していたことになる。

宝亀五年の海道の蝦夷による桃生城攻撃事件を契機として、陸奥国北部地域は騒擾状態に突入する。『続日本紀』

宝亀七（七七六）年二月甲子条によれば、「陸奥国言さく、来る四月上旬を取りて、軍士二万人を発し、山海二道の賊を伐つべし、ともうす」とみえ、海道のみでなく山道の蝦夷も大きな動揺をおこしていることがわかる。この状態はさらに次のような事件を引き起こしている。

○『続日本紀』宝亀一一（七八〇）年二月丙午条

陸奥国言。去正月廿六日。賊入二長岡一焼二百姓家一。官軍逆討彼此相殺。若今不二早攻伐一。恐来犯不レ止。請三月中旬発レ兵討レ賊。并造二覚鱉城一置レ兵鎮戍。勅曰。夫狼子野心。不レ顧二恩義一。敢恃二険阻一。屢犯二辺境一。兵雖二凶器一。事不レ獲レ已。宜下発二三千兵一。以刈二遺孽一。以滅中余燼上。凡軍機動静。以二便宜一随レ事。

陸奥国言さく、去る正月廿六日、賊、長岡に入りて百姓の家を焼けり。官軍逆《むか》え討ちて彼此《かれこれ》相殺せり。若《も》し今早《すみやか》に攻め伐たずは、恐るらくは来り犯すこと止まざらむ。請わくは、三月中旬に兵を発して賊を討ち、并せて覚鱉《かくべつ》城を造りて兵を置きて鎮戍《しずめまも》らむことを、ともうす。勅して曰わく、夫《そ》れ狼子《ろうし》野心にして、恩義を顧みず、敢えて険阻《けんそ》を恃《たの》みて屢《しばしば》辺境を犯せり。兵は凶器なりと雖も、事已《や》むこと獲《え》ず。宜しく三千の兵を発して、以て遺孽《いげつ》を刈り、以て余燼《よじん》を滅すべし。凡《およ》そ軍機の動静は、便宜を以て事に随え、とのたまう。

まず、この事件の前後の情勢をみてみたい。この記事に先立ち、同年二月丁酉条によれば、「賊がしばしば来犯するので、軍士三千人を差発し、三・四月以降、賊地に進み、覚鱉城を造りたい」という陸奥国の奏言に対して、勅が下され、「海道の賊は遠いが、山道の賊は居近く、来犯してくる。これに対しては、覚鱉城を造り、胆沢の地を得るべし」とされた。

したがって、宝亀一一年正月に長岡の地に侵入してきた賊は、山道地域に住するものであったと思われる。このことは、この直後の三月に起きた伊治公呰麻呂の乱と深く関連を有するであろう。すなわち按察使紀広純《きのひろずみ》の建議にもとづき、覚鱉柵(城)の造営が開始され、広純は牡鹿郡大領道嶋大楯《おおだて》と上治郡大領伊治公呰麻呂を引きつれ、伊治城に拠を置いた。しかし呰麻呂の反乱により、広純・大楯が殺害され、国府多賀城も難なく陥されている(『続日本紀』宝亀一一年三月丁亥条)。

伊治城と栗原郡

これより先、神護景雲元(七六七)年には山道地域に伊治城が造営され、栗原郡が建てられた。

図 42 「此治城」(多賀城跡出土漆紙文書第 102 号)

伊治城・上治郡・栗原郡の関連は、多賀城跡漆紙文書第102号の発見により明確になった[2]。まず、「此治城」そのものの読みが問題となる。「此」は音「シ」、訓「コレ」という読みである。したがって音読であれば、「シジ」となり、訓読では「コレハル(リ)」となる。文献には『続日本紀』神護景雲元年一〇月辛卯条に伊治城造営の事がみえる。この「伊治城」はその後、延暦一五(七九六)年まで、しばしば、文献上に散見する。神護

景雲元年一一月己巳条（通説では、この条は『続日本紀』の錯簡として、三年六月乙巳条におく）に、

置㆓陸奥国栗原郡㆒。本是伊治城也。

陸奥国に栗原郡を置く。本は是伊治城なり。

という記載があることから、伊治城と栗原郡の関連が強いことは明らかである。さらに宝亀一一（七八〇）年三月丁亥条には、次のようにある。

○『続日本紀』宝亀一一年三月丁亥条

陸奥国上治郡大領外従五位下伊治公呰麻呂反。率㆓徒衆㆒、殺㆓按察使参議従四位下紀朝臣広純於伊治城㆒。（下略）

陸奥国上治郡大領外従五位下伊治公呰麻呂反く。徒衆を率て、按察使参議従四位下紀朝臣広純を伊治城に殺せり。

この「上治郡」は『公卿《くぎょう》補《ぶ》任《にん》』では「（宝亀一一年）三月廿四日丁亥陸奥伊治郡大領外従五位下伊治公呰麿及率徒衆殺按察使広純於伊治城」と記している。

伊治城は一般的には音読で「イジ」とされているが、この読みは『和名類聚抄』などには記載がなく、はっきりした根拠はない。これを訓読すれば、「コレハル（リ）」となり、多賀城跡漆紙文書の「此治」（コレハル〔リ〕）と一致するのである。さらに、『続日本紀』宝亀一一年条の「上治郡」も、これまでの伊治との関連だけでは解決できなかった疑

問点である。あるいは「上治」は「此」と「上」との混同から生じたものかもしれないという推測も浮かび上がってくる。また、伊治と栗原の関連も、音読の「イジ」と『和名類聚抄』の「久利波良(クリハラ)」では何ら結びつきは考えられないが、両者を訓読し、「コレハル」と「クリハラ(ル)」とした場合はきわめて似かよった読みとなってくるのである。

栗原・桃生・遠田三郡の性格

栗原郡および海道に位置する桃生郡および遠田郡の三郡は、以下にみるように通常の郡(令制郡)の体裁を整えることはできなかったようである。

『続日本紀』延暦八(七八九)年八月己亥条によると、黒川以北の一〇郡は「賊と居を接する」という理由から、特に労役免除期間を延長されている。ところが、栗原郡(神護景雲三(七六九)年初見)・桃生郡(宝亀二(七七一)年初見)・遠田郡(天平九(七三七)年初見)の三郡は、建郡の事実が確認できるにもかかわらず、一〇郡のうちに含まれていない。桃生・伊治両城の造営後の移住奨励策や宝亀五(七七四)年・宝亀一一(七八〇)年の蝦夷の反乱などに、この地域の不安定な状況がうかがえる。

こののちの史料でも、『続日本後紀』承和四(八三七)年四月癸丑条には、「又栗原・賀美両郡の百姓逃げ出す者多く、抑留するを得ず、てへり。臣浄野《しんきよの》商量するに、禍を防ぎて騒を静し、未然に慎むべし。加以、栗原・桃生以北の俘囚、弦を控えること巨多にして、皇化に従うに似せ、反覆定まらず」とあることからも、桃生・栗原両郡が騒擾状態にあり、令制郡の確立を意図しながら、不調の状態の連続であったようである。また、遠田郡の初見は『続日本紀』天平九(七三七)年四月戊午条の「仍《よ》りて田夷遠田郡領外従七位上遠田君雄人を差して、海道に遣す」という記載である。遠田郡領自らが田夷と付加されていることをみても、遠田郡が令制郡として他と異なる扱いを受けていたことは明白である。特に、延暦八年条は労役免除に関する規定だけに、桃生・栗原・遠田三郡の令制郡としての体裁に疑問をいだかざるをえない。

3　延暦期以降の征討と〝川の道〟

白河郡と桃生郡

呰麻呂の反乱後の征討は、十分な成果を得ないままに終わっている。ただ、乱直後の次の記事に注目したい。反乱軍によって苦戦を強いられた時、征討軍は桃生白河等の郡の神一一社に祈り、囲いを潰すことができたという(『続日本紀』宝亀一一(七八〇)年一二月丁巳条)。『延喜式』神名帳に載せるいわゆる式内社は桃生郡六座、白河郡七座あり、合わせて一三座である。いずれにしても、ここで重要なのは、桃生・白河両郡の神社に祈願した事実である。まず、白河郡は、陸奥国最大の郡であり、国境とくに古代国家の辺要の地の出入口に位置している(3)。白河関はこうした地理的事情を考慮して設置された。また、軍団も設置され、八世紀後半から九世紀にかけての東北情勢の緊迫化の中で、白河団の果たした軍事的役割は、多賀城跡出土木簡などから十分にうかがうことができる(4)。さらに、白河郷は『和名類聚抄』によると、白河郡以外に陸奥国内に三カ所認められる。すなわち、陸奥国府の所在地・宮城郡、鎮守府の所在地・胆沢郡そして八世紀以降、古代国家の最大の関心事となる陸奥国北部への出入口・黒川郡というそれぞれ重要な地点に白河郷が配置されたが、それは軍事的側面を重視しての措置といえよう。そのことは当時の白河郡の白河軍団を中心とする軍事的位置づけの高さをものがたるものである。

一方、白河郡とならんであげられているのが桃生郡の神社である。

『延喜式』神名帳の神社の分布からいえば、陸奥国北部は、山道一八座(志太一、黒川四、賀美二、色麻一、玉造三、栗原七)、海道二二座(新田一、小田一、気仙三、桃生六、牡鹿一〇)、〝胆沢之地〟一一座(胆沢七、斯波一、磐井二、江刺一)となっている。栗原郡七座、桃生郡六座、牡鹿郡一〇座、胆沢郡七座が目立つ。栗原郡は伊治城、胆沢郡は鎮守府・胆沢城の置かれた地であり、桃生・牡鹿両郡には桃生城・牡鹿柵が置かれていた。また「賊奴之奥区」とされた胆沢の地や、「栗原桃生以北俘囚」(『続日本後紀』承和四(八三七)年四月癸丑条)とされたように、これらの地は政情不安定な地域であった。

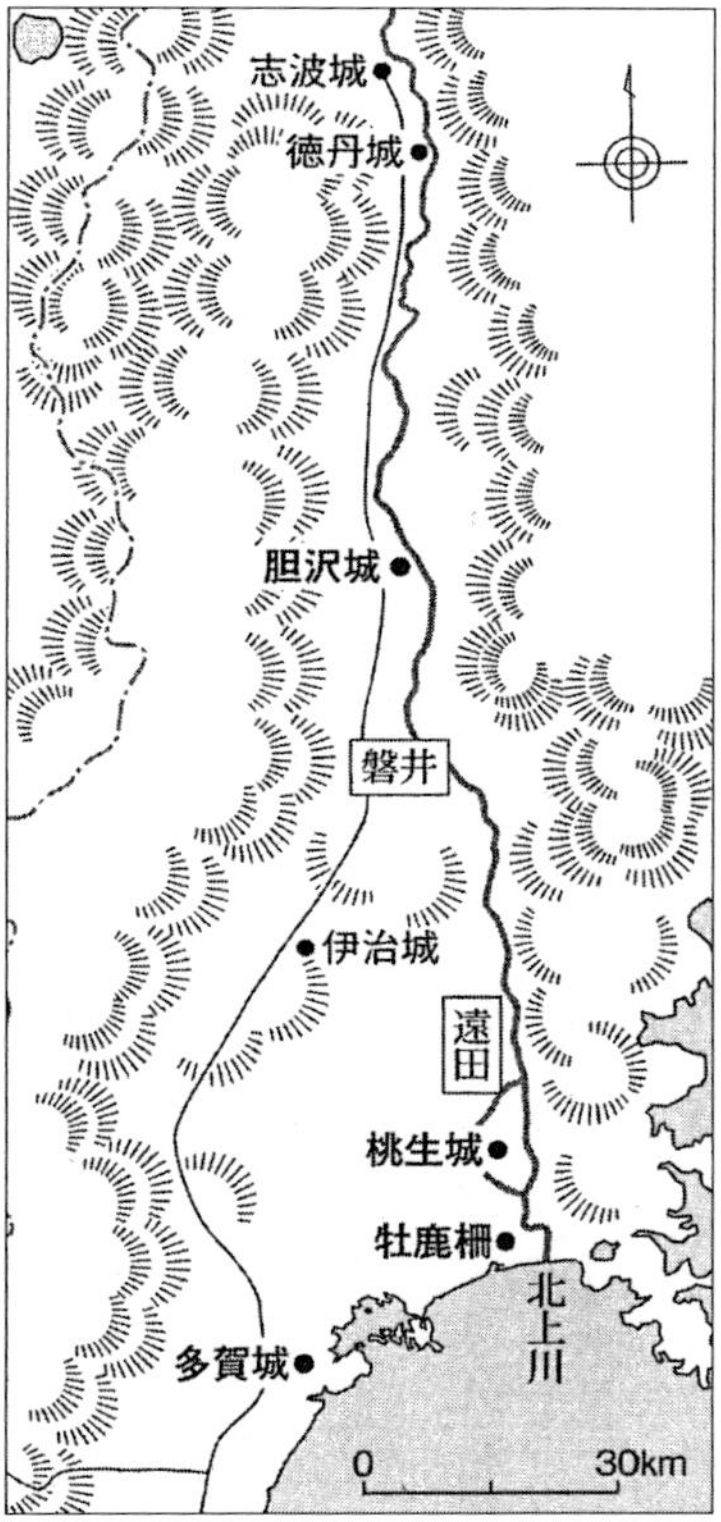

図 43　牡鹿地方と“川の道”

官社は、こうした政情不安定かつ重要施設の置かれた地に重点的に配置・整備されたと判断できよう。神名帳記載の神社は官社として祈年祭にあたって国家から幣帛を受けていた。したがって、政府の東北政策と神社は、きわめて密接に関連していた。いいかえれば、官社は、中央政府の律令制支配の状況に応じて決定されたもので、官社の数の偏りが、当時の政治状況を如実にものがたっているともいえる。

次に神社に関連して、付け加えておきたい。

官社のなかでも、東国経営の守護神とされた鹿島神宮の末社が、『日本三代実録』貞観八(八六六)年正月二〇日条によれば、陸奥国に三八社が置かれている(菊多郡一　磐城郡一　標葉郡二　行方郡一　宇多郡七　伊具郡一　曰理郡二　宮城郡三　黒河郡一　色麻郡三　志太郡一　小田郡四　牡鹿郡一)。

国府所在の宮城郡の南は、菊多から曰理まですべて海道地域に限られ、北部は山道五社、海道五社と同数である。海道五社は、小田郡四社、牡鹿郡一社で、海道の中心的な二郡に設置されている。水上交通の要衝に設置された常陸国鹿島神宮が、海道沿いに北上し、陸奥国北部の征討の拠点にまで至る様が想起できるであろう。それを証するように、『続日本紀』延暦元(七八二)年五月壬寅条に「陸奥国言さく、鹿嶋神に祈《の》み禱《いの》りて、凶賊を討ち撥《おさ》むるに、神験《かみのしるし》虚《むな》しきにあらず」とあり、征夷を鹿島神に祈願している。

史料にみる「征夷」過程

宝亀年間(七七〇—七八〇)の征討が不調に終わった後を受けて、延暦二(七八三)年、動揺の著しい蝦夷の征討を企てて持節征東将軍に大伴家持《おおとものやかもち》が任ぜられている。つづいて、延暦五(七八六)年八月から延暦八(七八九)年九月にかけて征東大使紀古佐美《きのこさみ》のもと、〝胆沢の賊〟と戦っている。政府の攻撃目標は〝賊奴の奥区〟とされた「胆沢之地」であった。
この戦いの様子は『続日本紀』に詳細に伝えられている。延暦七(七八八)年三月の勅では、広く東海・東山・坂東諸国から歩騎五万二千八百余人を徴発し、翌年三月を限って多賀城に会することにした。翌年三月には諸国軍は多賀城に会し、道を分けて進んでいる。

その後の戦いの実情は征東将軍の奏言によれば、渡河(北上川)して前進し、賊の総帥阿弖流為《あてるい》の居所に近づいた頃、賊徒と交戦したが、官軍の勢いが強く、一四カ村八〇〇戸を焼き払った。さらに、巣伏《すぶせ》村まで前進したが、官軍は挟撃され、別将丈部善理《はせつかべのぜんり》以下の戦死者、負傷者を多数出し、さらに溺死者一〇三六人、裸身で逃げ帰った者一二五七人という惨憺たる敗北に終わった。しかし、この激戦の被害は蝦夷側にとっても、焼失した家屋でもわかるように、甚大であったことは当然である。一般的に、この期の戦乱について政府側の被害は人的にも物的にも、かなり明瞭に報告の形で記録されているが、戦乱の場となる地域が、はかり知れない被害を受けたことも常に考慮しなければならない。

この戦いについて、中央は敗戦を征討軍首脳の作戦の失敗と断じている。しかし、現地からの敗戦処理に関する奏状には、次のように述べられている。河陸両道の輜重《しちょう》兵(軍需品の輸送・補給にあたる兵)一万二四四〇人、一度に運ぶ糒《ほしいい》六二一五斛《こく》、征軍二万七四七〇人が一日に食するのは五四九斛である。したがって、一度運んだものはわずかに一一日を支えるにすぎない。だから、賊地に駐屯して、一〇〇里の外に運粮することは良策ではないとしている。現地の最高責任者である紀古佐美の報告は、政府軍の被害に対しての責任回避の面を無視することはできないが、報告で強調している点は、長期の戦乱による蝦夷側の荒廃であった。また、報告の中の「軍入りしより以来、春夏を経渉して、征軍輜重並びに是れ疲弊せり」という部分は、政府軍側の実態を如実に伝えている。

延暦九(七九〇)年から延暦一四(七九五)年まで、再び胆沢・斯波の賊を討つために、征夷大使大伴弟麻呂《おとまろ》以下、副使に坂上田村麻呂・百済王俊哲《しゅんてつ》・多治比浜成《たじひのはまなり》・巨勢野足《こせののたり》の四人が任ぜられた。このときの征討軍は征軍一〇万という空前の規模のものであった。その成果は賊の斬首四五七級(「首級」の語は古代中国、秦の法で、敵の首を切るごとに爵位一級を上げたことによる)、捕虜一五〇人、獲馬八五疋、焼け落ちた所七五カ所とある。

坂上田村麻呂は延暦一五(七九六)年には、陸奥出羽按察使・陸奥守兼鎮守将軍の三官を兼任し、全権を委ねられた。延暦二〇(八〇一)年、節刀《せっとう》を賜わって征討を開始したが、征討の内容については史料となるべき『日本後紀』の該当部分が散逸しているために詳しくわからない。延暦二一(八〇二)年には、胆沢の夷首《いしゅ》大墓公《おおはかのきみ》阿弖流為らが降服している。また、同年には胆沢城を造り、翌年、さらに北に志波城が置かれている。延暦二三(八〇四)年、再び征夷の準備を進めたが、その翌年、藤原緒嗣《おつぐ》の建議によって新宮造営と征夷の中止が決まった。ここに、宝亀年間以来の大規模な征討は一段落をとげるのである。

このの ち、弘仁二(八一一)年弐《に》薩体《さったい》・幣伊《へい》村の蝦夷を討つために、征夷将軍文室綿麻呂が派遣され、鎮定している。そして、政府自身が弘仁年間の征討をもって完全に蝦夷を平定しつくしたと断定している。すなわち、『日本後紀』弘仁二年一二月一三日の詔によれば、桓武期には大伴弟麻呂が伐《う》ち平《たいら》げたが、余燼《よじん》なお遺《のこ》り、そこで田村麻呂が遣わされ、ほぼ掃討したが、遺賊は山谷に逃げ隠れていた。今回、文室綿麻呂が遣わされ、「伐平け掃治め」しめたといい、これをもって征夷の終わりと断じている。

征討事業の実情と〝川の道〟〝海の道〟

しかし、実情は大きく異なっていたと思われるし、また、これらの征討事業における〝川の道〟と海道地域の役割と状況についても触れておきたい。

陸奥国北部(とくに現宮城県北部)において、山海両道地域は一応令制郡に属し、主戦場となった〝胆沢の地〟に対して、人的物的支援の基地的な役割を負わされた。八世紀半ば以降、陸奥国北部に強引に推し進めた桃生・伊治両城および覚鱉《かくべつ》城の造営は明らかに「胆沢之地」への侵攻の拠点づくりであったことは明白である。宝亀年間における海道蝦夷による桃生城攻撃および伊治城を舞台とした反乱の勃発は、そのままこの地域の政情不安を如実にものがたっている。

中央政府はそうした情勢下において、この地域の有力者を中心として、征夷軍に人的物的支援を強く要請したと思われる。

史料上にみえる征夷関係の陸奥北部の郡領層には以下のものが挙げられる。

○小田郡大領正六位上丸子部勝麻呂《まろこべのかちまろ》→外従五位下(軍功)『続紀』延暦四・二・壬申

○(遠田郡)外正八位下遠田臣押人《とおだのおみおしひと》→外従五位下(軍功)『続紀』延暦一〇・二・乙未

○(志太郡)外正六位下志太連宮持《しだのむらじみやもち》→外従五位下(褒二勇敢一)『後紀』弘仁二・四・丁卯

なかでも、海道蝦夷と深く関わるのは、田夷《でんい》とされた遠田郡領一族であろう。

早くは、天平九(七三七)年の陸奥・出羽両国の連絡路開削事業に際して、海道に「田夷遠田郡領外従七位上遠田君雄人」が派遣されたが、それは蝦夷側の動揺を鎮めるためであった。この田夷については、『続日本紀』天平二(七三〇)年正月辛亥条の「陸奥国言さく、部下田夷村の蝦夷等、永く賊《あたな》う心を悛《あらた》めて、既に教喩に従えり。請わくは、郡《ぐう》家《け》を田夷村に建てて、同じく百姓と為《せ》むことを、ともうす。之を許す」とみえ、田夷村に建てられた郡家が遠田郡であるとされている。

夷姓「地名＋公(君)」の改姓は、おそらく、遠田郡の郡領層にとって、延暦期の征夷事業への積極的参画の功により徐々に達成させていこうとしたのであろう。その経過を以下でみていきたい。

〇『続日本紀』延暦九(七九〇)年五月庚午条

陸奥国言。遠田郡領外正八位上勲八等遠田公押人款云。己既洗㆓濁俗㆒。更欽㆓清化㆒。志同㆓内民㆒。風仰㆓華土㆒。然猶未㆑免㆓田夷之姓㆒。永貽㆓子孫之恥㆒。伏望。一同㆓民例㆒。欲㆑改㆓夷姓㆒。於㆑是、賜㆓姓遠田臣㆒。

陸奥国言さく、遠田郡領外正八位上勲八等遠田公押人款《もう》して云わく、己《おのれ》、既に濁俗を洗いて、更に清化を欽《ねが》う。志、内民に同じく、風、華土を仰ぐ。然れども猶《なお》未だ田夷の姓を免れず、永く子孫の恥《はじ》を貽《のこ》す。伏して望まくは、一に民の例に同じくし、夷の姓を改めむことを、ともうす。是において、姓を遠田臣と賜う。

第二次征討ともいうべき延暦五年から八年の征討事業直後に、遠田郡領遠田公押人は夷姓遠田公を改めて遠田臣を賜わっている。

○『日本後紀』弘仁三(八一二)年九月戊午条

陸奥国遠田郡人勲七等竹城公金弓等三百九十六人言。己等未レ脱二田夷之姓一。永貽二子孫之耻一。伏請改二本姓一為二公民一。被レ停レ給レ禄。永奉二課役一者。勅可。唯卒従二課役一。難レ勧二遺類一。宜レ免二一身之役一。仍賜二勲七等竹城公金弓。勲八等黒田竹城公継足。勲九等白石公真山等男女一百廿二人陸奥磐井臣。勲八等竹城公多知麻呂。勲八等荒山花麻呂等八十八人陸奥高城連。勲九等小倉公真祢麻呂等十七人陸奥小倉連。勲八等石原公多気志等十五人陸奥石原連。勲八等柏原公広足等十三人椋椅連。遠田公五月等六十九人遠田連。勲八等意薩公持麻呂等六人意薩連。小田郡人意薩公継麻呂。遠田公浄継等六十六人陸奥意薩連一。

陸奥国遠田郡人勲七等竹城公金弓等三百九十六人言さく、己等未だ田夷の姓を脱せず、永く子孫の耻を貽す。伏して請わくは、本姓を改め公民となり、禄を給うを停められ、永く課役を奉らむことを、ともうす。勅してのたまわく可なり、と。唯《た》だ卒《にわか》に課役に従うは、遺類に勧めがたし。宜しく一身の役を免ずべし。仍《より》て勲七等竹城公金弓・勲八等黒田竹城公継足・勲九等白石公真山等男女一百廿二人に陸奥磐井《いわい》臣、勲八等竹城公多知麻呂・勲八等荒山花麻呂等八十八人に陸奥高城連。勲九等小倉公真祢麻呂《まねまろ》等十七人に陸奥小倉連。勲八等石原公多気志等十五人に陸奥石原連。勲八等柏原公広足《ひろたり》等十三人に椋椅《くらはし》連。遠田公五月等六十九人に遠田連。勲八等意薩《おさと》公持麻呂《もちまろ》等六人に意薩連。小田郡人意薩公継麻呂《つぐまろ》・遠田公浄継《きよつぐ》等六十六人に陸奥意薩連を賜う。

遠田郡の人が全部で三九六人、「田夷」を脱して改姓を認められた。そのうち半数は陸奥高城連・遠田連・陸奥意薩連などという氏名を与えられるが、残りのうちの一二二人という大多数の人たちが「陸奥磐井臣」を与えられたことが注目される。これは、遠田郡は太平洋岸の海道地域の牡鹿・桃生以北に大きな勢力をもっていたこと、そしておそらく、海道地域の最終地点はさらに北の磐井地方であり、遠田と磐井とには強い連関があり、同一地域のようであったことを示している。

さらに、磐井地方については次のような重要な点も指摘できる。

古代国家は長期の征討を経て、延暦二一(八〇二)年に胆沢城を造営した。その直後に、駿河・甲斐《かい》・相模・武蔵・上総・常陸・信濃《しなの》・上野・下野の合わせて九国から、四〇〇〇人を胆沢城に移している。『和名類聚抄』によると、胆沢地域の郡郷名には、江刺郡に信濃・甲斐郷、胆沢郡に下野・上総郷があり、それぞれ延暦二一年に胆沢城に人々を遷置させた坂東諸国の名を負っている。

磐井郡　大九　山田　沙沢　仲村　磐井
江刺郡　大井　信濃　甲斐　槁井
胆沢郡　白河　下野　常口　上総　白鳥

(『和名類聚抄』名古屋市博本。永禄九(一五六六)年書写)

一方、磐井郡の郷名には、東国諸国の国名を負うものはまったくみられない。

このことは、延暦二一年の移民が胆沢城から北の地域に集中的に実施されたためと判断できる。おそらく磐井郡は、海道のつながりと、さらには主要官道である東山道と北上川との結節点として、重要な位置を占めていたためにいち早く国家に掌握され、胆沢城造営以前から郡制が成立していたのであろう。

北上川流域においては、牡鹿地方から磐井方面に物資を運搬するには〝曳船《ひきふね》方式〟がとられていたに違いない。延暦九(七九〇)年および弘仁二(八一一)年の二度の戦闘で遠田地方の勢力が重要な役割を果したのも、北上川沿岸を支配していたからにほかならないし、磐井地方との結びつきも、あくまでも北上川水運―〝川の道〟―によるものである。

また、一二世紀、奥州藤原氏が拠を構えた平泉は磐井の地に位置し、列島各地および中国・朝鮮などの文物をさかんに摂取し、いわば国際都市の観さえ呈した。奥州藤原氏が古代国家の東北経営の拠点であった鎮守府胆沢城ではなく、あえて磐井地方の平泉を本拠としたのも、まずは陸路としての主要官道東山道と水路としての北上川の結節点であること、次には、北上川水運の活用上、北上川の河口そして外洋へ直結した〝第二河口〟磐井の地が、胆沢城の地より有利と判断したことが決め手となったのではないか。

4 牡鹿地方と〝海の道〟

紀伊国とのつながり

『続日本紀』のほぼ同時期の二つの記事に注目してみたい。まず、一つは、牡鹿郡の俘囚《ふしゅう》に関する記事である。

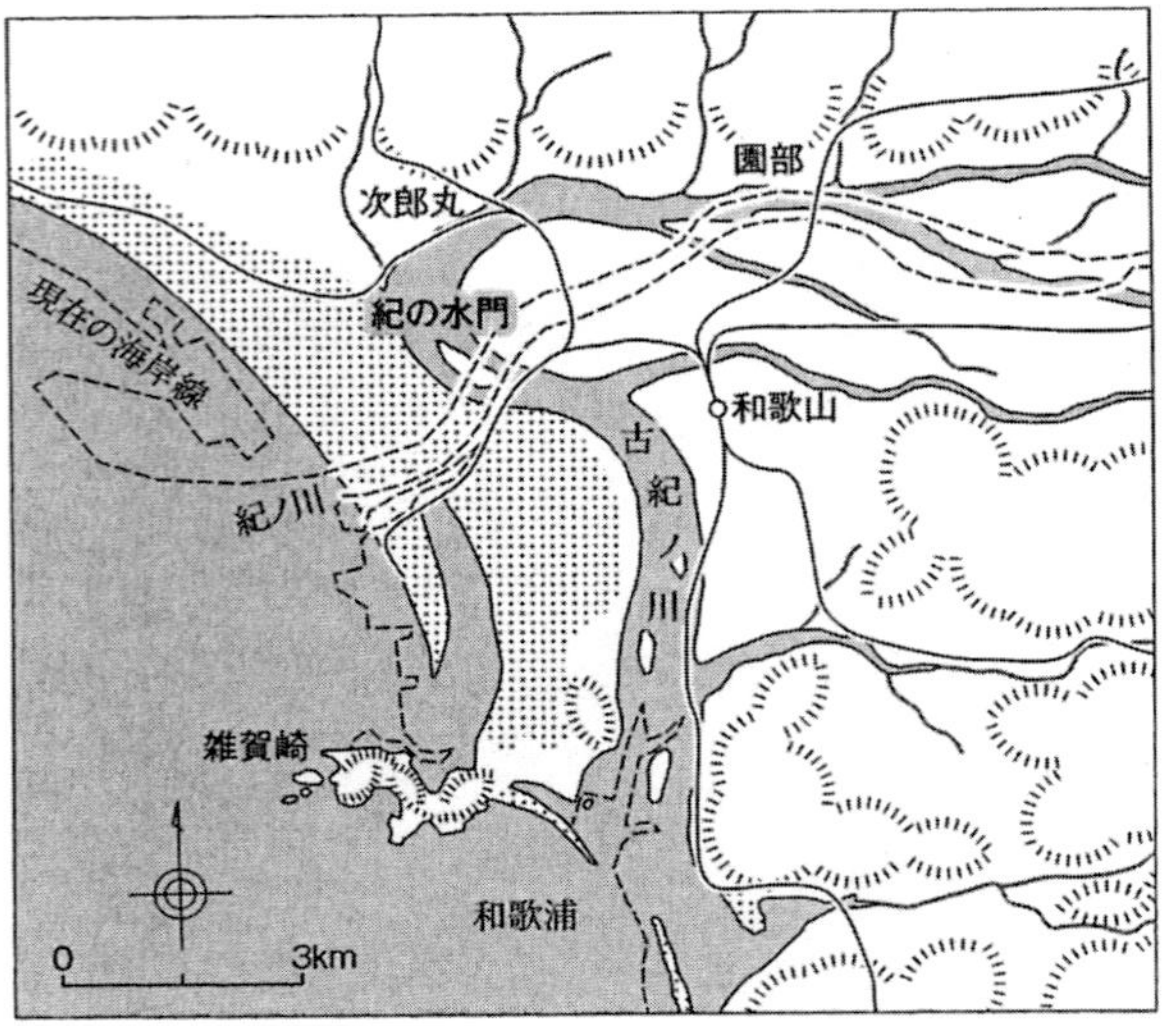

図44　古代の紀ノ川と紀の水門

○『続日本紀』神護景雲三（七六九）年一一月己丑条
陸奥国牡鹿郡俘囚外少初位上勲七等大伴部押人言。伝聞。押人等本是紀伊国名草郡片岡里人也。昔者先祖大伴部直征レ夷之時。到二於小田郡嶋田村一而居焉。其後。子孫為レ夷被レ虜。歴レ代為レ俘。幸頼二聖朝撫レ運神武威レ辺。抜二彼虜庭一久為二化民一。望請。除二俘囚名一。為二調庸民一。許レ之。

陸奥国牡鹿郡俘囚外少初位上勲七等大伴部押人《おおともべのおしひと》言さく、伝え聞かくは、押人等は本《もと》是れ紀伊《きい》国名草《なくさ》郡片岡里の人なり。昔者《むかし》先祖大伴部直《あたい》夷を征ちし時、小田郡嶋田村に到りて居りき。其の後、子孫夷の為に虜にせられて、代を歴《へ》て俘と為れり。幸に聖朝運を撫《ぶ》し神武辺を威《い》すに頼りて、彼の虜庭《りょてい》を抜けて、久しく化民《けみん》と為る。望み請わくは、俘囚の名を除きて調庸の民と為らむことを、と、もうす。之を許す。

牡鹿郡の俘囚大伴部押人の言によれば、押人らはもと紀伊国名草郡片岡里人であり、その祖、大伴部直は征夷に赴き、小田郡嶋田村に居したが、その子孫が俘囚の身となってしまった。そこで、俘囚の名を除いて、一般の調庸民と認めてほしいと申請し、許されている。

ここで注目すべき点は、大伴部直が紀伊国名草郡人であることである。以下、紀伊国名草郡および紀伊水軍について、薗田香融氏の所説を要約引用しておきたい。(5)

記紀にみえる「紀《き》の水門《みなと》」もしくは「男《お》の水門」は、紀伊の水軍の根拠地であった。紀の水門もしくは男の水門の所在地は、紀ノ川河口のデルタ地帯に位置した要津であったことは間違いない。紀ノ川旧河道が大きく弧を描く平井から吉田にかけては、多数の細流によって縦横に分断された小島嶼《とうしょ》ないしは三角州の集合地帯であったと考えられるのであり、多数の船が一時に舫《もや》いできる、水軍の根拠地としては最適の条件をそなえた水郷であったといえるであろう。このデルタ地帯を包括する紀伊国名草郡は、現在の和歌山市域の大部分を占める地域に相当するが、水陸の要衝を占める政治・経済上の中心地であるとともに、肥沃な農耕地帯であった。

この肥沃な農業地区を背景にして、名草郡一帯に巨大な勢力をふるったのが、紀国造(紀直)とその一族であった。紀国造は、水陸の要衝たる「紀の水門」を掌握することにより、その経済的実力をいっそう伸長させることができたという。

紀伊水軍勢力が朝鮮半島でもっとも活動したのは、漢城《かんじょう》陥落から日本府滅亡にいたる苦難に満ちた時代——五世紀後半から六世紀後半にかけてである。さきの紀国造も、敏達紀一二年条によれば、紀国造押勝《おしかつ》が、吉備海部《あま》直羽嶋《はしま》とともに朝廷の命をうけて、百済にいた日羅《にちら》(百済に生まれ、百済の朝廷に仕えた人物)を迎えるために半島に使いしている。紀ノ川を鎌垣舟《かまがきふね》とよばれる河舟で流下した外征軍は、紀の水門でいったん陣容を立てなおし、ここで熊野諸手船《もろてぶね》とよばれる海洋就航用の大型構造船にのりかえたとされている。

以上のように、牡鹿郡の俘囚大伴部押人の先祖の地・紀伊国名草郡は、『日本書紀』神功皇后《じんぐうこうごう》の新羅《しらぎ》征討物語などに登場する「紀伊水門」の所在地であり、有名な紀伊水軍の根拠地である。この『続日本紀』神護景雲三年一一月己丑条は、その紀伊水軍が朝鮮半島「経営」のみでなく、蝦夷征討にも大きな役割を果したのではないかという重要な事実をものがたっている。

また、神護景雲三年条では、大伴部押人の先祖は紀伊国名草郡の大伴部直とされている。

名草郡と大伴の関係は、まず『続日本紀』神亀元(七二四)年一〇月壬寅条に名草郡大領紀直摩祖《まそ》、少領大伴櫟津《いちいつ》連子人《こひと》・海部《あま》直士形《ひとかた》とみえる。名草郡は紀国造の本拠地であり、海部直は海人集団の在地の統率者として、国造である紀直の同族であった可能性が強いといわれる。大伴がこれら紀直や海部直と並んで、郡領に任ぜられていることは、名草郡の有力な在地勢力であったとみてよい。この大伴連については、『日本霊異記《にほんりょういき》』上巻第五に、紀伊国名草郡宇治の大伴連の先祖「大部屋《おおともや》栖《す》野《の》古《こ》連《むらじ》」の説話がある。なお、名草郡の大伴の分布については、例えば、正倉院文書中に「大伴若宮《わかみや》連大淵年廿八 紀伊国名草郡忌部郷戸主大伴若宮連部良戸口」(『大日本古文書』二五‐七四、天平勝宝二〔七五〇〕年三月二一日付)とみえる。

このように、紀伊国名草郡には、大伴が大きな勢力を有していたことは間違いないであろう。

上総国とのつながり

もう一つの記事は次のとおりである。

表9　陸奥国・郡・郷名を含む神護景雲3年賜姓一覧

丈部→阿倍陸奥臣	白河郡・賀美郡・標葉郡
丈部直→阿倍安積臣	安積郡
丈部→阿倍信夫臣	信夫郡
丈部→安倍柴田臣	柴田郡
丈部→阿倍会津臣	会津郡
丈部→於保磐城臣	磐城郡
春日部→武射臣	牡鹿郡
宗何部→湯坐曰理連	曰理郡
靫大伴部→靫大伴連	白河郡・黒川郡
大伴部→大伴行方連	行方郡
大伴部→大伴苅田臣	苅田郡
大伴部→大伴柴田臣	柴田郡
吉弥侯部→磐瀬朝臣	磐瀬郡
吉弥侯部→上毛野陸奥公	宇多郡
吉弥侯部→上毛野名取朝臣	名取郡
吉弥侯部→上毛野鍬山公	信夫郡鍬山郷
吉弥侯部→上毛野中村公	新田郡中村郷
吉弥侯部→下毛野静戸公	信夫郡静戸郷
吉弥侯部→下毛野俯見公	玉造郡俯見郷

○『続日本紀』神護景雲三（七六九）年三月辛巳条

陸奥国白河郡人外正七位上丈部子老。賀美郡人丈部国益。標葉郡人正六位上丈部賀例努等十人。賜㆓姓阿倍陸奥臣㆒。（中略）牡鹿郡人外正八位下春日部奥麻呂等三人武射臣。（中略）玉造郡人外正七位上吉弥侯部念丸等七人下毛野俯見公。並是大国造道嶋宿禰嶋足之所㆑請也。

陸奥国白河郡人外正七位上丈部子老《はせつかべのこおゆ》・賀美郡人丈部国益《くにます》・標葉《しめは》郡人正六位上丈部賀例努《かれの》等十人に、姓を阿倍陸奥臣と賜う。（中略）牡鹿郡人外正八位下春日部奥麻呂等三人には武射《むざ》臣。（中略）玉造郡人外正七位上吉《き》弥侯《みこ》部念丸《べのおしまろ》等七人には下毛野俯見《ふしみ》公。並に是れ大国造《だいこくぞう》道嶋宿禰《みちしますくね》嶋足《しまたり》が請う所なり。

大国造道嶋宿禰嶋足の申請にもとづく陸奥国内の各郡領クラスの在地有力者の一括賜姓記事である。この賜姓を分類し、整理すると表9のようになる。

表9のとおり、すべて丈部・大伴部・吉弥侯部がそれぞれ阿倍・大伴・上(下)毛野＋陸奥国名または郡・郷名を賜姓され、さらに宗何部《そかべ》が湯坐曰理《ゆえのわたり》連を賜姓されたものであるが、牡鹿郡人春日部奥麻呂ら三人が武射臣《むざのおみ》を賜姓されたのはここでは唯一の例外である。しかも、この一括賜姓の推挙者がもとは牡鹿郡の豪族であった道嶋氏であることとも関連させると興味深いものがある。

ところで、この武射臣は右記の「地名＋臣」の型に一致すると思われ、地名「武射」が上総国武射郡を指すことはほぼ間違いないであろう。

上総国武射郡は現在の千葉県山武《さんむ》郡を中心とした九十九里沿岸に位置している。山武郡は地形からみると、下総台地の一部を占める等高線四〇～一〇〇メートルの洪積台地と、海蝕崖《かいしょくがい》下に広く展開する等高線一〇メートル以下の九十九里沿岸平野の二つの部分から成立している。

九十九里浜沿岸は蜿蜒《えんえん》六四キロに及ぶ弓状の海岸線に沿う一帯の砂浜海岸であるが、現汀線の砂丘背後には多くの沼沢群が点在している。九十九里浜沿岸の砂丘列をつくる西風は安房丘陵の北端にあたって、その造砂丘力を弱め、幻の入江をなしている。和邇《わに》(丸邇)氏の支族牟邪《むざ》臣(武社《むざ》国造)は木戸川と境川とによる入江を管理していたとされている。古代においては、日本各地の砂堆背後のラグーンのいくつかに港が成立していたと指摘されている。(6)

平岡和夫氏の九十九里地域の古墳に関する調査によると、以下のとおりである。(7) 九十九里地域(千葉県香取市・多古《たこ》町・匝瑳《そうさ》市・山武郡横芝光町・山武郡芝山町・山武市・東金市の範囲に包括される地域)の古墳は、群としては一四七群であり、古墳数では前方後円墳一一二基、方墳《ほうふん》六八基、円墳八六八基の計一〇四八基が現存する。またすでに消滅し、その所在が確認された数を加えると一四四〇基にも及ぶ。古墳の分布域は、当該地域を流れる中小河川の北幸谷川・作田川・木戸川・栗山川の水系によって大きく分けることができる。九十九里地域の古墳は、五世紀の中葉に出現する。五世紀後半から六世紀初めまでの古墳は、栗山川流域に集中し、六世紀後半は、古墳が本地域全域に爆発的に造営された時期であり、木戸川および作田川の支流の成東川・境川の流域では大型の前方後円墳や円墳が出現する。七世紀初頭には、成東川水系には駄ノ塚《だのづか》古墳のような大型の方墳が出現する。この駄ノ塚古墳は一辺六〇メートル、高さ約一〇メートル、三段に築成された畿内の天皇陵にも匹敵する大規模なもので、現在知られている方墳としては我が国では三番目の大きさである。[8]

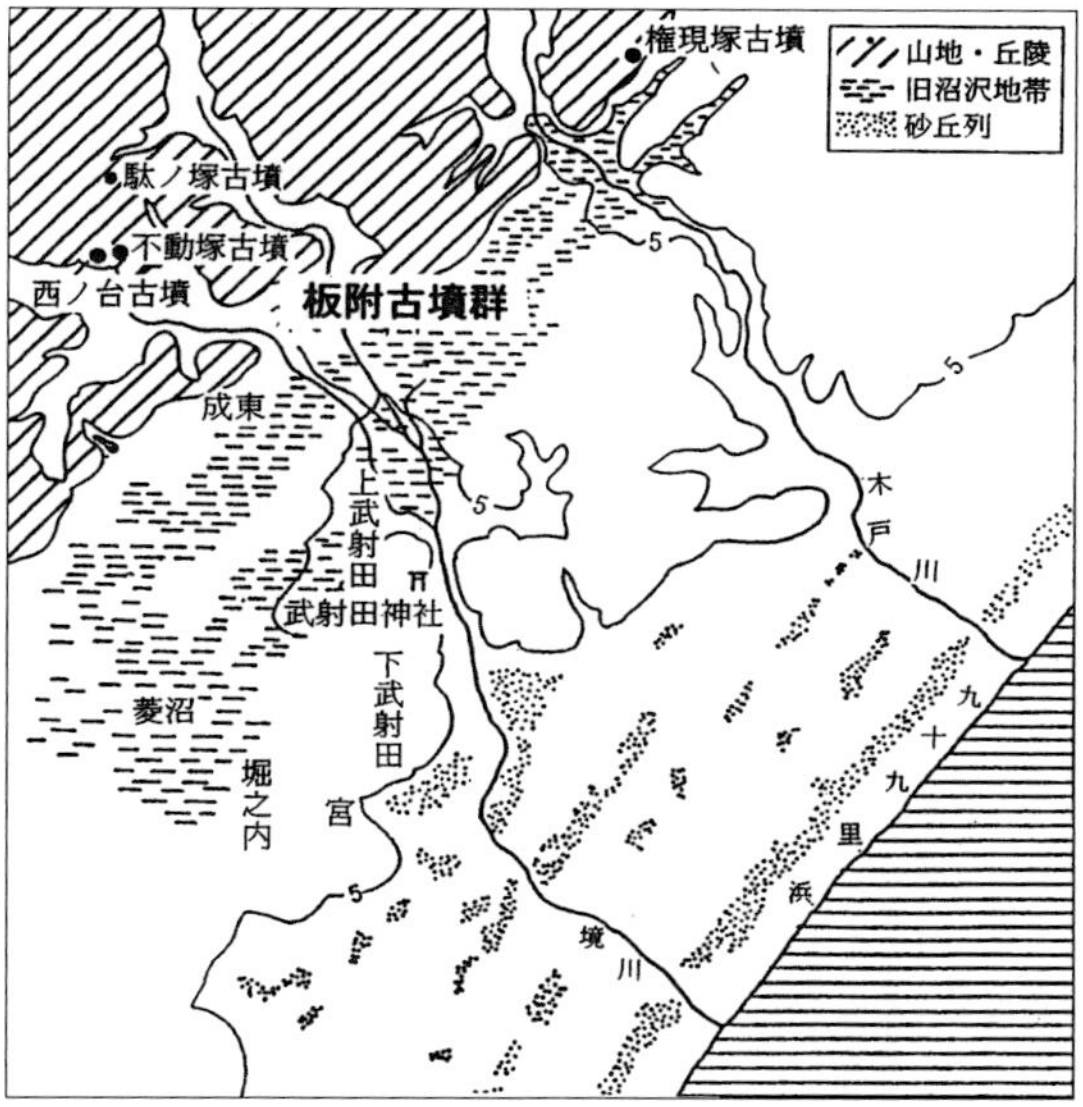

図 45　九十九里沿岸地域の地形と古墳

九十九里地域のほぼ中心をなす現山武郡は武社国造の地で、古代の上総国山辺《やまべ》郡と武射郡の二郡にまたがる。『古事記』(孝昭天皇)によると、和邇氏(奈良県天理市和邇《わに》町を中心とする地域を本拠とし、奈良市東部の春日の地に移り、春日氏になる)と同祖のものとして、「春日臣」「牟邪臣」など一六氏が記されており、なかでも当地では牟邪臣が繁栄し、牟邪臣の築造した後期古墳は目ざましい。

「牡鹿郡人春日部奥麻呂」が姓「武射臣」を賜わった事実は、さらに、次の点からもきわめて注目されるであろう。すなわち、ヤマト王権による伊甚屯倉《いじみのみやけ》の設置との関係である。ヤマト王権の直轄領ともいうべき屯倉が関東地方に設置されたのは六世紀にはいってからという。[9] その一つ伊甚屯倉の設置について『日本書紀』安閑天皇元年四月の条には、次のような話をのせている。勝《すぐり》臣大麻呂というものが、天皇の命をうけて使者を伊甚(現在の千葉県夷隅《いすみ》郡・勝浦市附近)へ遣わし、真珠を求めさせた。ところが、伊甚国造らは京にやってくるのが遅く期限までに真珠を朝廷に献上しなかった。そこで大麻呂は怒って、国造らを捕縛し、事の由を問うことにした。それをおそれた国造の伊甚直《いじみのあたい》稚子《わかこ》らは、後宮の寝殿に逃げこんだ。そんなことを知らない春日皇后(仁賢天皇の女《むすめ》春日山田皇女)は、彼らのいるのをみて、息をはずませてあわてて、気絶してしまった。稚子直らは闌入《らんにゅう》罪(みだりに宮中に入った罪)にとわれることになったので、稚子直は、贖罪《しょくざい》のため、皇后に伊甚屯倉を献じたという。佐伯有清氏は、後世、上総国夷灊《いじみ》郡には、春部《かすかべの》直《あたい》という氏姓のものがいる(『日本三代実録』貞観九〔八六七〕年四月二〇日条「上総国夷灊郡人春部直黒主売」)ので、安閑天皇の時代に、春日皇后の名代《なしろ》(大化前代の皇室の私有民)である春日部がおかれ、屯倉も設置されたのは事実であったとしている。

結局のところ、神護景雲三年条にみえる春日部奥麻呂は、おそらく上総国から海をわたって牡鹿郡に移住し、大きな勢力を有していた。そしてこの時点で、武射臣を賜姓されたが、この春日部と武射の関連は、上述の上総地方の背景ときわめて合致して興味深い。

以上の点からも、大陸にまで遠征した紀伊水軍は、八世紀以前において征夷事業に赴き、陸奥国北部への海からの出入口となっていた現在の石巻湾から侵攻したことが推測できる。また、紀伊半島から北へ向かう船の重要な寄港地が房総半島の九十九里沿岸であり、武射地方の有力者も海路、東北地方に入り、牡鹿の地に居し、牡鹿地方の最大の豪族道嶋氏と深く結びつき、勢力を伸長したと考えられる。そして道嶋氏自身も上総国丸子氏を出自とするのである。

この二つの記事から、古代の牡鹿地方にとって〝海の道〟がきわめて重要な視点であることが明白であろう。

日本武尊東征と〝海の道〟

このような〝海の道〟をクローズ・アップすると、やはり『日本書紀』の日本武尊(ヤマトタケル)の東征伝承を想起せざるをえない。

『日本書紀』の構成は、まず崇神天皇一〇年、いわゆる四道《しどう》――北陸・東海・西道・丹波――将軍を派遣し、まつろわぬものを征せんとした。この東海に遣わされた武渟川別《たけぬなかわわけ》は『古事記』崇神記によると「建沼河別命」として東方一二道に遣わされ、北陸「高志《こし》道」に遣わされた大毗古命《おおひこのみこと》(書紀「大彦命」)と相津(会津)の地で合流している。すなわち、この時東北の地へ足を踏みいれたことになっている。その四道のうち、とくに北陸・東方については、継続として景行天皇紀の武内宿禰《たけうちのすくね》が派遣されている。その報告によれば、「東《あずま》の夷の中に、日《ひ》高見国《たかみのくに》有り。其の国の人、男女並に椎結《かみをわ》け身《み》を文《もどろ》けて、為人《ひととなり》勇《いさ》み悍《こわ》し。是を総《す》べて蝦夷《えみし》と曰《い》う。亦《また》土地沃壌《こ》えて曠《ひろ》し。撃ちて取りつべし」(『日本書紀』景行天皇二七年二月壬子条)とある。この二つの遠征記事はいわば、次の日本武尊の東征の前段をなすような構成といえよう。

○『日本書紀』景行天皇四〇年是歳条

日本武尊初至二駿河一。(中略)爰日本武尊則従二上総一転入二陸奥国一。時大鏡懸二於王船一。従二海路一廻二於葦浦一。横渡二玉浦一至二蝦夷境一。蝦夷賊首嶋津神。国津神等屯二於竹水門一而欲レ距。(中略)蝦夷既平。自二日高見国一還之。西南歴二常陸一至二甲斐国一。

日本武尊初めて駿河に至る。(中略)爰《ここ》に日本武尊、則ち上総より転《うつ》りて陸奥国に入りたまう。時に大きなる鏡を王船に懸けて、海路より葦浦《あしのうら》に廻る。横に玉浦《たまのうら》を渡りて蝦夷の境に至る。蝦夷の賊首、嶋津《しまつ》神《かみ》・国津《くにつ》神《かみ》等、竹水門《たかのみなと》に屯《いわ》みて距《ふせ》がむとす。(中略)蝦夷既に平《む》けて、日高見国より還りて、西南、常陸を歴《へ》て甲斐国に至る。

日本武尊は駿河から相模を経て、現東京湾を渡り上総に入った。そして上総から海路陸奥国へ向かったが、このコースこそ、上述のような上総から太平洋岸を北に向かい、最終的には、北上川河口(現石巻湾)に達したものと思われる。蝦夷賊首嶋津神・国津神等が屯した竹水門は、おそらく多賀水門《たかのみなと》すなわち現在の松島湾あたりを指したものかと考えられる(『大日本地名辞書』は律令時代の多賀城に近い、宮城郡七ヶ浜町の湊浜《みなとはま》かとする)。仁徳天皇五五年のいわゆる田道将軍の伝承はさらにこれに連なるものである。ただし、この記事は、上毛野氏の家記によるものとみられている。

○『日本書紀』仁徳天皇五五年条

蝦夷叛之。遣二田道一令レ撃。則為二蝦夷一所レ敗。以死二于伊峙水門一。

蝦夷叛《そむ》けり。田道《たち》を遣して撃たしむ。則ち蝦夷の為に敗られて、以て伊峙水門《いしのみと》に死せぬ。

さきの景行天皇四〇年是歳条においても日本武尊軍に対して蝦夷軍は、竹水門に屯していたのであり、この田道軍と蝦夷軍との戦闘も伊峙水門(みなと)であった。この点は、八世紀後半から九世紀にかけての征夷軍と蝦夷軍が内陸部で戦闘を交わしている事実とはきわめて対照的である。このような中央の水軍と蝦夷軍の攻防が港において行われたことに注目するならば、次のような重要な点を指摘できるであろう。

さきにみた紀伊水軍や房総半島の武射地方の有力者と牡鹿地方との連繫、いいかえれば牡鹿地方の豪族道嶋氏の勢力伸長の基盤も海上交通や水軍との関連を考慮する必要があることを示唆している。また牡鹿地方の重要性はやはり陸奥国北部への海からの玄関口にあたっていた点にあるのではないか。八世紀半ばに造営された桃生城は牡鹿柵とともに、その玄関口と、港からさらに北上川水運(曳船方式による)を利用して北の内陸部――〝賊の本拠〟とされた胆沢地方――への物資輸送上の重要性を配慮したものと理解できよう。

おそらく、七世紀代もしくはそれ以前においては、斉明朝における日本海側の阿倍比羅夫《あべのひらふ》遠征に比すべく、太平洋岸においても大規模な水軍による東北地方北部に対する征夷事業がくり返し実施されたのではないだろうか。『日本書紀』の崇神紀から仁徳紀にかけての東北地方への中央軍の遠征記事は、こうした状況を反映したものではないか。八・九世紀段階の陸路を中心とした征夷事業の投映とは理解できないだけに、やはり、八世紀の前段階には、実際上海路からの征夷事業が実施されたものと考えられよう。この実施時期の確定は、今後の重要な研究課題となるであろう。

ここに改めて、牡鹿地方と川の道・海の道という視点がいかに重要であるかを強調しておきたい。

四　行方郡——南相馬地域の古代史像

1　行方郡の設立

『先代旧事本紀《せんだいくじほんぎ》』（神代から推古朝までの事跡を記した史書、平安初期成る）の「国造本紀《こくぞうほんぎ》」所載の陸奥《むつ》の国造（ヤマト王権が各地域の有力首長を任命した地方官）について、出自によって次のように分類できる。

(1)　建許呂命《たけころのみこと》の後裔《こうえい》（道奥菊多《みちのおくきくた》国造・道口岐閇《みちのくちきべ》国造・石背《いわせ》国造・石城《いわき》国造）

(2)　天湯津彦《あまのゆつひこ》の後裔（白河国造・信夫《しのぶ》国造・染羽《しめは》国造・伊久《いく》国造・思（亘理《わたり》か）国造・阿尺《あさか》国造、阿岐《あき》国造（山陽道の安芸《あき》）と同祖）

(3)　賀我別王《かがわけのきみ》の後裔（浮田《うだ》国造）

このように「国造本紀」の系譜を考察してみると、律令体制下の様相とは大きく異なり、阿倍《あべ》・毛野《けぬ》・大伴《おおとも》などの

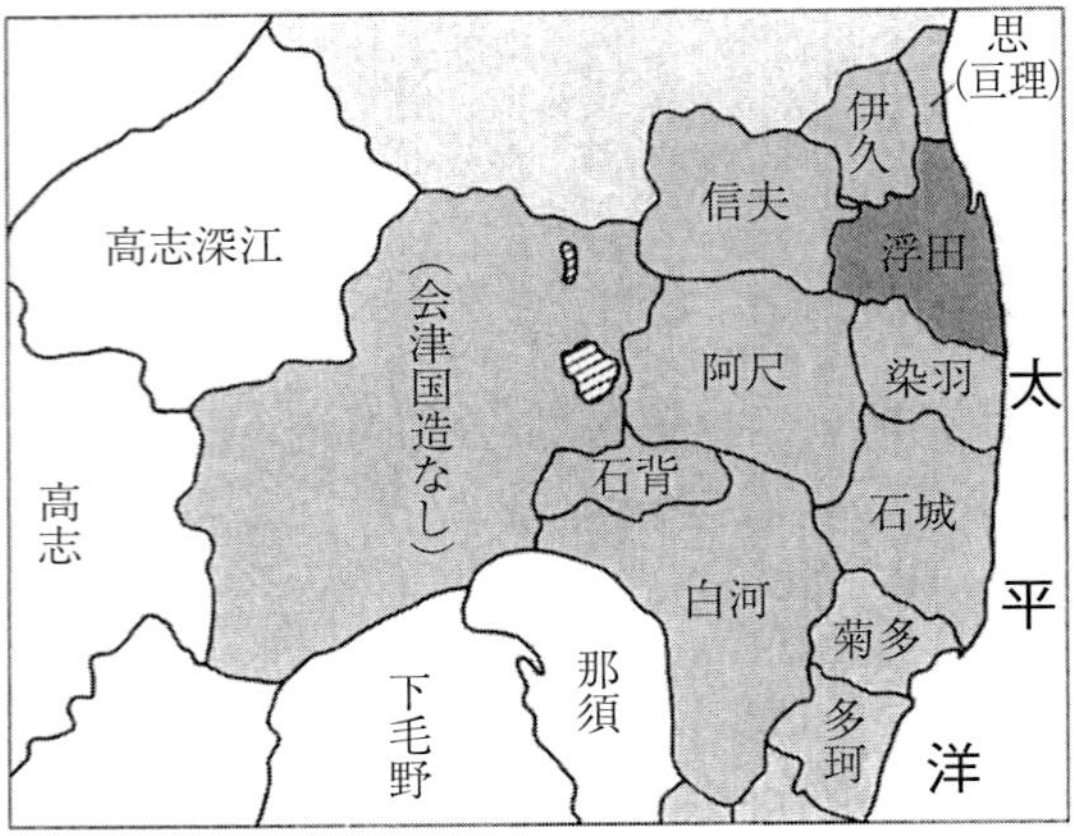

図 46　国造配置図

有力中央諸氏と同祖関係を有する国造はほとんど見あたらず、中央氏族と系譜関係を有するものとしては、石城国造がおそらく常陸《ひたち》国の仲《なか》国造を介して意富《おお》臣(多《おお》臣)との同祖関係を有し、道奥菊多国造・道口岐閇国造・石背国造らが同じく茨城国造を介して額田部湯坐連《ぬかたべのゆえのむらじ》や高市県主《たけちのあがたぬし》との同祖関係を有していた程度とされている。(1)

このうち、陸奥国南部沿岸地域における国造は、道奥菊多国造・道口岐閇国造(令制郡として該当不明)・染羽国造・伊久国造・思(亘理か)国造・浮田国造・石城国造である。令制郡でいえば、南から菊多・磐城《いわき》・標葉《しめは》・宇多《うた》・伊具《いぐ》・日理《わたり》の六郡の地域である。

国造名と令制郡名とを対比させると、陸奥国南部沿岸地域のうち、行方郡の地のみ、国造が存在していない。浮田は福島県浜通《はまどお》りの北部に位置し、おそらく浮田国造は令制郡の宇多郡と行方郡の北部を支配していたのである。

陸奥国行方郡の読みは、『和名類聚抄《わみょうるいじゅしょう》』国郡部によれば「奈女加多(なめかた)」とされ、常陸国行方(「奈女加多」)郡と合致する。また、行方郡内の「多珂」郷は、常陸国「多珂」郡に一致する。

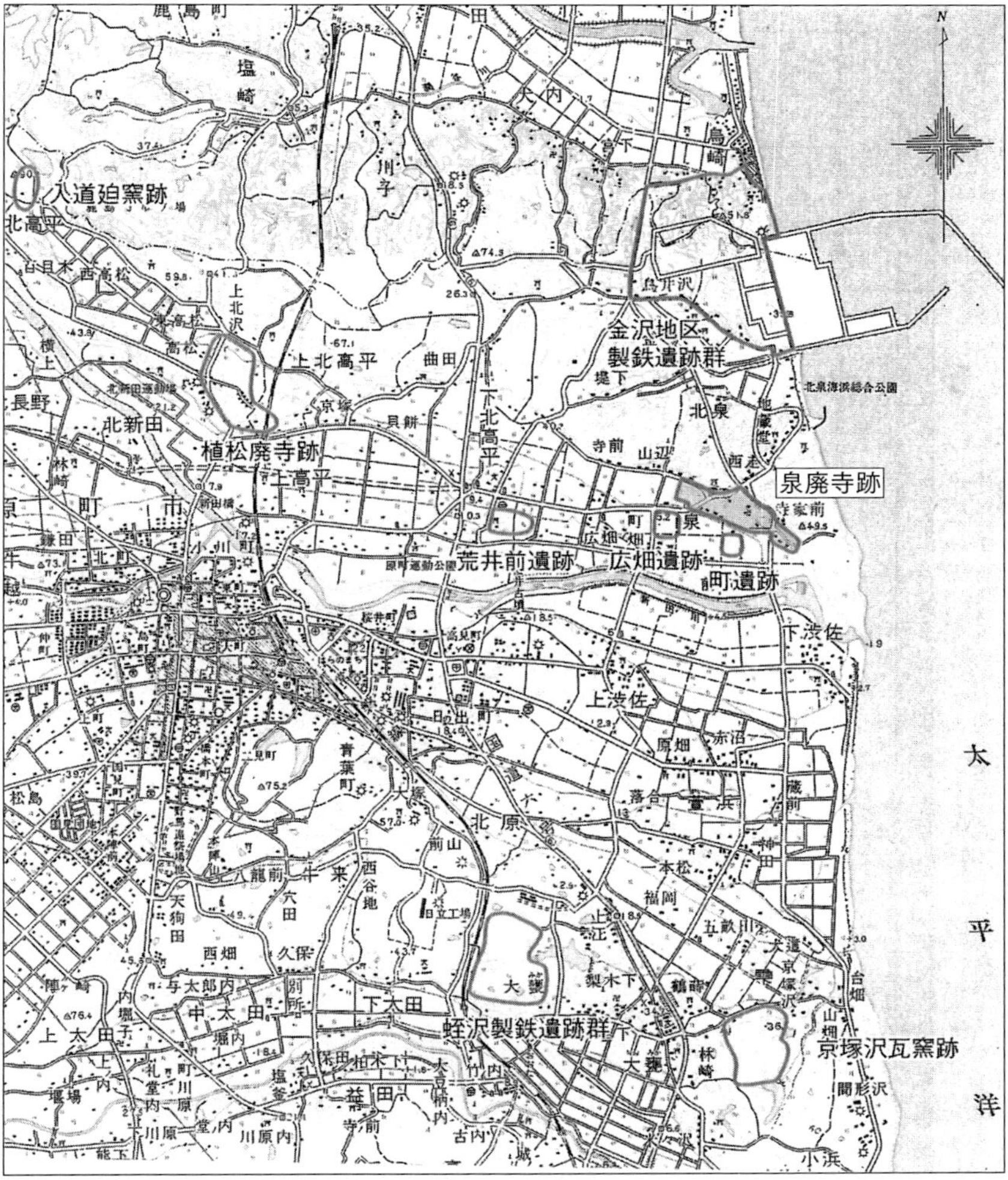

図 47　行方郡家跡と関連遺跡分布図

○『和名類聚抄』元和《げんな》古《こ》活字《かつじ》本《ぼん》　陸奥国

行方郡

吉名《よしな》　大江《おおえ》　多珂《たか》　子鶴《こづる》　真敏　真野《まきの》

○『和名類聚抄』刊本　常陸国

常陸国郡　管十一

新治尔比波里　真壁万加倍　筑波豆久波　河内甲知

信太志多　茨城牟波良支国府　行方奈女加多　鹿嶋加之末

那珂　久慈　多珂

常陸国行方郡は、現在の茨城県行方郡、北方から霞ヶ浦へ東南に突き出た半島状の地である。陸奥国行方郡はこの常陸国行方郡から海路を経て移住した人々が中核となって新置された郡と考えられる。しかも、常陸国北部の多珂郡からも移住し、一郷を形成したのであろう。

多賀城《たがじょう》の前面に展開する町並みの一画をなす市川橋遺跡の出土木簡（八世紀中〜後半）に「多珂郷」とある。

○宮城県多賀城市　市川橋遺跡出土木簡(2)

・「<多珂郷大□〔伴〕マ真」

・「<□〔得〕米五斗」

122×33×4

これは、『和名類聚抄』の「多珂」と同じ表記である。宮城郡の「多賀郷」とは表記も、音(清濁音の違い)も異なることは、第一章で既述したとおりである。国・郡名を省略していることから陸奥国内からの貢進物付札と判断でき、この「多珂郷」は陸奥国行方郡多珂郷に相当するとみてよいであろう。

2　行方郡家——福島県南相馬市原町区泉官衙遺跡

行方郡の郡家《ぐうけ》とされるのが、福島県南相馬市原町区《はらまち》泉官衙《いずみかんが》遺跡[3]である。泉官衙遺跡は原町区を流れる新田川《にいだ》が太平洋へ注ぐ河口、その北岸に形成された河岸段丘上に立地している。遺跡の所在する地形は、全体に南へ向かって緩く傾斜し、標高は八〜三メートルで、丘陵の裾に沿うように横に長く展開し、東西約一キロメートルの範囲に広がっている。

泉官衙遺跡が造営された時期は、仙台市郡山《こおりやま》遺跡Ⅱ期官衙とほぼ同じ七世紀末から八世紀初頭で、Ⅰ期の郡庁院の諸施設が方位をそろえていることなどから、官衙創設の際に中央政府が関わり、計画的に築かれた「中央関与型」の郡家とされている。

遺跡内は、遺跡範囲の西から館院《たちいん》、正倉院《しょうそういん》、郡庁院、水運関連施設、寺院推定地が確認され、郡の役所を構成する建物跡がブロック(院)をなしていることが判明した。

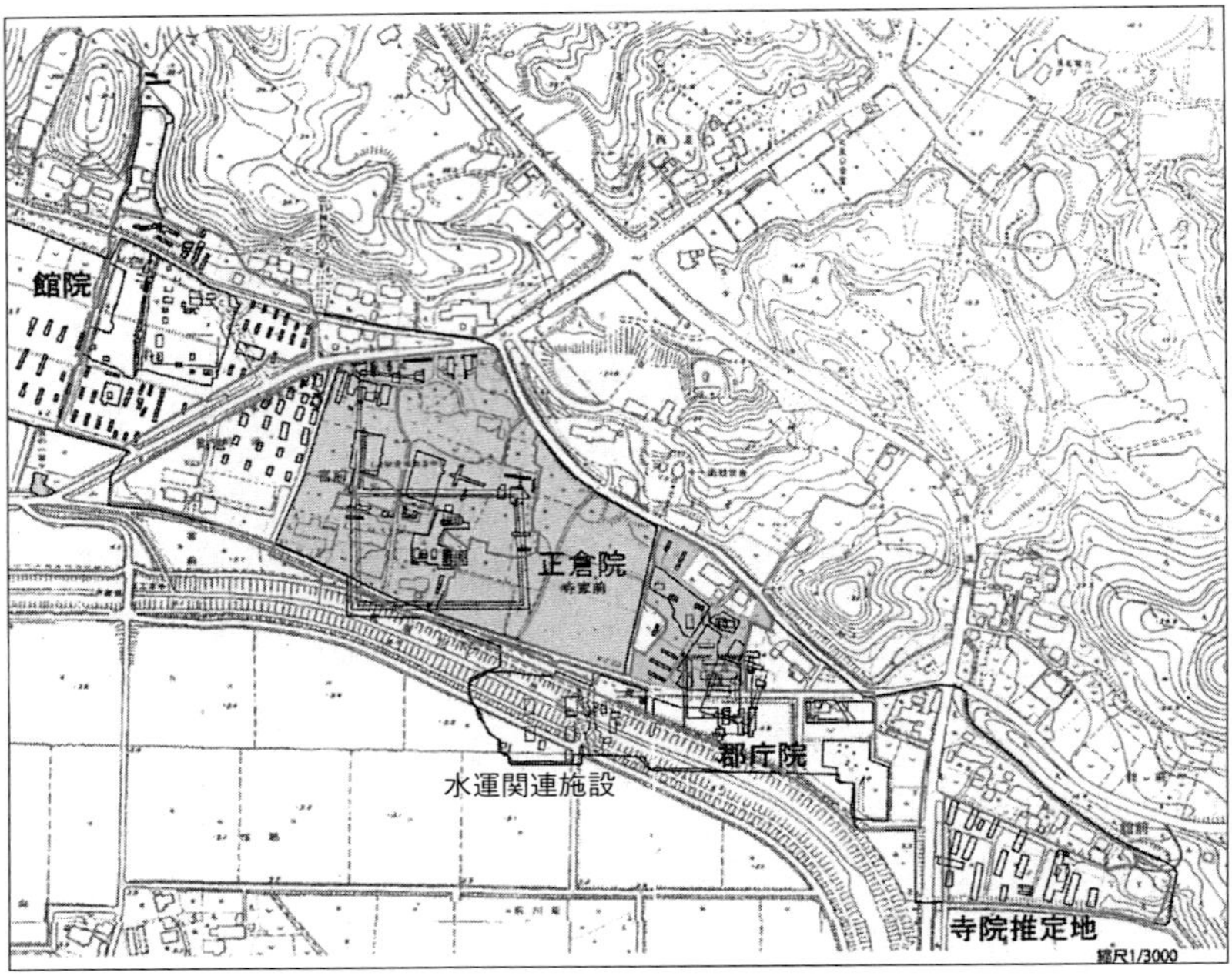

図 48　泉廃寺跡全体図

・郡庁院――町《まち》・寺家前《てらけまえ》地区

郡庁は郡の中心となる施設群で、儀礼と重要な政務の場である。長元三（一〇三〇）年の「上野国《こうずけのくに》交替《こうたい》実録帳《じつろくちょう》」によると、郡家を形成する建物の構成は「庁屋」「向屋」「副屋」とあり、正殿、脇殿、前庭を区画施設が取り囲む「コ」の字配置をとり、南門が開いている。

行方郡の郡庁院は、七世紀後半に建設され、以後二回の大規模な改築が行われている。

Ⅰ期は、建物の主軸が北より一六度三〇分前後東に振れ、方形の区画の四辺に建物を配置し、これを塀で連結し、区画の中央北寄りに中心建物である正殿が置かれた。正殿の前面に広場を設け、それを建物で囲む配置形式は、官衙の政庁としては典型的といえる。

Ⅱ期は建物の主軸方位が真北を向く。建物配置はⅠ期とほぼ同様だが、中央の正殿は四面庇《ひさし》をもち、区画内が玉石敷であったとみられている。その後、正殿は同位置・同規模で建て替えられ、他の建物はなくなり、四辺に柵列をめぐらせた構造となっている。

Ⅲ期は区画の規模が大きくなり、区画内の建物配置は、正殿、後殿、北西側に西脇殿、南東側に東脇殿を配し、ほぼH字形の配置となる。Ⅲ期は郡庁院が最も長期間存続したものと考えられる。

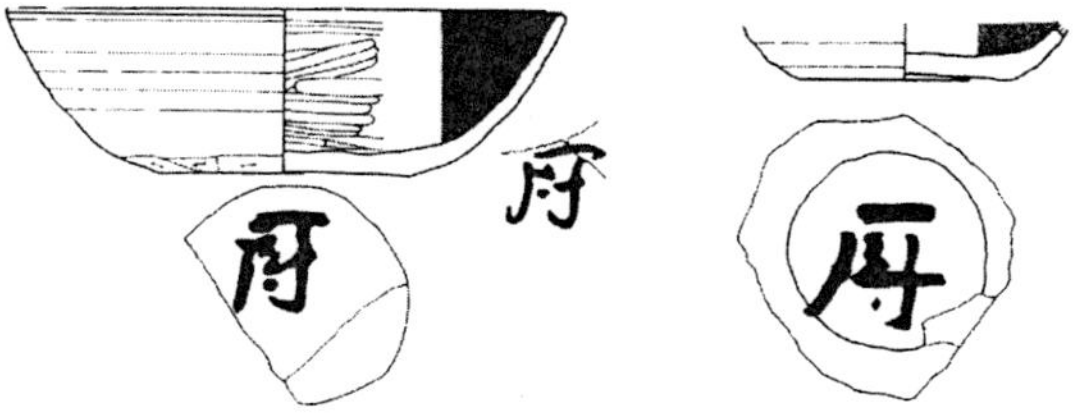

図 49 「厨」(南相馬市広畑遺跡出土墨書土器)

・正倉院——字宮前《みやまえ》・寺家前

国が管理する正倉が数多く整然と建ち並び、溝などの区画施設で囲まれた倉庫群を「正倉院」と呼ぶ。『続日本紀』宝亀五(七七四)年七月二〇日条に「陸奥国行方郡災す。穀穎二万五千四百余斛《こく》を焼く」と、陸奥国行方郡の役所で火災があり、稲穀二万五四〇〇石あまりが焼けたと記載されていて、発掘調査で出土する多量の焼け米はこの記載と合致する。

・館院——町池《まちいけ》地区

国内を巡行する国司や郡内を往来する公的な使者や旅行者が宿泊する施設、あるいは郡司の宿所とみられる施設である。「上野国交替実録帳」には郡内の等級に関係なく一館から四館の館が記載されている。遺跡西端に位置する字町池から「館」と推定される建物群が検出されている。建物群は、東西約五〇メートルの塀により区画された敷地のなかに、西側には南北に長い建物を、北側には東西に長い建物を建てならべた逆L字形の建物配置をとっている。北側に配置された建物群の一画には、竪穴《たてあな》住居も造られていた。また、南辺塀の中央付近には、八脚門《はっきゃくもん》が設置されている。

・厨――広畑《ひろはた》遺跡・泉字広畑

郡家内には、部内を巡行する国司や公的な使者に対する給食、公的な饗宴の食膳、郡司や雑任《ぞうにん》の食事の準備、食糧品や食器の調達・管理を行う「厨」があった。「上野国交替実録帳」では「竈屋」「納屋」「備屋」「酒屋」などの施設がみえ、調理、食材・食器類の管理、酒の提供が行われていた。広畑遺跡は泉官衙遺跡の南東約五〇〇メートルの位置にある。ここからは「厨」「寺」「吉」「福」「常」などと書かれた墨書土器が出土しているが、なかでも「厨」が最も多い。

・郡寺――舘前地区

遺跡の東端に位置する舘前地区からは、多種の古瓦が採集できることが知られていた。発掘調査によって掘立柱《ほったてばしら》建物跡五棟、竪穴建物跡三棟のほか、溝跡、土坑、瓦溜め遺構(瓦の廃棄場)などが確認された。大量に出土した瓦群には、軒丸瓦《のきまるがわら》・軒平瓦《のきひらがわら》・丸瓦・平瓦のほかに、鬼瓦・熨斗瓦《のしがわら》・塼《せん》も出土している。これらの瓦を葺いた建物跡が確認されていないが、舘前地区には、丹《に》塗り・瓦葺で塼積《せんづみ》基壇《きだん》をもつ建物からなる寺院の存在が想定される。

・運河状溝跡と交通施設

郡役所ではさまざまな物資が搬入・搬出されたであろう。また国内を巡行する国の役人や、中央政府からの命令を伝える使者など、郡役所にはさまざまな人々の往来があったであろう。

正倉院、郡庁院の南に接する町《まち》地区に水運関連施設と想定される官衙ブロックがある。南北方向に走る幅三・一メートル、深さ一メートルの大規模な溝跡が発見され、この溝は南側へと続いて約六〇〇メートル離れた新田川に通じ、水がゆるやかに流れていたことがわかる。溝の両側には、事務棟と考えられる小規模な建物や倉庫、そして整然とならんだ大型の建物が配置されている。

・京塚沢瓦窯跡――原町区雫字京塚沢

京塚沢瓦窯跡は原町区の南部を東流する太田川の河口に近い北岸の丘陵上に位置している。泉官衙遺跡舘前地区の寺院へ瓦を供給した窯跡群として古くから知られている古窯跡群で、須恵器《すえき》窯跡と瓦窯跡で構成されている。発掘調査は行われていないが、広い範囲で瓦が採集されていて、多数の窯跡が存在し、少なくとも七世紀末から八世紀後半まで操業を継続していたのであろう。

当窯跡は行方郡家の創建瓦の生産窯として成立し、八世紀中葉以降も補修瓦を中心に、行方郡家および標葉郡家の付属寺院(双葉町郡山五番遺跡)へ供給のための生産が行われていたと考えられている。

3 沿岸部の軍事拠点・行方団

陸奥国南部沿岸地域、浮田国造と標葉国造の両国造の領域の間の地に新たに常陸国からの移住者を含めて行方郡が設置されたのであろう。その新置の行方郡に軍団「行方団」が陸奥南部沿岸地域の中核である大郡・磐城郡の「磐城団」に先行して設置されたのはどのように説明するべきであろうか。まず陸奥国軍団の防備体制についてみていきたい。

○『類聚三代格《るいじゅうさんだいきゃく》』巻一八　弘仁六(八一五)年八月二三日官符

太政官符

一分レ番令レ守二城塞一事

兵士六千人並勲九等已上白丁已上

旧数二千人名取団一千人 玉造団一千人

今請二加四千人一白河団一千人 行方団一千人 安積団一千人 小田団一千人

※名取・玉造の二団二〇〇〇人に、白河・行方・安積《あさか》・小田の四団四〇〇〇人を加え、軍団兵士を六団六〇〇〇人、六番交替することとする。

(中略)

一分配番上兵士一千五百人兵士一千人 健士五百人

胆沢城七百人兵士四百人 健士三百人

玉造塞三百人兵士百人 健士二百人

多賀城五百人並兵士

(以下略)

※一番あたりの兵士一〇〇〇人・健士《けんし》五〇〇人を胆沢城七〇〇人、玉造塞三〇〇人、多賀城五〇〇人に分配して上番させることとする。

弘仁六(八一五)年の時点で、名取団・玉造団・白河団・行方団・安積団・小田団の六軍団が設置されていたことが明らかである。この六軍団は少なくとも天平一八(七四六)年官奏に「陸奥国団六院」とあることから、天平一八年段階まで確実に存在を証することができる。

○『類聚三代格』巻一八　天平一八年一二月一五日官奏

太政官謹奏

諸国軍毅兵士事

陸奥国団六院　大毅六人　少毅六人兵士六□

□国団一院　毅一人　兵士二百人

□院　□

〔此間闕〕

謹奏。

天平十八年十二月十五日

奏㆑勅。依㆑奏。

次に陸奥国六軍団に含まれていない南部沿岸地域の磐城郡に設置された「磐城団」についてみてみたい。

○『続日本後紀《しょくにほんこうき》』承和七(八四〇)年二月癸亥条

陸奥国柴田郡権大領丈部豊主。伊具郡擬大毅陸奥真成等戸二烟。賜㆓姓阿倍陸奥臣㆒。同国人丈部継成等卅六人賜㆓姓下毛野陸奥公㆒。

陸奥国柴田郡権大領丈部豊主《ごんのたいりょうはせつかべのとよぬし》・伊具《いぐ》郡擬大毅《ぎたいき》陸奥真成《まなり》等戸二烟《えん》に、阿倍陸奥臣を賜姓す。同国人丈部継成等卅六人に下毛野陸奥公を賜姓す。

○『続日本後紀』承和一五（八四八）年五月辛未条

奉レ授二陸奥国従五位下勲九等刈田嶺名神正五位下一。余如レ故。陸奥国白河郡大領外正七位上奈須直赤龍。磐瀬郡権大領外従七位上勲九等丈部宗成。磐城団擬少毅陸奥丈部臣継嶋。権主政外従七位下丈部本成。信夫郡擬主帳大田部月麻呂。標葉郡擬少領陸奥標葉臣高生。伊具郡麻続郷戸主磐城団擬主帳陸奥臣善福。色麻郡少領外正七位上勲八等同姓千継等八烟賜二姓阿倍陸奥臣一。

陸奥国従五位下勲九等刈田嶺名神《かったみねめいしん》に正五位下を授け奉る。余故《もとの》ごとし。陸奥国白河郡大領外正七位上奈須直赤龍《なすのあたいあかたつ》、磐瀬《いわせ》郡権大領外従七位上勲九等丈部宗成《むねなり》、磐城《いわき》団擬少毅陸奥丈部臣継嶋《つぐしま》、権主政《しゅせい》外従七位下丈部本成《もとなり》、信夫《しのぶ》郡擬主帳《しゅちょう》大田部月麻呂《おおたべつきまろ》、標葉郡擬少領陸奥標葉臣高生《おみたかお》、伊具《いぐ》郡麻続《おみ》郷戸主磐城団擬主帳陸奥臣善福《ぜんぷく》、色麻《しかま》郡少領外正七位上勲八等同姓千継《ちつぐ》等八烟に阿倍陸奥臣を賜姓す。

承和一五（八四八）年「伊具郡麻続郷戸主磐城団擬主帳陸奥臣善福」は、「磐城団」の初見史料であり、磐城団の擬主帳が伊具郡麻続郷の人であるという。八世紀前半から設置された陸奥国南部沿岸地域で唯一の軍団が行方団であった。その行方団は、標葉・行方・宇多の三郡を中核として、南の菊多・磐城、北の伊具・曰理まで加えた郡の兵士で編成されていたと想定される。新たに設置した磐城団は一二郷からなる磐城郡を中心に南に隣接する菊多郡と遠く離れているが、北部の伊具・曰理両郡を加えて編成されたのではないか。先に掲げた『続日本後紀』承和七年条の「伊具郡擬大毅」、一五年条の「伊具郡麻続郷戸主磐城団擬主帳」は、伊具郡の有力者が磐城団の役職に登用されたと理

図 50　玉前剗の位置図

解することができる。

磐城団の設置年代については、『続日本後紀』承和一〇（八四三）年四月丁丑条に、「望み請うらくは、更に一千人を加え、本と并せて八千人、分ちて八番を結ぶ」とあることから、この時点で七団七〇〇〇人から七団八〇〇〇人としたことが明らかであることから、すでに高橋崇氏が指摘しているように、磐城団の新置は、弘仁六（八一五）年以降承和一〇年（八四三）四月以前であるとみてよいであろう。(4)

これらの軍団の兵士が、国府の置かれた多賀城と鎮守府の置かれた胆沢城にどのように配置されたかを明確に伝える多くの木簡・漆紙文書が多賀城跡・胆沢城跡から出土している。

まず、多賀城に勤務する兵士に関するも

図51　「行方団」(多賀城跡第１号漆紙文書略測図)

のである。

○宮城県多賀城市　多賀城跡出土木簡(5)(釈文はオモテ面のみ)

・「　安積団解　□□〔申カ〕番□□事
　畢番度玉前剗還本土安積団会津郡番度還　」　539×37×5

この木簡は、九世紀のものと考えられる。内容は、多賀城に勤務していた安積団に所属する会津郡の兵士が、当番を終え、多賀城の南にある玉前剗《たまさきのさん》(関)を越えて出身地に帰ることを、安積団の役人が多賀城に上申した形式の通行証(二点発行)であり、そのうちの一点を多賀城に留め置いたものである。安積団は、陸奥国南部の山道地域の会津・安積・信夫郡の兵士から編成されていた。玉前は東北本線と常磐線《じょうばん》が合流する宮城県岩沼《いわぬま》市南長谷《はせ》の玉崎《たまさき》付近と思われ、古代にも山道と海道が合流するこの地に関が置かれていたことがわかる。玉前に「剗」(関所)があったことは文献史料にはなく、この木簡によってはじめて明らかになった。(6)

同じく多賀城跡から出土した漆紙文書には、行方団の役人が九日から一八日までの合計一〇日分の公粮《こうろう》(日当の食料)を請求したものがある。

○多賀城跡第1号漆紙文書(7)

└〔月カ〕九日尽　└月十□〔八カ〕日合十箇┌

宝亀十一年九月廿┌

行方団□毅上毛野朝┌

このほかに、次の二点の木簡が挙げられる。

○多賀城跡出土第6号木簡(8)

・「白河団進上射□□□□〔手歴名事カ〕

船守十八人　和徳□□〔三衣カ〕　火長神人味人

合卌四人　」

・「［　　］［　　］

大生部乙虫　□□部嶋□〔成カ〕　丈部力男

□□〔阿倍カ〕［　　］　［　　　　］　大伴部建良　」

222×(38)×2

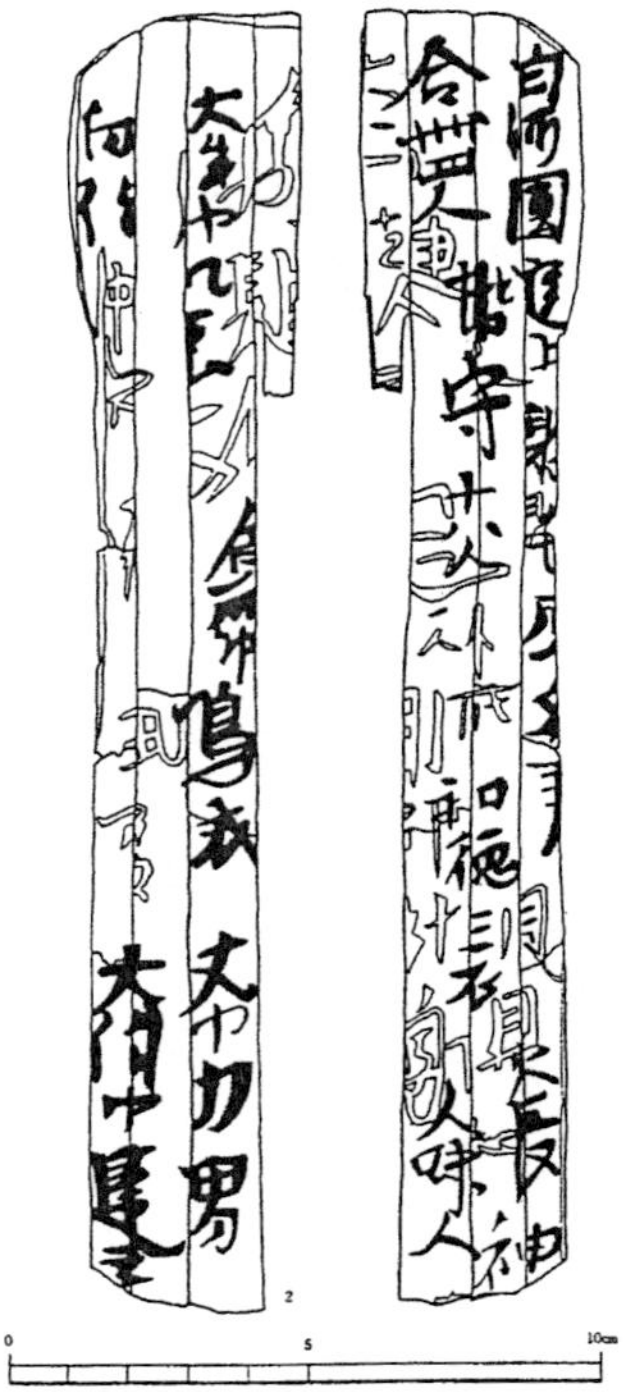

図 52　「白河団」(多賀城跡出土第 6 号木簡実測図)

本木簡は白河団から多賀城に上番した射《い》手《て》の四四人について、その多賀城管轄内の配備先を記したものと考えられる。そのうちの射手一八人の警護先は「船守」であった。港湾都市でもある多賀城の交易および軍事運輸手段の船は、港津に数多く繋留されていたであろう。その船の警護に弓矢の使い手としての兵士(射手)が担当していたと想定される。

○多賀城市　市川橋遺跡木簡[9]

・「○磐城団解　申進上兵士事合□人［　］□刑部子立［　］『道』丈部竹万呂」

・「○□　　□七［　　　　　　　］」　　657×32×7

多賀城南北大路は政庁~南門間道路の延長上にあり、道幅は当初一八メートル、その後二三メートルに拡幅されている。南北大路は多賀城南門から約三〇五メートル付近で一度分断されている。ここは、大路を横切る河川が通じており、そこに架けられた橋は幅六・五メートル、全長約二一メートルの堂々たる規模である。本木簡はこの南北大路の側溝から出土した。兵士の人名上部に追筆された「道」はおそらく南北大路の警備を担当したことを示すのであろ

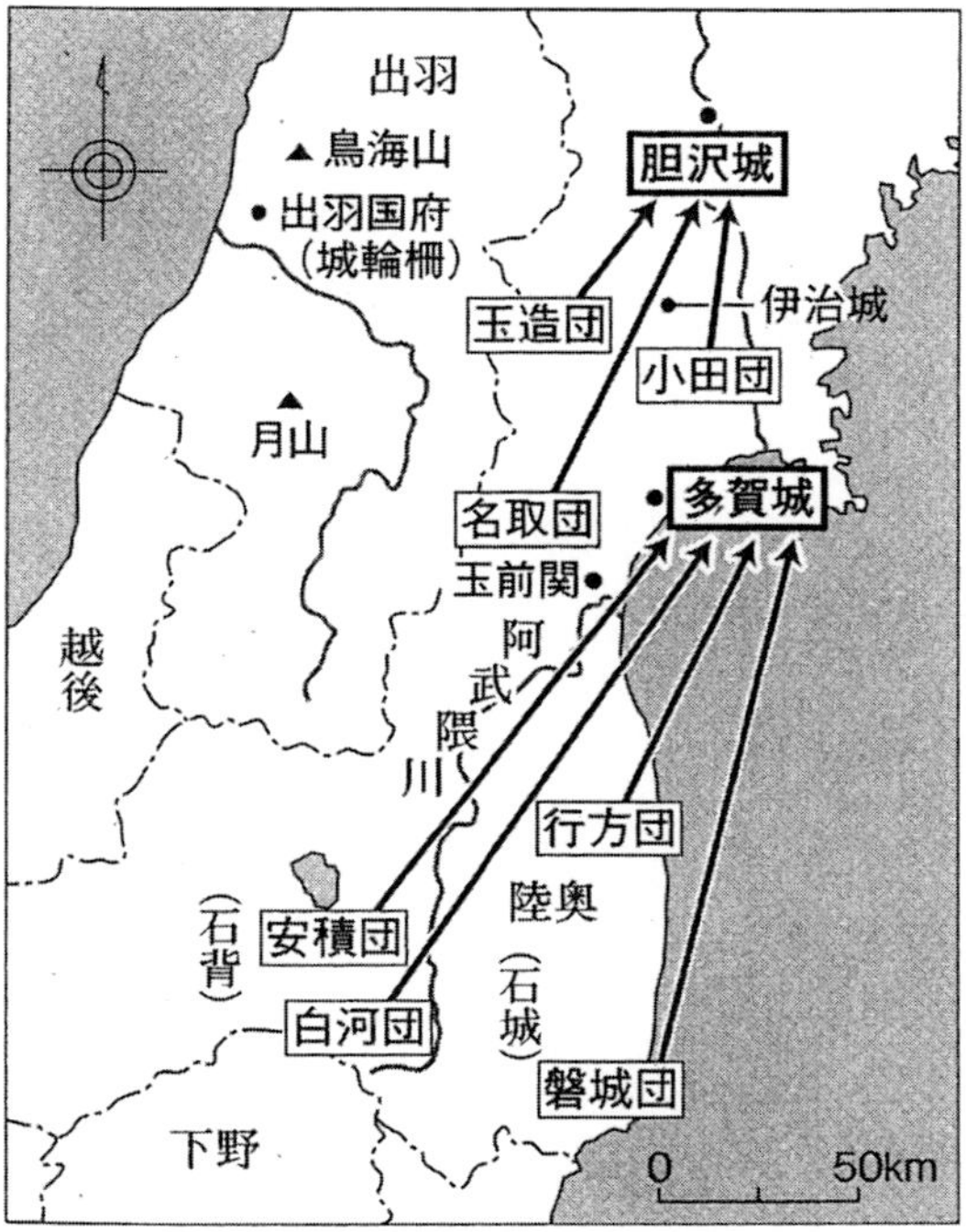

図53　古代東北軍団位置図

う。

この磐城団および先の白河団に関する木簡は、多賀城に上番した兵士の城内における守備地を記載したものである。一方、胆沢城跡から出土した漆紙文書によると、「名取団」「小田団」「玉造団」の兵士が上番していることを確認できる(本書第二章・図26参照)。

このように、一〇世紀前半の『和名類聚抄』によると、一国当たり平均八・七郡に比べ、三五郡を管する超大国である陸奥国の行政は、国府多賀城と鎮守府胆沢城で大きく二分されていた。また養老二(七一八)年に陸奥国から石城・石背両国が一時分立したときも、現在の福島県域と宮城県亘理郡、つまり阿武隈《あぶくま》川以南をその範囲としており、古代の陸奥国においては、阿武隈川以南と以北では政治的にも文化的にも大きく二分されていたことがわかる。兵士の徴発も、陸奥国南部の旧石城・石背両国(阿武隈川以南)の兵士は多賀城(宮城県)へ、阿武隈川以北の宮城県南および県北の兵士は胆沢城(岩手県)へ、それぞれ赴いたようである。じつに合理的な行政措置ではないか。

4　行方郡設置の意義

大規模製鉄遺跡群

中央政府は当初、沿岸部の中核的郡である磐城郡・磐城団ではなく、何故行方郡に軍団を設置したのであろうか。さきに述べたように、本来浮田国造領域を割いて行方郡が設置されているが、その行方郡北部、真野川《まのがわ》河口付近に大規模な製鉄遺跡が存在している点が注目できる。(10)

南相馬市原町区から鹿島区に広がる金沢《かねざわ》製鉄遺跡群は、東西・南北約一キロ四方の丘陵に所在し、総面積が二一万平方メートルを超える古代日本で最も大規模な製鉄コンビナートである。発掘調査によって七世紀後半〜一〇世紀前半の製鉄炉一二三基、木炭窯一五二基、鍛冶炉二〇基、竪穴住居跡一三三軒、掘立柱建物跡二九棟、木炭焼成土坑をはじめとする土坑約六〇〇基などが検出された。

鉄は、遺跡近くの砂浜から採集された砂鉄と窯《かま》で焼いた木炭を製鉄炉の中に交互に入れて作られている。砂鉄は不純物を多く含んでいるため、木炭の燃焼熱により不純物が除去され炉の中に良質な鉄ができるのである。遺跡群全体からは約六二六トンもの鉄滓《てっさい》が出土している。鉄の生産量と廃滓量が対応するとすれば、Ⅰ期〜Ⅲ期(七世紀後半〜八世紀半ば)は約一〇〇トン、Ⅳ期以降(八世紀後半〜一〇世紀前半)は約三〇〇トンと三倍の生産量といえる。行方郡の製鉄は七世紀後半に始まり、国府多賀城が造営される八世紀からは鉄生産の管理や組織が整備され、その過程のなかで技術革新が行われていった。そして、八世紀後半から古代国家と蝦夷との大規模な戦争の時期には、鉄の生産量が最大となり、一〇世紀の律令体制の崩壊とともに衰退しているのである。このように、金沢地区製鉄跡群の変遷過程は、古代国家の東北政策における情勢を反映したものとみられている。

結局のところ、中央政府は浮田国造と標葉国造領域の間に、大規模な製鉄(金沢地区製鉄遺跡群)を中核とした新たな拠点として行方郡を設置したと考えられる。新たな郡は在地勢力に代わって常陸国行方郡からの移民を核として構成された。郡家の構造および配置も、中央政府が関わり、計画的に築かれた「中央関与型」である。そのうえ、行方郡は大規模な製鉄工房を有し、そこで武器・武具などを製造し、行方軍団を設立したのであろう。

正倉神火事件

『続日本紀』宝亀五(七七四)年七月丁巳条によると、「陸奥国行方郡災す。穀穎二万五千四百余斛《こく》を焼く」とある。神火《じんか》は、八世紀後半から各地で起きた正倉の火災事件である。これについては、早くは塩沢君夫氏の次の解釈が現在でも代表的なものとして一定の評価を得ている。(11)

神火がとくに東国地方に多かった一因は、八世紀後半以後、蝦夷問題が重大化し、征戦にともなう軍役や軍粮《ぐんろう》の負担が、この地方に重くのしかかり、この負担をのがれようとする農民の抵抗であろう。また東国農民の抵抗は律令国家に対する蝦夷の反乱ともつながり、陸奥や下野での神火が、もっと直接には蝦夷または蝦夷につながる辺境農民の

表10　正倉神火事件

年代	場所	被害	出典
①神護景雲三年八月(七六九)	下総国猨嶋郡	穀六千四百余斛	続紀
②神護景雲三年九月	武蔵国入間郡	正倉四宇・糒穀一万五百十三斛五斗	卜部家旧蔵文書[12]
③宝亀四年二月(七七三)	下野国	正倉十四宇・穀糒二万三千四百余斛	続紀
④宝亀四年六月	上野国緑野郡	正倉八間・穀穎三十三万四千余束	続紀
⑤宝亀五年七月(七七四)	陸奥国行方郡	穀穎二万五千四百余斛	続紀
⑥弘仁七年八月(八一六)	上総国夷灊郡	正倉六十宇・准穎五十七万九百束	類聚国史
⑦弘仁八年十月(八一七)	常陸国新治郡	不動倉十三字・穀九千九百九十石	類聚国史

反抗によるものとさえ考えられるという。

さらに佐伯有清氏が塩沢説も含め、それまでの諸説を整理し、以下のような見解を発表し、今日でも通説とされている。[13] 氏によれば、神火は、その発生当初において郡司職をめぐる争いからの放火であったものが、やがて郡司、土豪層さらには農民をも加えて未納、虚納《きょのう》をとおして国司への対抗、大きくは律令国家への抵抗としてあらわれ、正倉への放火が、国分寺への放火に発展し、さらには国の官舎を焼き、国司の館を襲撃放火する動きにつながっていったのであろうとしている。

こうした従来の見解に加えて、次のような新たな解釈も提示しておきたい。

上野国緑野《みどの》郡と上総国夷灊《いじみ》郡は、早くはヤマト王権によって緑野屯倉《みやけ》・伊甚《いじみ》屯倉がそれぞれ設置された。例えば、緑野郡は多くの渡来人とともに東北地方、特に出羽国からの俘囚《ふしゅう》が移住し、俘囚郷が置かれており、出羽国の蝦夷が

「上毛野緑野直《かみつけのみどのあたい》」と賜姓していることなどもあり、中央政府の東北政策と深く関わっていることがうかがえる。一方、こうした中央政府の強力な支配に反発し、宝亀四(七七三)年緑野郡内において大規模な正倉の神火事件が起きている。行方郡も、すでに述べたように、中央政府により、大規模な製鉄を中核に新たな軍事拠点として新置された郡である。このような事例をみるならば、屯倉や軍団など、中央政府が直轄的に強力な楔《くさび》を打ち込んだ地区で、その反動のような正倉焼失事件が起きている点にも注目すべきではないだろうか。

五　磐城郡
―海道の大郡

1　磐城郡家とその周辺

夏井《なつい》川の河口右岸の台地上に位置する根岸《ねぎし》遺跡(いわき市平下大越《たいらしもおおごし》字根岸)は、古代磐城《いわき》郡の郡家《ぐうけ》である[1]。根岸遺跡は、夏井川の河口右岸に位置し、間にラグーンである横川を挟んで太平洋を望む。西方のわずかに離れた位置に夏井廃寺跡、さらに西側に約一・五キロ離れて、荒田目《あっため》条里《じょうり》遺跡および荒田目条里制跡、また緑釉《りょくゆう》陶器を数多く出土した小茶円《こちゃえん》遺跡や『延喜式《えんぎしき》』に記載のある大國魂《おおくにたま》神社が所在している。根岸遺跡や荒田目条里遺跡を含めて、この夏井地区の一帯が、その郡名を負う磐城郷であり、古代においては、ここを基点として交通網が整備されたと考えられる。

夏井川上流一〇キロ付近の両岸に、梅ノ作《うめのさく》窯跡・大平《おおひら》窯跡群などの瓦や須恵器《すえき》の窯跡群があり、工房跡や窯跡群の管理施設とされる大谷遺跡も所在する。梅ノ作窯跡は、夏井廃寺供給瓦窯跡であり、これらの製品が、夏井川の舟運

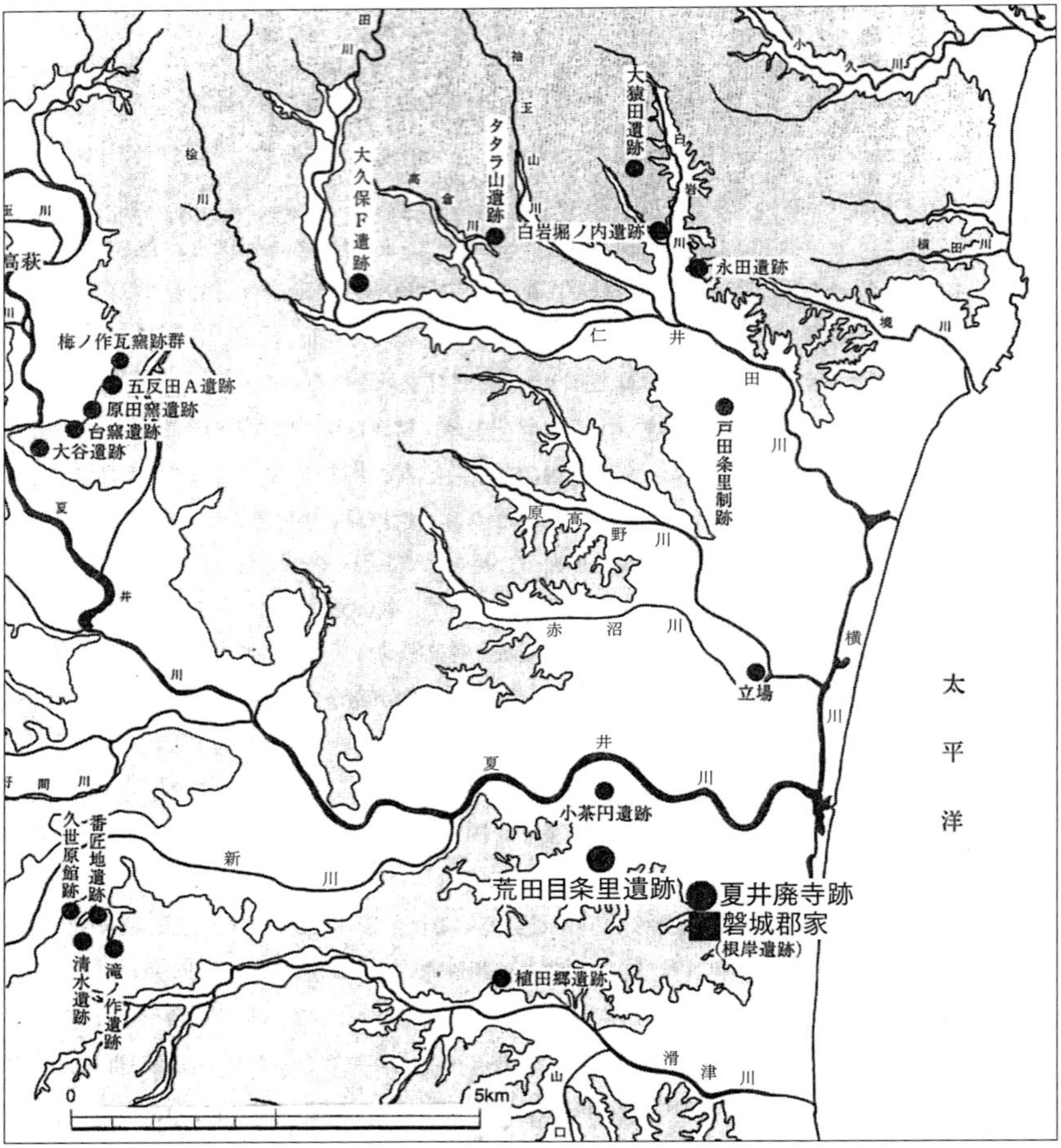

図 54　根岸遺跡・夏井廃寺跡・荒田目条里遺跡と関連遺跡分布図

図55　太平洋・夏井川といわき（磐城）

を使って根岸遺跡や夏井廃寺造営に供給されている。梅ノ作窯跡のある二俣《ふたまた》神社は、延喜式内社である。これら夏井川の上流部が小《お》高《だか》郷に比定される地域である。

夏井川の支流である新川沿いには、郡印の「磐□郡□」（「磐城郡印」）の鋳《い》型《がた》や製鉄炉・鍛冶炉《かじろ》・木炭窯などが検出された御厩《みうまや》遺跡群（番匠地《ばんしょうち》遺跡・久世《くぜ》原館《はらたち》跡・清水遺跡・滝ノ作遺跡）さらに上流には一一六〇年に建立された白水阿《しらみずあ》弥《み》陀《だ》堂《どう》がある。下流域は現在の平《たいら》市街であり、延喜式内社の小《こ》鍬倉《くわくら》神社が所在する。飯野《いいの》郷に比定される地域である。

磐城郡家から横川を南下すると、滑津《なめつ》川の河口に接続する。古代の水田跡を検出した中山館跡Ⅱ区遺跡や、鉄製品の生産遺跡である植田《うえだ》郷《ごう》遺跡などがある。滑津川河口部には八幡・中田などの横穴群、高久《たかく》古墳群などが密集し、早くから開発の進んだ地域とされている。中流域に延喜式内社の佐《さ》麻《ま》久《く》嶺《みね》神社がある。上流に「上荒川」「下荒川」があり、荒川郷に比定される。

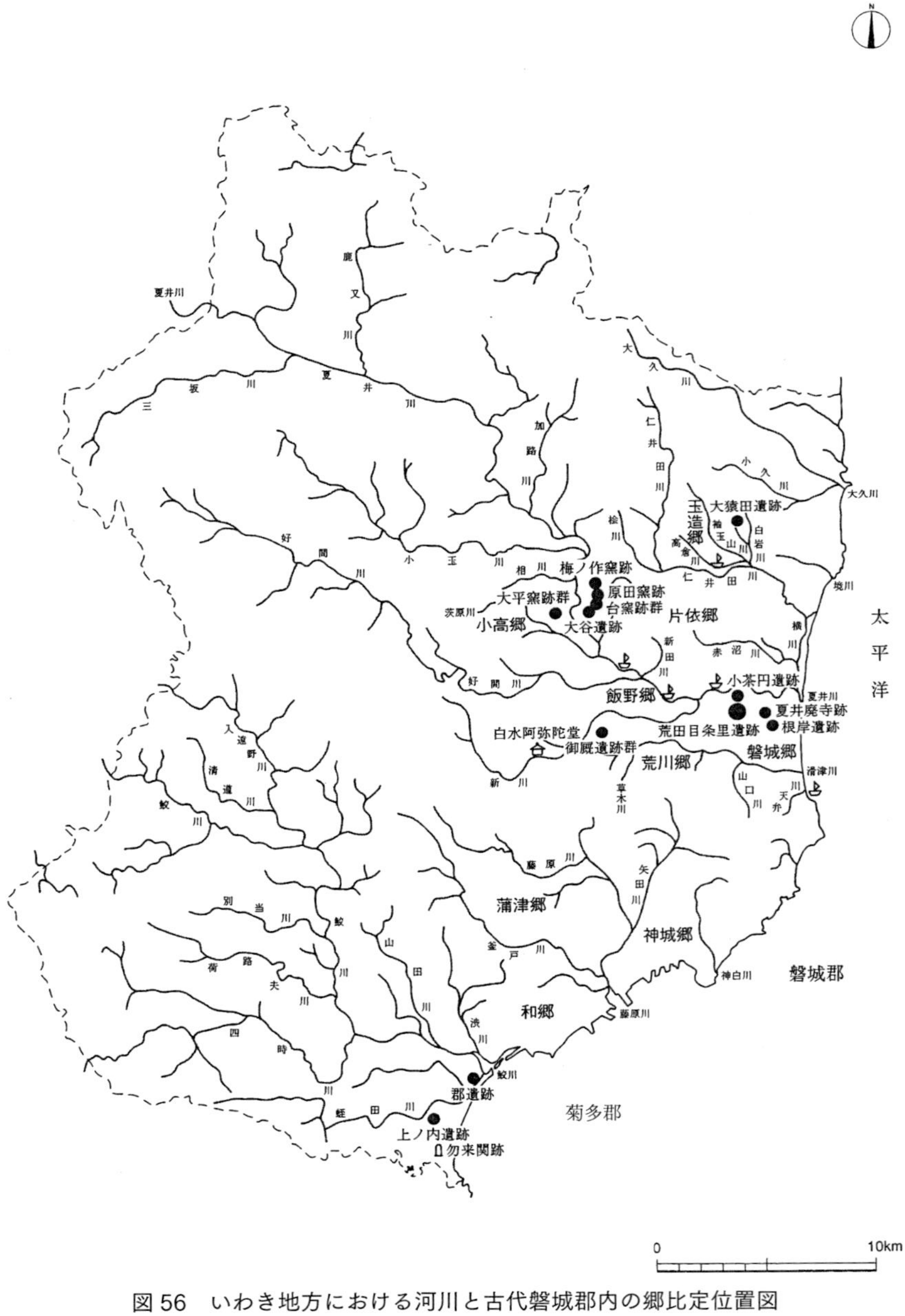

図 56　いわき地方における河川と古代磐城郡内の郷比定位置図

磐城郡家から横川を北上すると、仁井田川《にいだ》と夏井川のほぼ中間で原高野川の河口に接続する。原高野川は、途中で北の原高野川と南の赤沼川に分岐する。分岐点付近が「立場《たてや》」と呼ばれる地域であり、古代の港の跡であるとされている。現段階では荒田目条里遺跡第1号木簡(図62)に記された「立屋津《たてやのつ》」の最有力候補地である。赤沼川の上流に「上片寄《かみかたよせ》」「下片寄」があり、片依郷《かたよりごう》に比定される。

磐城郡家から横川を北上し、原高野川の河口を通過して、さらに北上すると仁井田川の河口に接続する。古代から中世にかけての寺院の多い谷地であり、「山田小湊《やまだこみなと》」の地名が残る。タタラ山遺跡・大猿田《おおさんだ》遺跡・白岩遺跡などがあり、木製品や瓦・須恵器・土師器《はじき》・鉄および鉄製品の生産が行われている地域である。沖積地に位置する戸田条里遺跡からは、古代の水田跡が確認されている。大猿田遺跡から「玉造」と書かれた墨書土器が出土しており、その周辺は玉造郷《たまつくり》であろう。

荒田目条里遺跡から検出された第3号溝跡は磐城郡家の中心として磐城郡内に張り巡らされた水上交通網の一端であり、古代の運河と推定した。

2 港湾都市「磐城」

まず、磐城郡の地の最も特異な歴史的条件は、短期間とはいえ、「石城国」国府が置かれたことである。養老二(七一八)年に陸奥《むつ》国から石城《いわき》国・石背《いわせ》国が分立し、二つの国が成立する。その石城国の国府は根岸官衙《かんが》遺跡群の中にあ

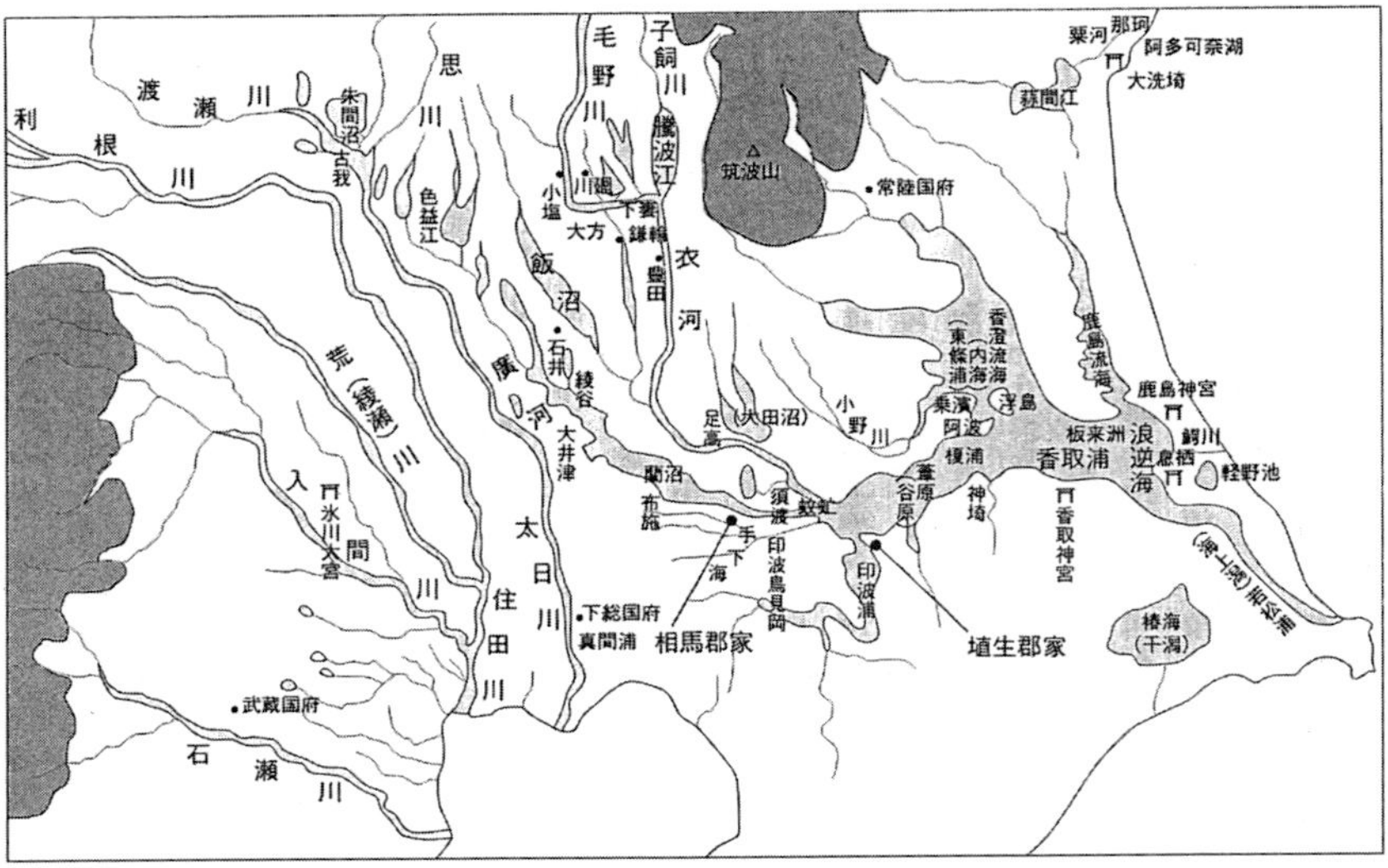

図 57 “香取の海” 1000 年前の下総国周辺の陸と海

ったのであろう。しかし七二八年までの一〇年足らずの間に両国は廃止され、最近の説では神亀元(七二四)年には早くも再併合されたといわれている。

そのうえで古代の磐城の特質を明確にさせることが重要である。

磐城郡の第一の特質は港湾都市であるということである。磐城の歴史は太平洋なしには語れない。そこでまず歴史書の中に出てくるヤマトタケルの東征伝承コースに注目する必要がある。駿河《するが》から相模《さがみ》—房総半島—太平洋—東北(多賀城《たがじょう》など)に向かうルートである。伝承ではあるが、種々の歴史的事実をふまえ構成されているものと考えて良いと思う。

墨書人面土器と海の道

このルート上の地で出土するのが、奈良・平安時代の土器に人面が描かれているもの、いわゆる墨書人面土器がある。墨書人面土器はいわき市の荒田目条里遺跡からも出土しているが、全国各地どこにでもあるのではない。東山道の山沿いルートからはほとんど出土せず、東海道(海沿い)ルートから出土する。西は静岡から伊豆半島、相模湾、三浦半島を経由して房総半島に至る。〝香取《かとり》の海《うみ》〟といわれた現在の手賀沼《てがぬま》、印旛沼《いんばぬま》、利根川《とねがわ》、霞ヶ浦はひとつの内海《うちうみ》として存在していたが、この地域から最も多く出土している。この墨書人面土器には人面に加えて文字が記されているものがある。例えば、千葉県八千代市白幡前《しらはたまえ》遺跡の土器には「丈部《はせつかべ》 人足召□」、千葉県芝山町庄作《しょうじゃく》遺跡の土器には「丈部真次召代国神奉」と記されている。(2)

律令文書行政において、下達《かたつ》文書としての符式《ふしき》に類する召文《めしぶみ》が存在するように、「召《めす》」は下達を意図する語であり、下達された人物からいえば〝召さるる〟ことを意味する。したがって「召代」は、祭祀主体からいえば〝召さるる代り〟という表現と解される。

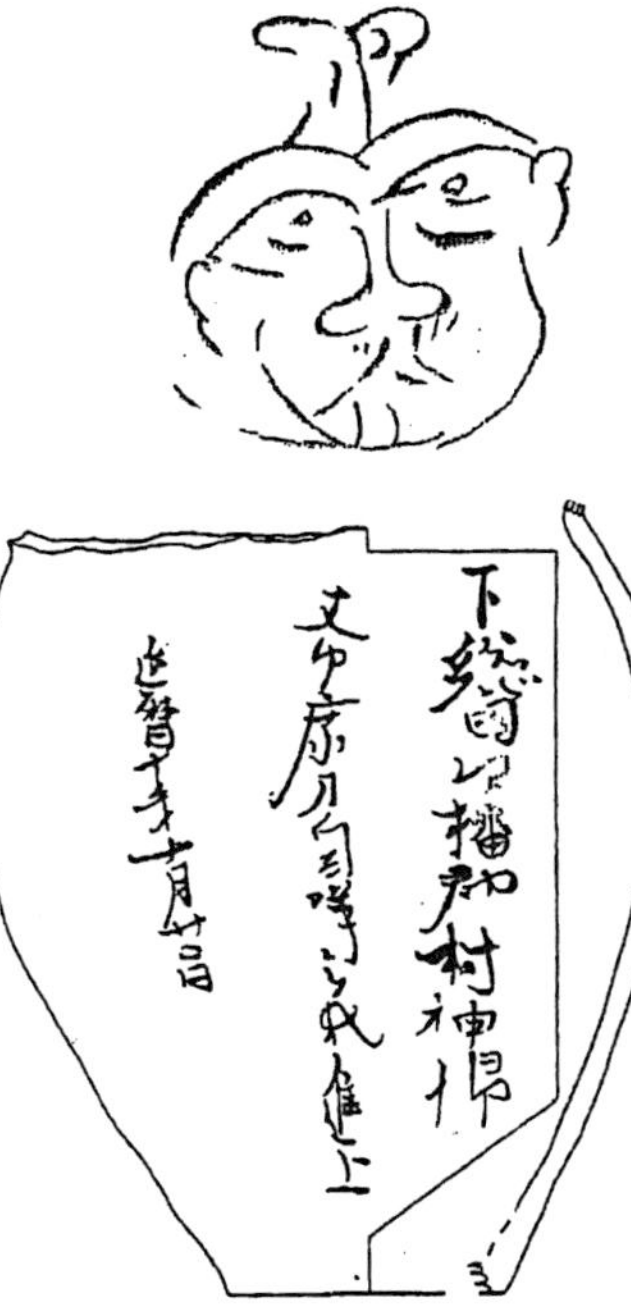

「下総国印播郡村神郷
丈部□刀自咩召代進上
延暦十年十月廿二日
」

図 58　墨書人面土器(八千代市上谷遺跡出土，甕胴部外面)

『日本霊異記《にほんりょういき》』(中巻－二四)の楢磐嶋《ならのいわしま》に関する説話(「閻羅《えんら》王《おう》の使《つかい》の鬼に召さるる人の賂《まいない》を得て免《ゆる》す縁」)の中で、冥界に召されようとした磐嶋が牛二頭を閻羅王(閻魔大王のこと)の使の鬼に「進《たてまつ》らむが故に、唯我を免せ」といい、鬼は磐嶋を免し「汝に替ふ宜《べ》き者なり。彼の人を召し将《ひきい》む」という。この説話の中だけでも、「進」「免」「替」「召」という語がそれぞれ深く関連しながら、一連の行為を表記しているのである。

「召代」などの文言と、多文字の願文を表記したものが土器であり、しかも土師器坏《つき》という供膳具《きょうせんぐ》を基本としている点を重視しなければならない。土器に食物を盛り供膳することを第一義的に考えるべきであり、文字はその行為の説明と理解してよい。

結局のところ、多文字墨書土器は人の罪を裁き、その死期を決する冥界すなわち〝罪司〟に御馳走を土器に盛り供献し、冥界に命を召されることを免れようと願ったものである。

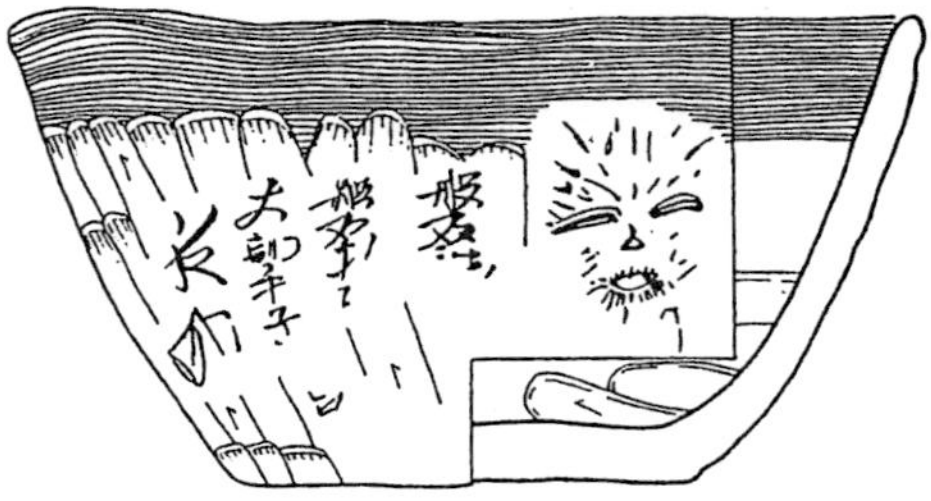

図59　墨書人面土器(福島県いわき市荒田目条里遺跡出土)

下総国内の多文字墨書土器は、いわゆる〝香取の海〟とされる内海に面した遺跡から出土したものである。さらにこれらの墨書土器に記された祭祀の主体と考えられる人物は〝丈部《はせつかべ》〟というウジ名が圧倒的多数を占めている。このことと、これらの墨書土器の出土地域においては、いずれも丈部(直)が郡領氏族または有力氏族である点とは無関係ではないであろう。

列島でもこういう資料が飛びぬけて多く出土する地域が房総地域であり、その影響と思われるが、房総半島以北の太平洋沿岸で最初に出土したのが、いわき市荒田目条里遺跡の資料である。

○福島県いわき市　荒田目条里遺跡出土墨書土器

「磐城□〔郡〕／磐城郷／丈部手子麿／召代」（八世紀後半）

「多臣永野麿身代」（九世紀中葉）

このような多文字の墨書土器は、下総国に集中的に出土する文型と共通している。さらに北の多賀城から出土した資料のウジ名も「丈部」であり、祭祀関連の墨書土器のほとんどが「丈部」というのも注目される。

図 60　墨書人面土器（多賀城市山王遺跡出土）

○多賀城市　山王遺跡出土墨書人面土器(3)

「丈部弟虫女代千収相」（九世紀前半）

磐城郡の郡領氏族および有力氏族は「丈部」であり、第2号木簡の郡の大領「於保臣《おおのおみ》」の存在からも「多臣《おおのおみ》」はやはり磐城郡内の有力氏族とみてよい。すなわち本遺跡における墨書土器祭祀の担い手は、磐城郡内の有力氏族とみて間違いないであろう。

おそらくは、下総国印旛郡の郡領(丈部直)などが、〝香取の海〃から太平洋を通じて北上し、磐城郡の有力氏族と交流した事実が、他地域ではみられない多文字墨書土器に現れているとみることができよう。

以上みてきたような墨書人面土器は、なぜ海沿いのルートに分布するのであろうか。その疑問を解く鍵は、次に示す『延喜式』祝詞《のりと》にみえる。

『延喜式』巻第八　祝詞〔一部抜粋〕

六月《みなづき》の晦《つごもり》の大祓《おおはらえ》（十二月はこれに准《なぞら》えよ）

かく聞こし食してば、皇御孫《すめみま》の命の朝庭《みかど》を始めて、天の下四方《よも》の国には、罪と云う罪はあらじと、（中略）遺《のこ》る罪はあらじと祓《はら》え給い清め給う事を、高山・短《ひき》山の末より、さくなだりに落ちたぎつ速川《はやかわ》の瀬に坐す瀬織津比咩《せおりつひめ》と云う神、大海原に持ち出でなむ。かく持ち出で往《い》なば、荒塩の塩の八百道《やおじ》の八塩道《やしおじ》の塩の八百会《やおあい》に坐す速開咩《はやあきつひめ》と云う神、持ちかか呑みてむ。かくかか呑みてば、気吹戸《いぶきど》に坐す気吹戸主《いぶきとぬし》と云う神、根の国・底《そこ》の国に気吹《いぶ》き放《はな》ちてむ。かく気吹き放ちてば、根の国・底の国に坐す速佐須良比咩《はやさすらひめ》と云う神、持ちさすらい失いてむ。

罪を祓うために、罪を高山・短山の山裾から下り、速川の瀬を経て大海原に持ち出すと、多くの潮流が集まるところにいて、勢いよく口を開けて潮流を呑み込む速開咩という女神ががぶがぶと呑んでしまうであろう。さらに罪を呑み込んで息を吹き放つと、最後には地下にあると考えられていた根の国・底の国におる速佐須良比咩という女神が持ちさすらい失せてしまうという。

図61　墨書人面土器の海沿いルート

図62　津長宛ての郡符木簡（いわき市荒田目条里遺跡出土第1号木簡）

・「郡符　立屋津長伴マ福麿　可□召×
右為客料充遣召如件長宜承×

・「

(230)×(42)×3

つまり、人々の罪・穢れは川から大海原そして地底の国に集められ、そこで祓われるという信仰である。墨書人面土器の伝播ルートが沿岸の地に集中することはこうした信仰に支えられたものであるといえよう。

磐城郡家と「立屋津」

以上のような墨書土器の伝播ルートからみても、ヤマトタケルの東征の道は、七世紀前半くらいの歴史的事実を仮託して歴史書に記載されたものと理解できよう。なによりも、磐城が海によって他地域と繋がりをもっていたことの証明である。その点からもいわきの特徴は港湾に見いだすべきであろう。荒田目条里遺跡第1号木簡は郡の役人（長官・次官)が立屋津(港)の管理責任者(津長)である伴マ《ともべの》(部)福麿《ふくまろ》を、「客」が来たので召し出した命令の木簡である。「客」というのはおそらく陸奥国府の役人で、船で磐城地方に向かい川船に乗り換えて運河を通って郡家に来たのであろう。

荒田目条里遺跡から検出された溝跡は、古代における運河であると考えられる。それは、層序《そうじょ》(地層の重なる順序)の堆積土に、大規模な掘削工事を示す黒色の粘土塊が混入していることと、層序に垂直に立ち上がる部分がみられ、板材や杭などで土留《どど》めをしていたことなどの理由からである。また、この運河状溝跡は、五世紀中葉から一一世紀の長きにわたって機能した状況から、十分に整備・管理されていた状態にあったことがうかがわれる。

この溝跡は、荒田目条里遺跡の東側に隣接し、一九八九年に調査された荒田目条里制跡で検出された溝跡に繋がることが判明している。北西方向から流入し、東隣する荒田目条里制跡の調査区において、大きく北東方向に屈曲している。

検出された溝跡は、磐城郡家と密接に連繋する水上交通の一端を象徴するものであろう。

3 磐城郡における南北行政

古代の磐城郡の第二の特質は、南北の行政支配ということである。一般的には郡名と同じ郷名の地が郡の中核をなし、郡家が置かれた。

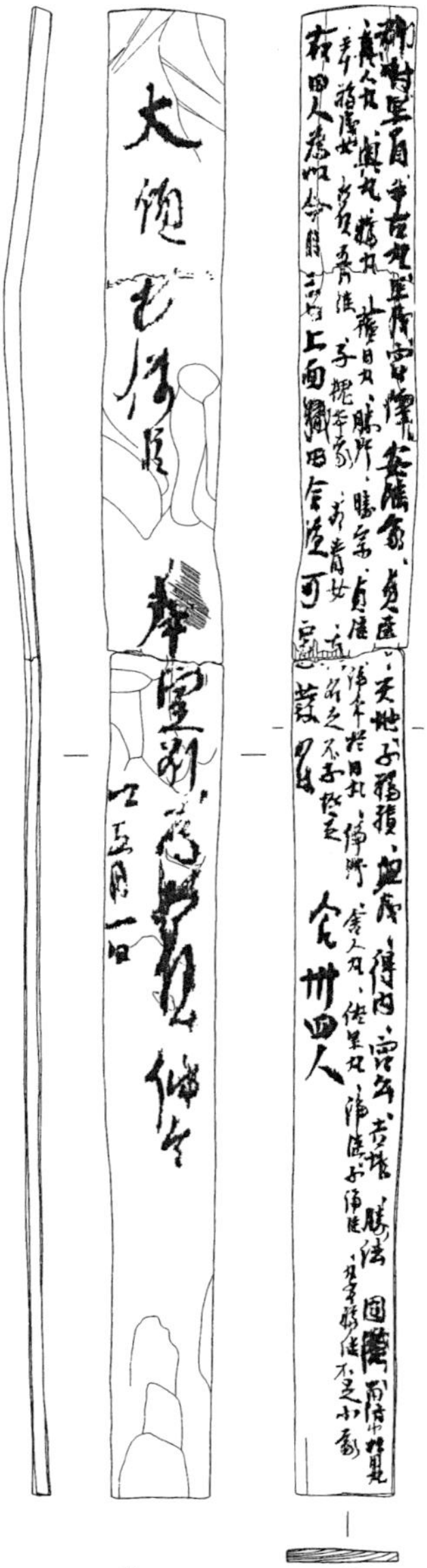

図63　田植えの労働を命じた郡符木簡(荒田目条里遺跡出土第2号木簡)

郡家所在郷は磐城郷であり、これは荒田目条里遺跡第2号木簡でも証明できる。

○荒田目条里遺跡出土第2号木簡

・「郡符　丶里刀自　丶手古丸　丶黒成　丶宮沢　丶安継家　丶貞馬　丶天地　丶子福積　丶奥成　丶得内　丶宮公　丶吉
惟　丶勝法　丶円隠　丶百済部於用丸　丶真人丸　丶奥丸　丶福丸　丶蘇日丸　丶勝野　丶勝宗　丶貞継　丶浄人部於日
丸　丶浄野　丶舎人丸　丶佐里丸　丶浄継　丶子浄継　丶丸子部福継　『不』足小家　丶壬部福成女　丶於保五百継　丶子
槐本家　丶太青女　丶真名足　『不』子於足　『合卅四人』
　右田人為以今月三日上面職田令殖可扈発如件　」

・「　大領於保臣　　奉宣別為如任件〔宣カ〕□　以五月一日　」

592×45×6

郡符は、裏面に記された文書の年紀・五月一日に発行され、五月三日の郡司《ぐんじ》の職田《しきでん》(大領の場合六町、少領の場合四町支給された田)の田植えのために、「扈発《こはつ》」(雇役《こえき》、労賃と食料を支給して労役させること)によってある里の農民を召し出したものである。名簿には里刀自《さととじ》を含めて、三六人の名前が記されているが、実際は里刀自が三三人の農民を率いて郡家に赴いた。そこで郡の役人は郡符に記された人名と召し出された人物とを照合(右上に「﹅」の印を付す)した結果、二人は不参加であることが判明し、その人の左上に「不」と記し、総計を「合卅四(三四)人」と記載したのである。

一方、裏面は、符式文書(命令文書)の施行文言《せこうもんごん》、位署《いしょ》(官職と位階を連ねて書く)、文書の日付に相当する。特に五月一日という文書の月日の前に「大領於保《おお》臣」と記されている点が公式令の符式に合致している。「大領於保臣」の位署部分は本来ならば、文書作成者である主帳が「大領於保臣」までを記し、名のみ大領自身が自署(サイン)するのであるが、ここでは「於保臣」部分が自署と判断できる。この木簡には郷名の記載がないが、磐城郡磐城郷に命令したものであるから「磐城郷」を省略したと考えられる。

ところで『和名類聚抄《わみょうるいじゅしょう》』によると、磐城郡内の郷の配列は磐城郷を中心にして南北に二分されている。

○『和名類聚抄』元和古活字本

菊多郡

酒井　河辺　山田　大野　余戸

磐城郡

〔南〕蒲津　丸部　神城　荒川　和　〔磐城〕　〔北〕飯野　小高　片依　白田　玉造　楢葉

標葉郡

宇良　磐瀬　標葉　余戸

行方郡

吉名　大江　多珂　子鶴　真砍　真野

いわき市四倉町《よつくら》の大猿田《おおさんだ》遺跡は郡が経営する生産遺跡であるが、「玉造」「白田」の郷名の木簡が出土している。根岸遺跡からは「泊田郷」名の木簡が出土している。以前は「白田」をシロタと読めると考えていたが、根岸遺跡の「泊田」が出土したことにより「白田」はシロタではなくハクタ（「ハク」は音、「タ」は訓）と読むことがはじめてわかった。地名の音訓読みの類例としては、『和名類聚抄』によると、武蔵国荏原郡「満田上音下訓」郷とあり、「マンタ」と読んだ例などがある。また、根岸遺跡・小茶円遺跡からは「判祀（はし）郷」という木簡も出土しているが、『和名類聚抄』にはない。このように一〇世紀の『和名類聚抄』に記載されていない郷名はいくらでもあるので、八〜九世紀の郷名については注意が必要である。

これらの遺跡の出土木簡に根岸遺跡より北の郷名しか出てこないことは何を意味するのだろうか。おそらくこれは、郡内を北と南に分けて郡からの命令書を二通つくり、それぞれ同時に出す、つまり、磐城郡（一二〜一三郷）の場合は磐城郷を真ん中にして北と南に分けて行政を実施していたと考えられる。

○福島県いわき市　大猿田遺跡出土木簡(4)

(1) ・「<玉造郷四斗」
・「<七月廿日　」
110×17×2

(2) ・「<常世家万呂□□□□□」
・「<□　□　□□　」
311×19×1.4

(3) ・「判祀十六　少丁一□□
・「――
(102)×(12)×3

(4) ・「<白田□□　石足二斗合五斗〔已上カ〕□□
□□〔筑カ〕山三斗」
・「<『欠二升』」
215×24×3

○福島県いわき市　根岸遺跡出土木簡(5)

(1) 「□泊田郷〔輌〕置□□□〔参束カ〕　楯縫□□ 楯縫□三束　右□□　□訖□□」
494×30×11

(2) ・「玉造郷戸主□部□□□ □〔戸カ〕□□□□」
・「<　『□□神　□』」

(3) ・「□□〔判祀カ〕郷生マ足人一石　」
(245)×37×9

・「『□広寸□』　」　156×27×4

(4)「木□□福里戸主丈マ□×
穀一石」　(113)×33×4

(5)「＜飯野郷戸主□□〔君カ〕□万呂
□□宮万呂」　(211)×29×11

磐城郡の大領のうち、例えば、磐城臣雄公《おきみ》は職について以来、大橋二四カ所、溝・池・堰二六カ所、官舎・正倉一九〇棟を修復するなどの大事業を実施した(『続日本後紀《しょくにほんこうき》』承和七〔八四〇〕年三月戊子条)ほどの財力を誇った。それは、おそらく、海運と水田経営などを通じて莫大な財を得ていたからであろう。根岸官衙遺跡の近くに条里制が実施されていたが、大領はその中でも条件のよい収穫量の多い水田を郡司職田として占有し、夏井川の氾濫を受けないところでかなり管理された農業経営をしていたのであろう。

4　磐城郡と地域支配の実相

第三の特質は、出土木簡などにより、磐城郡領とその地域支配の具体相がきわめて明確にわかることである。(6)

里刀自、農民を引率

荒田目条里遺跡出土の第2号木簡は、郡符の宛先が〝里刀自〟となっている点がきわめて注目される。

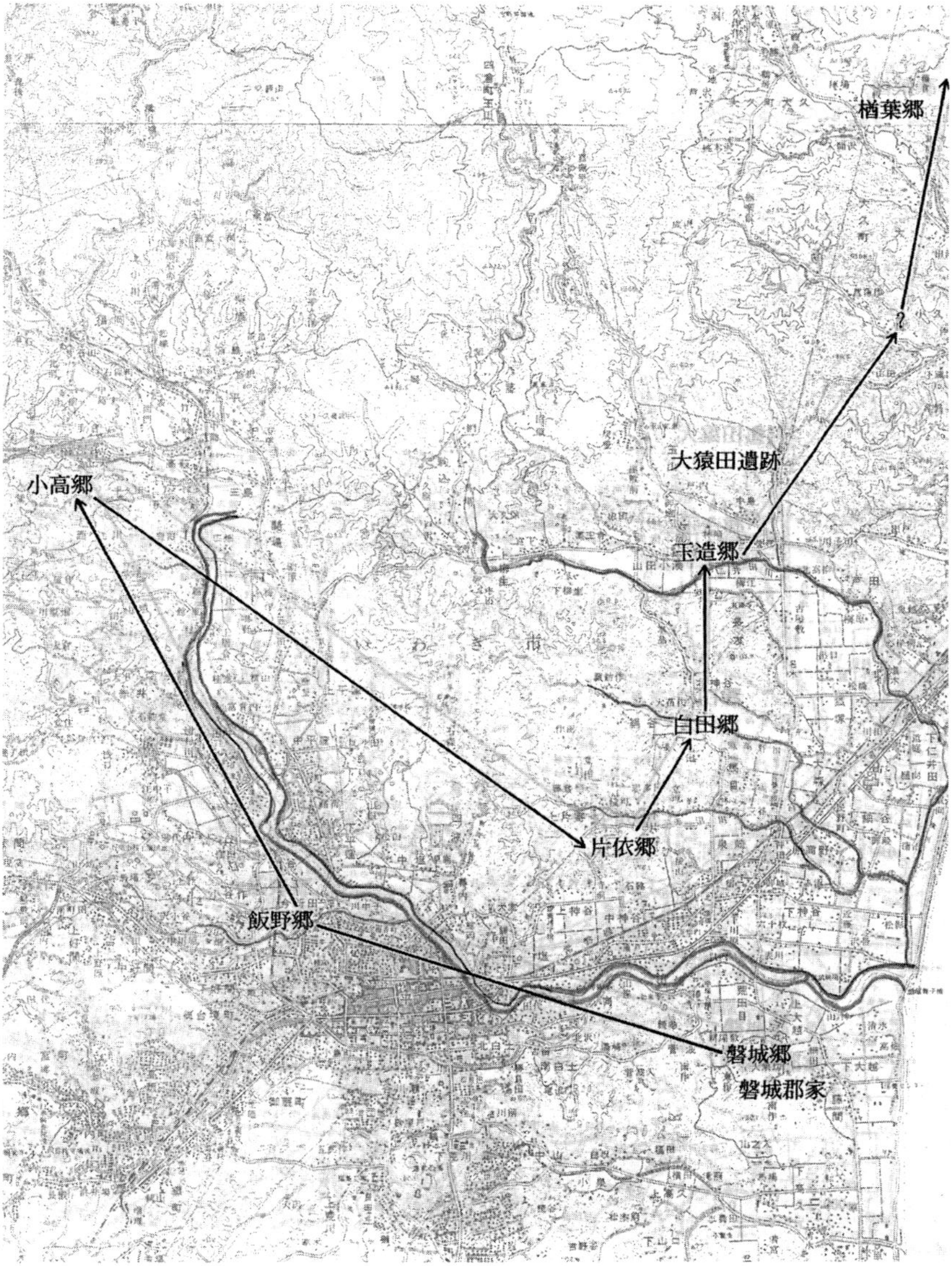

図 64　北部郷名と命令書などのルート推定図

表11　郡符木簡一覧

遺跡	宛所
兵庫県・山垣遺跡	春部里長等
新潟県・八幡林官衙遺跡	青海郷
滋賀県・西河原遺跡	馬道里長
静岡県・伊場遺跡	竹田郷長里正等
岐阜県・杉崎廃寺	飽□〔見〕(郷長)
長野県・屋代遺跡群	屋代郷長里正等
長野県・屋代遺跡群	余部里長
福島県・荒田目条里遺跡	立屋津長伴マ福麿
福島県・荒田目条里遺跡	里刀自

郡符木簡はこれまでの出土例によるかぎりは、主として人の召喚を内容とし、宛所《あてどころ》の責任者は召喚人とともに召喚先に赴き、郡符に記載された人名と人物との照合を行った後に、その地で廃棄されたと考えられる。第1号木簡の宛所「立屋津長」、第2号木簡の宛所「里刀自」が同一遺跡から出土している。このことは、郡符木簡は宛所—津長、里刀自に下達されたのち、召喚人とともにおそらく磐城郡家の一画に位置する荒田目条里遺跡の地に至り、勘検《かんけん》ののちに廃棄されたのであろう。郡符木簡が宛所で廃棄されるのではなく、召喚人らとともに差出の郡家、または郡家関連施設(召喚先)に戻り、その施設およびその付近で廃棄されることをみごとに証明したとみなしてよい。

これまでの郡符木簡の宛所は、表11のとおりである。

郡符はいうまでもなく、公式令の符式にもとづくものである。したがって、その差出と宛所は、基本的には令制の行政組織に準拠する。これまでの郡符木簡においても、宛所は里(郷)長であり、郷里制下では、宛所を「郷長里正等」としている点にも行政組織を明確にふまえていることがわかる。ただ唯一の例外ともいうべき「津長」に宛てる時は、津名と津長人名「伴マ福麿《ともべのふくまろ》」とを明記している点が注目される。

一方、刀自《とじ》は戸口を守る者の意が原義である。すなわち、一家の主婦権をもつ母の尊称として用いられている。第2号木簡の宛所「里刀自」も、郡司—里(郷)長という律令地方行政組織の延長上にあり、里名、ウジ名までも省略したことからも、〝里長の妻〟を「里刀自」と通称していたと推察することができるであろう。
冒頭の「里刀自」の戸はウジ名を略し、以下手古丸《てこまる》から円隠《えんいん》までをその戸の構成員と理解し、百済部於用丸《くだらべのおよまる》以下もウジ名を筆頭に記し、その構成員のウジ名を略した。「里刀自」の戸の構成員が圧倒的に多く、しかも「吉惟《きちい》」「勝法《しょうほう》」「円隠」を僧名とすれば、沙弥《しゃみ》（出家して未だ正式の僧になっていない男子）のような僧をも抱えた〝有勢《ゆうせい》の家《いえ》〟と推測される。

図 65　墨書土器「里刀自」（石川県津幡町加茂遺跡出土）

また、有勢な家（ヤケ・イエ）において家長と家刀自（家室）が併称されたのと全く同様に、里においても里長と里刀自は併称されたのであろう。その場合、本木簡の年代は九世紀半ば頃とみたが、郷制下にもかかわらず「郷刀自」ではなく、「里刀自」とされたのは、〝サトトジ〟の表記が「里刀自」と定着していたことを何よりも示している。

さらに、「加賀郡牓示札《ぼうじさつ》」が出土した石川県津幡町加茂遺跡の墨書土器群のなかに、二〇一二年筆者は「里刀自」と記された墨書土器一点（八世紀後半のもの）を新たに確認した。また、福井県鯖江《さばえ》市持明寺《じみょうじ》遺跡出土の九世紀後半の墨書土器は「郷長」ではなく、「里長」と記す[7]（二例あり）。この点は、里長を七世紀後半において「五十戸長（さとおさ）」、里長の妻を

「五十戸婦」と表記したが、八世紀においても『万葉集』には、「五十戸良(さとおさ)」(五－八九二)、「五十戸長」(一六－三八四七)と前代の表記を踏襲していることと同様の傾向と理解できよう。

里名を省略している点については、次のようなことが想定される。荒田目条里遺跡は、広大な荒田目条里遺構に隣接していること、郡家の中心施設の置かれた根岸遺跡の西北に位置し郡家所在郷(里)に相当すると考えられることなどから、磐城国造の系譜を引く大領於保磐城臣は、その郡司職田を荒田目条里遺構内に有し、従来からの強い支配関係にもとづき、郡司職田の田植えの労働力の取りまとめを磐城郡家所在郷・磐城郷の里刀自に命じたとすれば、里名省略も肯づけるであろう。

荒田目条里遺跡の地が磐城郷内であることは、「磐城□〔郡〕／磐城郷／丈部手子《はせつかべのてこ》麿《まろ》／召代」という人面墨書土器(図59)が伴出していることからも明らかである。

ところで古代において、農業労働力として女性が大きな比重を占めたことは間違いないが、さらに女性が農業経営・管理に従事していた点も見逃すことはできない。この点については、服藤早苗氏が次のように説明されている[8]。すなわち、大伴坂上郎女《さかのうえのいらつめ》は、奈良の佐保《さほ》宅や春日里等から、竹田荘・跡見《あとみ》荘等を春秋に往復して農業経営・管理を行うばかりでなく、大伴氏一族の祭主として祭祀を司っていたから、一族の荘へも赴き農耕に欠かせない宗教的勧農《かんのう》をも担っていた。このような農業経営・管理・勧農を行う女性は貴族層ばかりではなかった。在地の富豪層においても家産所有主体として農業経営・管理を行う女性が存在していた。

里長の職掌は、戸令為里条に規定されているように、「禁察非違《きんさつひい》」という治安維持的機能と「検校戸口《けんぎょうここう》・課殖農《かしょくのう》桑《そう》・催駈賦役《さいくぶやく》」という行政的・財政的機能であった。里長は、周知のとおり貧窮問答歌「楚《しもと》取る五十戸良(さとおさ)

が声は、寝屋戸《ねやど》まで来立ち呼ばひぬ」(『万葉集』五－八九二)、「壇越《だんおつ》や然もな言ひそ五十戸長(さとおさ)が課役徴《はた》らば汝も泣かむ」(『万葉集』一六－三八四七)などにみえるように、もっぱら課役徴発に従事した様をうかがうことができる。すなわち、里長は課役徴発と戸籍・計帳作成など行政上の役割を負い、おそらく郡家に頻繁に出仕していたのであろう。それに対して、集落における各戸の構成員の動向を的確に把握し、農業経営に隠然たる力を発揮したのは里長の妻たる里刀自ではなかっただろうか。

一方、田植えが、田のすき返しや引水を伴うもっとも多くの労働力を一時に必要とする農業労働であることはいうまでもない。

この郡符に示された当初指名された三六人の歴名《れきみょう》に対し、二人の不参加におさめられたのは、郡家に備えられた戸籍・計帳にもとづく徴発では不可能である。五月一日に発し、三日に召喚先の現地に赴く人員を的確に列記できるのは、やはり里の実状をつねに掌握していた里(郷)長または里長の妻しか考えられない。すなわち郡司職田の田植えの労働力は里刀自を通して徴発されたのである。

雇役すなわち労賃と食料を支給されるとはいえ、農民は自らの水田の田植えを放棄して、郡司職田の田植えに強制的に駆り出されたのである。しかしその徴発はあくまでも、律令制下の雑徭《ぞうよう》等以外のおそらく磐城国造による大化前代以来の在地における支配関係にもとづくものであろう。それをあえて律令制下の公式令符式にもとづく郡符という書式により、郡—里(郷)制ルートを通じて里刀自に命じて、農民三四人を召喚したところに、古代国家の本質的側面を垣間見ることができるのではないか。

この郡符は稲の品種名を記した札などとともに、おそらく郡司職田の設定された地点で田植えを行った、つまり召喚先で廃棄されたのであろう。

○荒田目条里遺跡出土第3号木簡

・「<返抄検納公廨米陸升 正料四升 調度二升 卅七石丈部子福□〔領カ〕×

右件米検納如件別返抄

・「< 仁寿三年十月□日米長［ ］ (268)×35×10

『於保臣雄公□』

第2号木簡にもみえる「於保臣」は、もともと磐城郡の有力氏族・丈部氏である。『続日本紀』神護景雲三(七六九)年三月辛巳条によれば、「磐城郡人外正六位上丈部山際《やまぎわ》」に「於保磐城臣」という複姓《ふくせい》を賜姓している。同書延暦元(七八二)年七月丁未条にも、「正八位上於保磐城臣御炊《みたき》に外従五位下を授く」という記事がみえる。

○多賀城跡漆紙文書・第2号文書[9](図66)

者□使□郡運送［

□〔粮カ〕穀郡宜承知始来［

者謹依符旨□□〔差カ〕

------------------------------------(折れ目)

宝亀十一年九月十七日

□磐城臣千□□(自著)　主政外□

擬主政□

多賀城跡漆紙文書では、宝亀一一(七八〇)年九月一七日付の磐城郡から陸奥国府に上申した文書に「(大領)磐城臣千□□」とあり、「磐城臣」と称している。このように公的には「磐城臣」と称する一方、第2号郡符木簡のように、里内に宛てたものには「於保臣」と称しており、宛先に応じて両者は使い分けがなされていたのであろう。したがって「於保臣雄公」とは「磐城臣雄公」のことであり、『続日本後紀』にみえる、九世紀半ばの承和年間において磐城郡の大領であった「磐城臣雄公」と同一人物であると考えられる。

○『続日本後紀』承和七(八四〇)年三月戊子条

俘夷物部斯波連宇賀奴、不レ従二逆類一、久効二功勲一。因授二外従五位下一。陸奥国磐城郡大領外正六位上勲八等磐城臣雄公、遄即二戎途一。忘レ身決レ勝。居レ職以来、勤修二大橋廿四処、溝池堰廿六処、官舎正倉一百九十宇一。宮城郡権大領外従六位上勲七等物部已波美、造二私池一漑二公田八十余町一、輸二私稲一万一千束一賑二公民一。依二此公平一、並仮二外従五位下一。

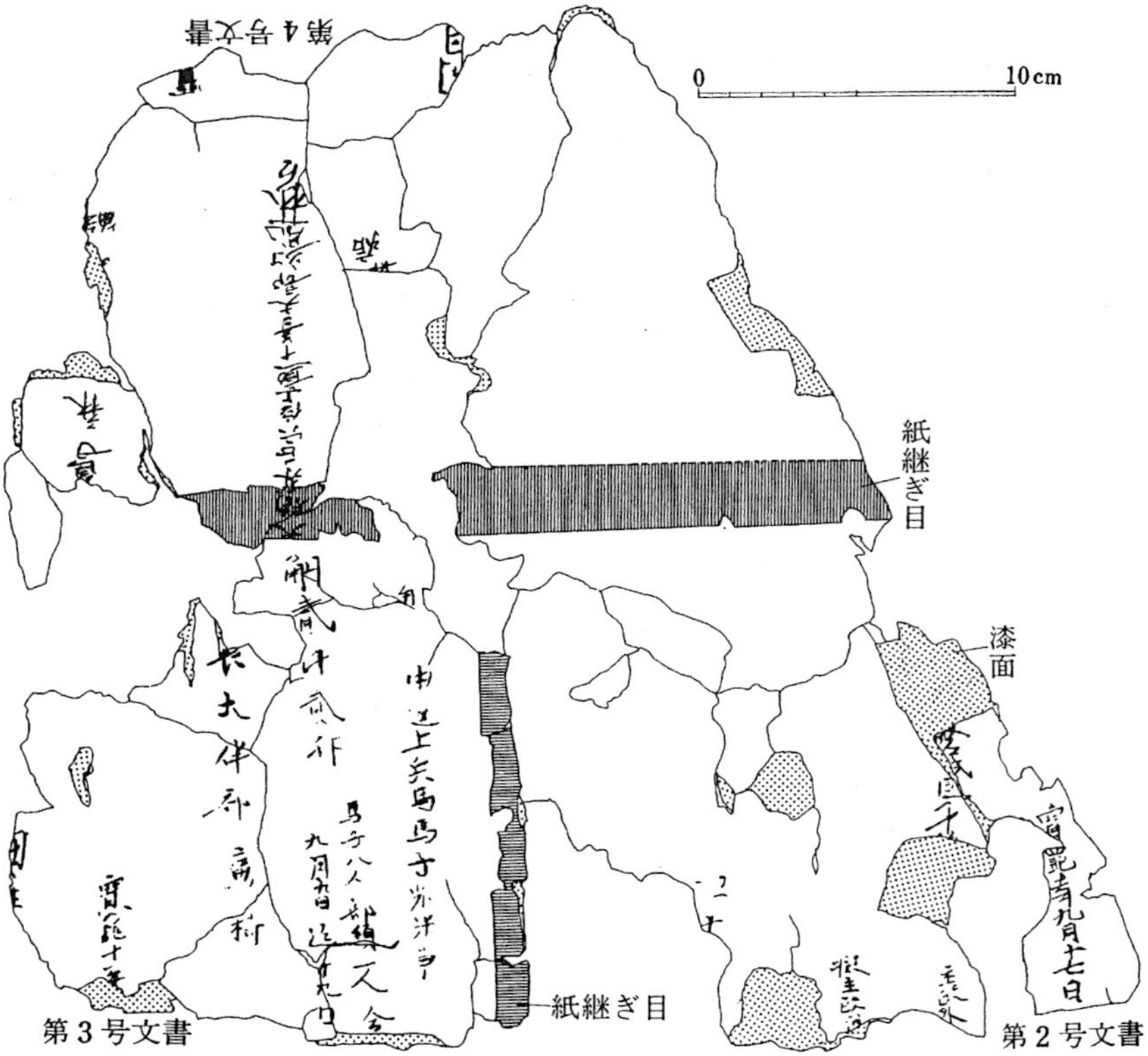

図66　磐城郡からの上申文書(多賀城跡出土漆紙文書略測図)

俘夷《ふい》物部《もののべ》斯波連《しわのむらじ》宇賀奴《うかの》、逆類に従わず、久しく功勲を効く。因《よ》りて外従五位下を授く。陸奥国磐城郡大領外正六位上勲八等磐城臣雄公、遄《はや》く戎途に即《つ》き、身を忘れ勝を決す。職に居して以来、勤めて大橋廿四処、溝池堰《せき》廿六処、官舎・正倉一百九十宇を修す。宮城郡権大領外従六位上勲七等物部已波美《いはみ》、私池を造り公田八十余町に漑《そそ》ぎ、私稲一万一千束を輸して公民に賑す。此れ公平に依り、並に外従五位下に仮す。

○『続日本後紀』承和一〇(八四三)年一一月己亥条

陸奥国磐城郡大領借外従五位下勲八等磐城臣雄公。黒川郡大領外従五位下勲八等靭伴連黒成、並授㆓従五位下㆒。褒㆓公勤㆒也。

陸奥国磐城郡大領借外従五位下勲八等磐城臣雄公、黒川郡大領外従五位下勲八等靭伴連黒成《ゆげいのとものむらじくろなり》、並に従五位下を授く。公勤を褒《ほ》むるなり。

○『続日本後紀』承和一一(八四四)年正月辛卯条

陸奥国磐城郡大領外従五位下勲八等磐城臣雄公戸口廿四人、男十四人・女十人、磐城臣貞道戸口十人、男七人・女三人、磐城臣弟成戸口四人、男三人・女一人、磐城臣秋生戸口三人、男二人・女一人、賜㆓姓阿倍磐城臣㆒。

陸奥国磐城郡大領外従五位下勲八等磐城臣雄公の戸口廿四人、男十四人・女十人、磐城臣貞道《さだみち》の戸口十人、男七人・女三人、磐城臣弟成《おとなり》の戸口四人、男三人・女一人、磐城臣秋生《あきう》の戸口三人、男二人・女一人、姓を阿倍《あべ》磐城臣と賜う。

第3号木簡が作成された仁寿三(八五三)年段階においても、於保(磐城)臣雄公が磐城郡の大領であった可能性は十分考えられる。

ただし、『続日本後紀』の記載で一つ問題となるのは、承和一一年正月辛卯条である。これによると、「陸奥国磐城郡大領外従五位下勲八等磐城臣雄公」の戸口二四人(男一四人・女一〇人)が、「阿倍磐城臣」を賜姓されている。だがこの場合、「阿倍磐城臣」を賜姓されたのは、あくまで雄公の戸口であり、雄公自身ではないと考えるべきである。したがって、仁寿三年の段階でも引き続き「於保臣雄公」を名乗っていたと考えて問題ない。

いずれにせよ、出土文字資料で郡司の名が確認され、しかも従来知られていた史料にみえる郡司の名と一致をみた点はきわめて意義深い。なお、以上をふまえると、第2号木簡の裏側にみえる「大領於保臣」も、同様に磐城郡大領であった雄公を指している可能性が高くなり、第2号木簡の作成年代が第3号木簡とほぼ同時期であったことが推定できる。

結局のところ、令制前の在地支配体系に基づく荒田目条里遺跡の郡符木簡は、律令国家体制下においても、在地社会に「氏(ウジ)」を重視する傾向が根強く存在したことを伝えているのであろう。さらにいえば、「磐城臣」ではなく中央の氏族名に連なる「於保臣」としたところに、ことさらに在地において中央との結びつきを強調するウジの政治組織としての側面が意識されていると理解できる。[10]

次に、内容に着目すると、第3号木簡は、公廨米《くげまい》の収納領収書である。公廨米は、国司得分《こくしとくぶん》(国司の給与)である公廨稲を舂米《しょうまい》(臼《うす》で搗《つ》いて精米した米)にしたものである。「公廨米」に関する史料としては、やや時期が異なるが、天平勝宝七(七五五)年の「越前国雑物収納帳」と「加賀郡司解《げ》」(『大日本古文書』四－七六〜八〇)があげられる。前者によれば、国司に対して公廨米が「米」の形で配分されている。また各郡の進上した公廨稲が舂米の形で納入した可能性をうかがわせる。

一方、「加賀郡司解」では、郡が「公廨米」を船で国に運んでおり、郡が国に対して春米して「米」の形態で貢上していたことがわかる。

○正倉院文書　加賀郡司解

加賀郡司解　申年料春米事

　大豆四石五斗　小豆四石

白米二百五十石　糯米一十石

四百人粮米二百石　封戸租米七百石

薬分米百六十石一斗五升

地子米六百廾五石四斗九升

加売田直米百卅九石　并七百六十四石四斗九升

公廨米一千五百五十石四斗八升黒米三百石 白米一千二百五十石四斗八升

売田直米一千四百二石一斗

都合米五千五十一石七斗二升之中従坂井郡久米田椅智識料稲五千五百束加

（以下略）

第3号木簡の記載内容も、国司公廨稲が、郡から国に、春米の形で進上されていた実態を示すものとみてよい。ただし、本木簡の記載によれば、公廨米として収納されたのは、三七斛六升のうちのわずかな六升である。おそらく、別の目的で納入された米のうち、六升分を公廨米として納入し、その六升分のみについて返抄《へんしょう》(受領抄)の作成を行ったのであろう。

第3号木簡は、磐城郡から国府へ送った米三七斛六升に付けられた付札であり、そのうち、公廨米として収納された六升についてのみの返抄文言が付札に書かれ、郡に戻ってきたものと推定される。郡に戻ってきた段階で、郡司の署名が裏面に書かれ、その後、用済みになり廃棄されたのであろう。

稲の種子札――多様な品種と郡司層の拠点

○荒田目条里遺跡出土第16号木簡

・「曰理古僧子□〔一カ〕

・「五月十　(62)×15×5

○荒田目条里遺跡出土第17号木簡

・「白稲五斗　五月□

・「　□　(196)×23×3

○荒田目条里遺跡出土第18号木簡

「<女和早四斗」　(197)×24×4

「種子札《たねふだ》」(11)は、全体的には短く、多くの場合、下端を尖らせているが、多様な形態を特徴としている。それは品種名を文字だけでなく、木簡の形状によって識別できるよう工夫したためであろう。記載内容は多くの場合、「品種名＋数量(一石)」である。そして品種名は、古代末期の和歌の世界および近世の農書・古文書にその名を見出すことができるのである。例えば、「古僧子《こほうしこ》」「地蔵子《ちくらこ》」は、古代末期〜中世の和歌の中に「ほうしこ」「ちくらこ」とみえ、それらの語がいずれも稲の品種名であることは明らかである。

また「古僧子」「白稲《しろしね》」などは、近世の農書『清良記　親民鑑月集』(一七〇二―三一年頃成立)のほか各地の古文書に品種名の一つとしてみえ、各地で栽培された稲の普遍的な品種の一つである。全国各地の古代遺跡で発見された数多くの「種子札」が、近世の農書等の稲の品種名と合致することは、品種名を同一としながら品種改良の可能性をもちろん考慮しなければならないが、古代から近世まで一貫してほぼ同一品種を栽培していたことを示している。このことは、日本列島における稲作農耕は古代において大部分の骨格が形成され、中・近世に継承・発展したことを示して

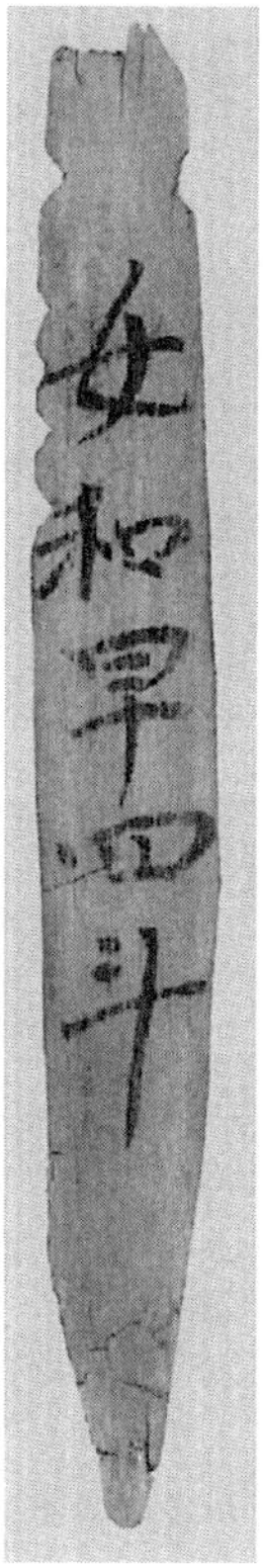

図67(右)　稲の品種札「白稲五斗…」(荒田目条里遺跡出土第17号木簡)

図68(左)　稲の品種札「女和早四斗」(荒田目条里遺跡出土第18号木簡)

疾《と》中稲《なかて》の事

一仏の子	一一本千	一備前稲	一小備前
一畔越《あぜこし》	一小畔越	一野鹿《やろく》	一大白稲
一小白稲	一大下馬	一栖張《すくはり》	一疾饗膳《ときようぜん》

右十二品は疾中稲にして上白米也。はせの次に出。

一内蔵	一今大塔	一上蜆《えび》の毛	一小法師
一晩饗膳	一大とご	一半毛	一白我社《はれこそ》
一清水法師	一定法師	一小けば	一大ち子

（中略）

三月初に種子をまき、四月末に植て、八月末にかり取也。

図69　近世の農書『清良記　親民鑑月集』
（網掛け）は古代の遺跡で確認されている稲の品種名.

いる。多数の品種を計画的に毎年栽培していくためには権力による完全な管理が必要であった。すなわち古代国家の稲作は支配者層により予想以上に統制・管理されていたと考えられるのである。

この品種に関する問題として、平安末期の和歌に稲の品種名が盛んに詠み込まれたのはなぜか。古代社会において稲作農耕は天皇や貴族そして在地首長による強力な統制下におかれ、品種管理までに及んでいた。各地に広大な農地を所有した貴族層は、稲の品種名を強く意識し、和歌に詠み込んだと理解できよう。

それでは何故に、古代において多様な品種が存在したのであろうか。

（1）近世の農書類、例えば、『農稼《のうか》録《ろく》』（尾張国長尾重喬の書いた農書で、安政六〔一八五九〕年完成）にも次のように指摘されている(意訳)。

よい種子であっても、年々同じ土地に作ればその土地になれて収量が少なくなる。とにかく土地になじみのないよい種子をかわるがわるかえて作ること。自分の田であっても、一カ所に同一の品種を毎年作ってはいけない。あちらこちらと年々田をかえて作ることである。

この同じ田に同一品種を毎年作らないということは、稲作本来の定法《じょうほう》(きまった法則)であるとされている。

さらには、早・晩稲にもそれぞれ特性があり、併用することの必要性を近世の盛岡藩の農書『風土《ふうど》雑記《ざっき》』(著者大関新右衛門、天保八(一八三七)年山口泰疑の写本あり)などで説いている。

御国などの風土にては惣《すべ》て早稲物は宜《よろ》しかるべき事也、然るに民は目前の慾を知りて遠き利を知らざるもの故、晩稲は風土に宜しからざる事を知っても、凶年にさえなければ晩稲は早稲よりは格別実取も多きゆえ、その慾にひかれて、多くは晩稲ばかりを執る也。

(2)『令集解《りょうのしゅうげ》』仮寧令《けにょうりょう》在京諸司給休仮条の古記によれば、農繁期の休暇は令本文では五月と八月に与えることになっているが、例えば、大和国では、郡によって田植えの時期が異なっていた。すなわち、稲に早稲《わせ》・中稲《なかて》・晩稲《おくて》の三種があり、さらにその品種が郡を単位にほぼ統一されていたのである。これは農繁期の雇傭労働力を確保するための措置と考えられる。

荒田目条里遺跡の種子札のうち、月日を記す三点は、「五月十日」「五月十七日」「五月廿三日」との日のずれが認められる。これはおそらく、晩稲でも、品種ごとに播種時期をほぼ一週間ずつずらすことにより、やはり田植え、刈取りなどの一連の農作業の労働力を確保することを意図した対策であろう。

（3）多品種を作付けするのは、風水害等に対する措置と考えられる。

近世後期の阿波の人、砂川野水の『農術鑑正記』(『通俗経済文庫』巻四)が、早・中・晩稲の作付面積の配分を説いて、「凡《およそ》一町作る百姓は早稲は取実すくなく一二反、遅稲は鹿鳥の防ぎ、麦蒔の障有《さわりある》ゆえ二三反、中稲は前後の仕舞《しまい》よく、天災も遁《のが》るゝ事有ゆえ五六反作る也」とする。北陸の宮永正運の『私家農業談』が「先大概《まずたいがい》其所に古来より作り来れるを其歳々の豊凶を考作るべき事肝要《かんよう》なり、何れにも農人は種の数早稲より晩稲まで十四、五種二十品も作るべし、左あれば歳の気候によりて遅速の豊凶或は風難水難にも品多く作れば、五品は災に懸りても五品は遁るゝあり、一概に一品計《ばかり》を作るべからず」とする。

古代以来、稲作において、多様な品種が存在したのは、(1)の同一品種の同じ土地で連作することを回避することと、(2)の農作業の労働力確保、(3)の風水害等の被害を避けるために、早・中・晩稲を大きく郡単位に品種を統一して作付け、さらに早・中・晩稲それぞれに多様な品種を用意し、少しずつずらして作付けを行っていたことによる。

ところで、「種子札」の出土遺跡(八〜一〇世紀)の性格は、次のとおりである。

福島県いわき市荒田目条里遺跡　陸奥国磐城郡家関連遺跡
福島県会津若松市矢玉遺跡　陸奥国会津郡家関連遺跡
福岡県福岡市高畑廃寺　筑前国那珂郡家関連遺跡

遺跡の性格が判然としない数遺跡を除くと、「種子札」出土遺跡はそれぞれの地域支配の拠点に位置し、郡家関連と考えられる。在地における稲作農耕にもっとも深く関与し、指導的役割を果たしたと考えられる郡司層の拠点的場から種子札が出土している点は大いに注目すべきであろう。つまり、地方社会においては、郡司層が、稲の品種を統制・管理していたと想定される。郡司層が稲の品種を統制し、在地首長としてその種稲を農民に分与した実態をものがたっているのではないか。

郡家付属寺院　夏井廃寺

最後に、夏井廃寺[12]について触れておきたい。夏井廃寺は西側と南側に丘陵を望む沖積地に立地している。夏井廃寺の遺構の変遷はⅠ期が2時期に細分され、ⅠA期が七世紀末から八世紀初頭、ⅠB期が八世紀前半から中頃に位置づけられる。Ⅱ期に至って区画溝が設置され、八世紀後半から九世紀前半、Ⅲ期は九世紀後半から一〇世紀前半である。

夏井廃寺の伽藍《がらん》配置は、創建当初から金堂《こんどう》の北側に講堂が一直線に並び、金堂の東側に塔が配置され、金堂は南北棟で東面する特徴がある。大宰府の観世音寺《かんぜおんじ》(観音寺《かんのんじ》)の伽藍配置の特徴は、金堂と塔が東西に並び、しかも金堂が塔の方を向いていることで〝観世音寺式〟と呼ばれている。多賀城廃寺も同じ伽藍配置で、大宰府と多賀城が〝遠《とお》の朝廷《みかど》〟としてきわめて密接であるという根拠でもある。多賀城の一二メートルの東西道路の一画から寺の万燈会《まんとうえ》に使用したと思われる大量の土器が出土し、その中に「観音寺」と墨書された土器があり、これが多賀城廃寺の寺名ではないか。

夏井廃寺が観世音寺式の伽藍配置と確定したことには歴史的意味がある。養老二(七一八)年に陸奥国から石背国とともに石城国が分立した。その石城国の国府は根岸官衙遺跡群の中にあったとみてよいであろう。しかし神亀元(七

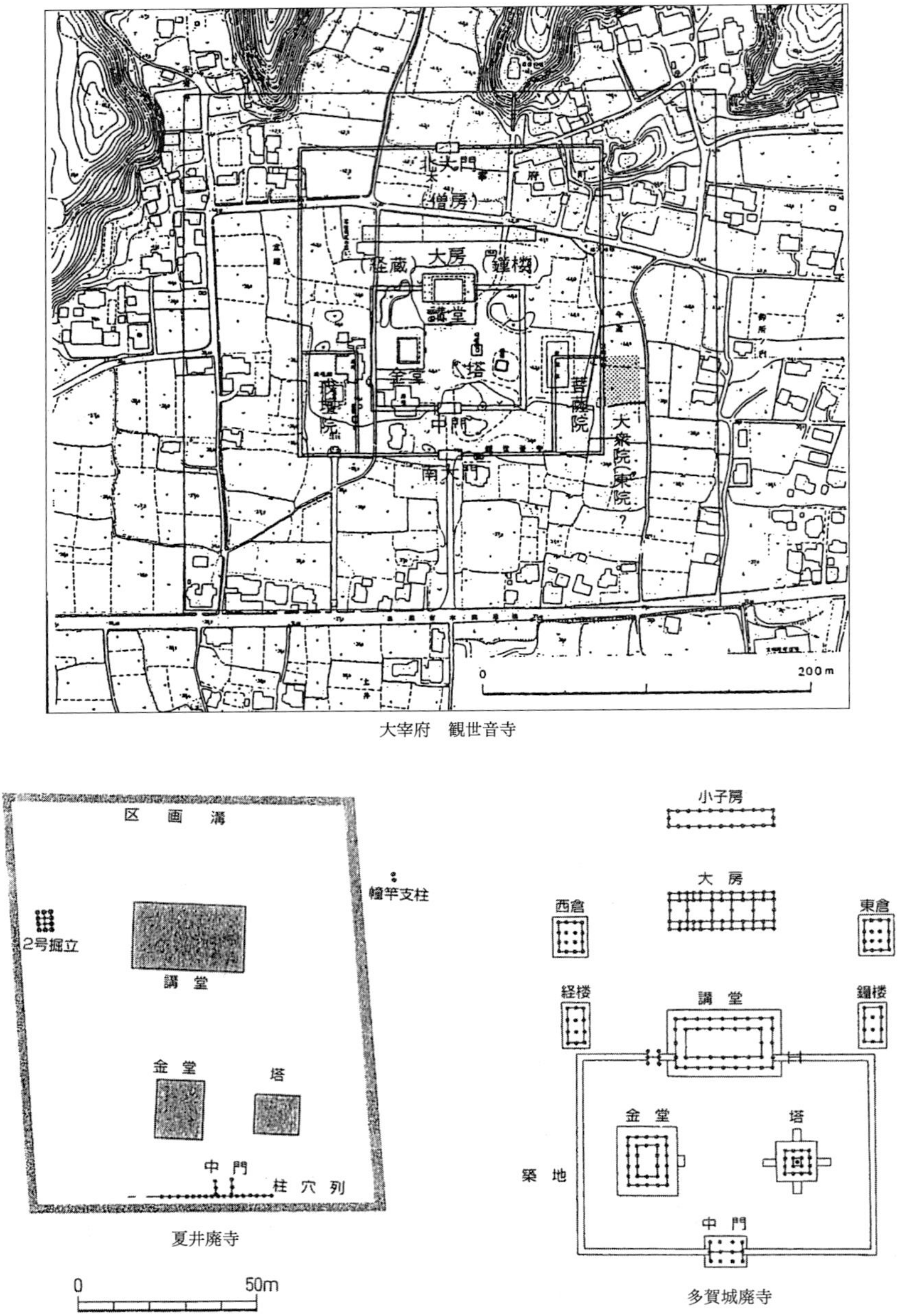

図 70　夏井廃寺(下左)と大宰府観世音寺(上)・多賀城廃寺(下右)の伽藍配置

図71　瓦に遺されたタタキ板の文字「昌福吉嶋」（夏井廃寺出土）

二四）年には早くも再併合されたとみられている。石城国成立の背景としては、関東地方から黒川以北（宮城県北部）へ大量移民をして、大崎平野に数多くの郡を作る計画をもとに、南の地域（現福島県域）を切り離すねらいがあった。それまでは仙台市郡山《こおりやま》遺跡が陸奥国府とされていたが、これを機に郡山遺跡より北の多賀城に国府を新たに建置する。ところが蝦夷の反乱が相次ぎ多賀城以北の大崎平野が治まらない。そこで数年で再び石城・石背が併合されたと考えられる。多賀城碑や造営時の出土木簡から神亀元（七二四）年には多賀城が完成したと推測される。夏井廃寺が造られ始めたのは七世紀末葉だが、主要伽藍が観世音寺式となったのは多賀城廃寺と並行して建設されたからと考えられる。石背国府付属寺院の伽藍配置も観世音寺式であれば上記の想定が証明されるであろうが、いまだ明らかになっていない。

　夏井廃寺の文字瓦の中に「昌福吉嶋」とタタキ板（瓦の粘土板を叩きしめる道具）に刻まれた文字が瓦に遺されている。吉嶋は好《よ》嶋《しま》という地名の異なる表記、昌福は「昌」は盛んという意味で、「昌福」は吉祥文字であると推測できる。史料に登場する好間《よしま》村の地名の初見は一四世紀初めだが、ヨシマ村は古くからあったと考えて問題ないであろう。全国的に小さな地名が八〜九世紀まで遡る例が数多くあることが墨書土器などから確認できる。

　古代磐城地方ほど、その特質を文献史料や遺跡・出土資料で明らかにできる地域は全国的にみてもあまりないといえよう。

むすびにかえて――古代東北「海道」地域の特質

1 人と自然

1 港(津)と河口部に展開

多賀城《たがじょう》の周辺では、古代には海水が現在の多賀城市南部の八幡《やわた》付近まで入り込み、広大な入海＝〝潟《かた》の世界〟をつくっていた。冠川《かむり》(七北田川《ななきた》)と市川(砂押川《すなおし》)が合流し、湊浜《みなとはま》の地で太平洋に注ぎ、湊浜は多賀城の河口港として機能した。また、多賀城の東には、外洋船も停泊できる多賀城の外港としての塩竈津《しおがまのつ》があった。このように、多賀城は港湾都市としての機能を十分に備えていたのである。

気仙《けせん》地方の中核、現陸前高田市、なかでも官衙《かんが》遺跡と想定される小泉遺跡とその周辺の海岸線は、複雑な鋸歯《きょし》状のリアス式海岸で、東側の広田半島が太平洋へ大きく突き出し、広田湾を形づくっている。湾内には、気仙川や浜田川などの河川が注ぎ、河口部に港が設置されていたと想定される。

行方《なめかた》郡の郡家《ぐうけ》に比定される泉廃寺跡は、南相馬市内を流れる新田《にいだ》川の河口近くに立地している。遺跡の中央南側地域に、南北方向にはしる幅三～一〇メートル、深さ一メートルの大規模な溝跡が発見された。その溝は南側へと続き、約六〇〇メートル離れた新田川に通じており、大溝は郡家から新田川につづく運河と考えられる。このように行方郡家は、新田川が太平洋へ注ぐ河口近くに立地し、河川や海を利用した物資の流通や人々の交通を十分に想定した立地であった。

今からおよそ六〇〇〇年前の縄文時代前期には、海水面が現在より八メートル前後上昇している(海進)。その後、海水面は徐々に下がり、海岸線も東へ退いている(海退)。退く過程で、当時の海岸線には砂からなる低い堤防(浜堤《ひんてい》)ができる。いわき市を流れる夏井《なつい》川下流域には、現在の海岸線にある浜堤を含めて、五列の浜堤が見つかっている。磐城《いわき》郡の郡家関連遺跡である荒田目《あっため》条里《じょうり》遺跡は、いわき市の中心地である平《たいら》から東へ四キロメートル、夏井川の河口から約三キロメートル西方の右岸の沖積地上に位置し、荒田目条里制跡のほぼ中央部にある浜堤の裾《すそ》部、条里制跡がある低湿地との境目に立地している。荒田目条里遺跡の周辺には、『延喜《えんぎ》式《しき》』に記載されている大國魂《おおくにたま》神社や、国指定史跡の甲塚《かぶとづか》古墳、砂畑遺跡、小茶円《こちゃえん》遺跡(いずれも同時代と考えられる古代の遺跡)などが所在する。また、古代磐城郡の郡家跡に比定されている根岸遺跡とその付属寺院と考えられる夏井廃寺は、荒田目条里遺跡の南東方向約一・五キロメートルの地点にある。これらの遺跡が、夏井川という一本の川に沿って形成されている。

荒田目条里遺跡出土第1号木簡によると、外洋船で来着した客人(国司や諸使など)を立屋津《たてやのつ》に迎え、ここで川船に乗り換えて、夏井川から運河状の河川をさかのぼり郡家を目指したと想定される。

2　鉄・金などの鉱産物および昆布などの海産物資源

気仙地方の金については、奥州平泉の藤原氏が経営した金山の拠点地であった現在の宮城県北部から岩手県南部のなかでも、気仙郡が最も多量の産金量を誇った時期もあり、そのために多くの伝承が語られ、その旧跡と称する所が郡内各地にみられる。

海産物資源については、八世紀前半の霊亀元(七一五)年、三陸沿岸閇《へい》村の蝦夷《えみし》の須賀君古麻比留《すがのきみこまひる》は、「先祖以来、昆布を貢献していた。ただ、この地は国府から道遠く、往還は困難をきわめる。閇《へい》村に郡家を建て、永く昆布の貢進を続けたい」と語っている(『続日本紀』)。

閇(幣伊)地方の有力者は、岩手県北部の三陸沿岸に拠点を置いていた。「先祖以来(陸奥《むつ》国府に)貢献せる昆布は、つねに此の地に採りて年時欠かさず」とあることから、昆布が伝統的特産品であったようである。陸奥国は三陸沿岸の昆布を集積し、朝廷に貢進したのである。

図72　銅印「国府厨印」(宮城県七ヶ浜町鼻節神社蔵)

一〇世紀前半に編修された『延喜式』によれば、陸奥国の昆布は種々の税目によって調達されている。多賀城の遺跡から東へ約八・五キロメートル、陸奥国府の港(国津)であった塩竈湾口にあたる現在の宮城県七ヶ浜町花《はな》渕浜《ぶちはま》の先端に、『延喜式』神名帳にある式内社、鼻節《はなぶし》神社がある。ここから「国府厨印《こくふくりやいん》」と刻まれた銅印(印面縦四一ミリメートル×横四一ミリメートル、高さ三九ミリメートル、重量一二四・一五グラム)が、明治初期の社殿修復の際に発見された。この印は、花渕浜の地が国府の御厨《みくりや》にあたり、鮑《あわび》・昆布などの海産物を国府に供給していたことを示し、その出納に際して用いたものではないかとみられている。花渕浜は、江戸時代には「鮑は花渕を第一とす」(『仙台領内一づくし』)、「昆布、花渕浜の産、亦《また》よし」(『封内土産考』)などと記されているように、鮑・昆布をはじめとする海産物の豊かな地として知られていたところである。多賀城の遺跡に接した東北隅の位置にある奏社宮《そうしゃのみや》は、本来は国司が巡拝すべき諸社を国府に集めた、いわゆる総社《そうじゃ》である。この奏社宮の祭礼の際にも、花渕浜沖合いの大根《おおね》暗礁から採った鮑と昆布を供える習わしがあった。昆布は、この大根暗礁が日本における分布の南限であるという。

このように、陸奥国府管轄下の海産物供給源として設置された花渕浜一帯の御厨の出納に用いられた古代印「国府厨印」が貴重な資料であることは間違いない。陸奥国府は三陸海岸の閉伊地方などから昆布を進上させ、都への貴重な貢納品としたが、その国府にもっとも近い花渕浜の大根暗礁が昆布の南限であることも、きわめて興味深い。

3　貞観の大地震と津波

当時の歴史書『日本三代実録《にほんさんだいじつろく》』によると、貞観《じょうがん》一一(八六九)年五月二六日の頃には次のような記載がある(要約)。

陸奥国境(おそらく三陸沖)で大地震が発生した。人々は叫び、立っていることができずに、家屋の下敷きになる者や地割れに落ちる者があった。馬牛は驚き走り回り、多数の城郭や倉庫、門櫓《やぐら》や墻《かき》壁が崩れ落ちた。海が雷

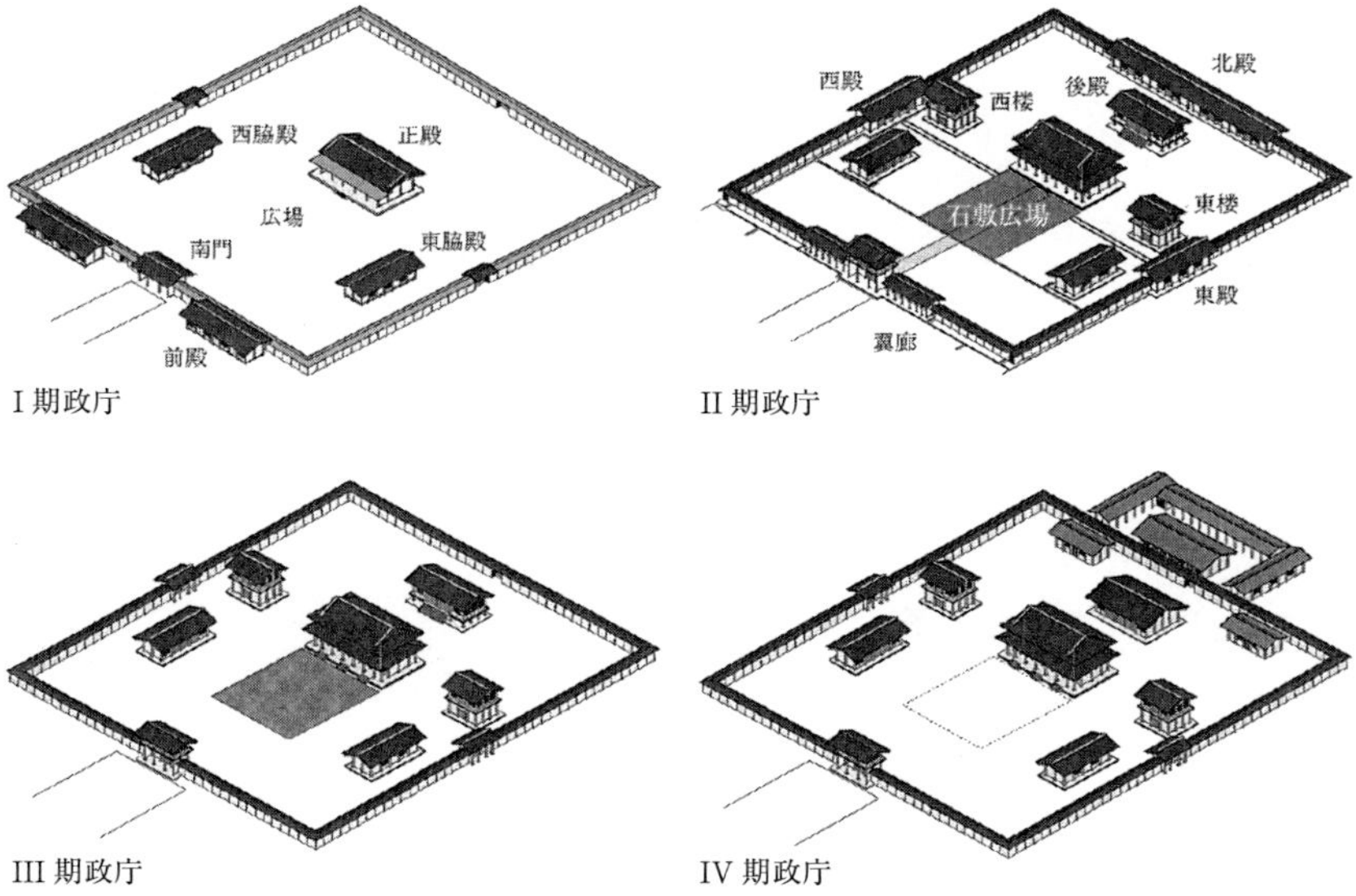

I 期	創建(724 年)〜大改修(762 年)
II 期	大改修〜反乱による焼失(780 年)
III 期	火災の復旧・整備〜地震
IV 期	地震の復興〜11 世紀中頃

図 73　多賀城政庁建物配置の変遷イメージ

のように鳴り、大きな津波がたちまちに多賀城下にまで押し寄せた。海から数十里(古代の一里＝五三五メートル)離れたところでも、水没してみぎわの区別がなくなっており、野や道路はすべて海原となった。船に乗る余裕もなく、山に登っても十分な高さまで登りきれず、溺死者は数千人にのぼり、家や田畑はほとんど遺らなかった。

多賀城は貞観一一年の地震で丘陵上の政庁などの建物が壊れ、津波は砂押川をさかのぼり、南北大路の路面も大きく削り取られた痕跡や砂の堆積から大きな被害を受けたことがわかる。一九七〇年代の発掘調査で、その中心施設である政庁跡の八世紀後半の建物が、九世紀半ばに全面的に建て替えられていたことが明らかになった。

4　海上ルートの交易と人々の交流

・気仙と渡嶋・北方交易

弘仁元(八一〇)年一〇月下旬、渡嶋《わたりしま》の狄《てき》二百余人が気仙郡に来着している。この来着は気仙郡が長年にわたり渡嶋の地との北方交易拠点であったことを前提としての移住計画と考えられる。すなわち、気仙地方をはじめとする三陸沿岸部の金・鉄などの鉱産物・製品および漆・布などと北方特産のオオワシの羽・ヒグマの毛皮・アザラシの皮などと交易を行ったのであろう。

・牡鹿と上総・紀伊との交流

牡鹿《おしか》地方の重要性は、やはり陸奥国北部への海からの玄関口にあたっていた点にあるだろう。牡鹿柵に加えて新たに桃生《ものう》城を造営したのは、港と、港からさらに北上川水運を利用して北の内陸部――〝賊の本拠〟とされた胆沢地方――への物資輸送上の重要性を配慮したものと理解できる。

紀伊水軍が朝鮮半島「経営」のみではなく、ヤマト朝廷の蝦夷征討にも大きな役割を果たした。朝鮮半島、大陸まで遠征した紀伊水軍は、八世紀以前に征夷事業に赴き、陸奥国北部への海からの出入口になっていた現在の宮城県石巻湾から侵攻したのであろう。

また、八世紀後半、牡鹿郡春日部《かすかべ》奥麻呂ら三人が武射臣《むざのおみ》を賜姓された。しかも、この一括賜姓の推挙者が、もとは牡鹿郡の豪族であった道嶋嶋足《みちしまのしまたり》である。この「武射」は上総《かずさ》国武射郡を指し、現在の千葉県山武《さんむ》市を中心とした九十九里沿岸に位置している。「武射臣」を賜った春日部奥麻呂は、おそらく上総国から海を渡って牡鹿郡に移住し、大きな勢力を有していたと考えられる。紀伊水軍が紀伊半島から北へ向かう際の重要な寄港地が房総半島の九十九里沿岸であり、武射地方の有力者も海路で東北地方に入り、牡鹿の地に居して最大の豪族道嶋氏と深く結びつき、勢力を伸長したのではないか。

このように牡鹿地方は北上川河口に位置し、飛躍的な展開を遂げた。しかし桃生の地に、計仙麻《けせま》神社、大嶋《おおしま》神社を勧請していた事実もあり、現大船渡《おおふなと》から石巻・矢本《やもと》までの沿岸地域が気仙地方として一体的社会を形成したことに留意しなければならない。

2 地域社会と国家

1 多賀城創建

六六三年、倭《わ》・百済《くだら》は白村江《はくそんこう》の戦いで唐《とう》・新羅《しらぎ》軍に敗れた。白村江の敗戦後、倭国は唐・新羅軍侵攻の脅威から防衛体制の整備が急務となった。筑紫《つくし》から瀬戸内海沿岸そして畿内の高安城《たかやす》まで一大防衛網を構築した。

八世紀に入ると、唐・新羅からの脅威もうすれ、古代国家は東北地方の経営を最重要施策と位置づけ、本格的な城柵造営を推進することとした。

八世紀前半、陸奥・出羽《でわ》両国の行政・軍事の中核的拠点として陸奥国多賀城、出羽国秋田城が造営された。多賀城は大宰府《だざいふ》政庁と大野城（標高四一〇メートル）などの機能を合体させた行政・軍事施設として、東日本ではじめて三〇〜五〇メートルほどの低丘陵に築かれたのであり、古代国家の東北政策の新展開にふさわしい城柵といえる。その「多賀城」という呼称も、中国の華夷思想に基づくものであり、なおかつ多賀城の所在郡を「宮城郡」と称したのである。このことは、古代国家が多賀城を東北支配の拠点と位置づけたことに基づく呼称であると理解できるであろう。

2　三陸沿岸地域の服属と抵抗

陸奥国の大豪族道嶋氏とともに、伊治《これはる》城造営にあたった「外従五位下吉弥侯部真麻呂《きみこべのままろ》」は、おそらく現地の有力者であり、すでに、外位《げい》（外従五位下→外正五位下）を有していたいわば国家に服属（帰降）した蝦夷（『続日本紀』神護景雲元（七六七）年一〇月辛卯条）と考えられる。しかし、この時点では、吉弥侯部姓でありながら、俘囚《ふしゅう》の名を冠していない。一方、『類聚国史《るいじゅうこくし》』延暦一一（七九二）年一〇月一日条には「陸奥国俘囚吉弥侯部真麻呂」とみえ、また他の蝦夷を服属に導いた功績により、改めて外従五位下を授けられている。

この点から類推するならば、真麻呂は七六七年伊治城造営に協力した功績で昇叙されながら、おそらく、宝亀一一（七八〇）年の伊治地方で起きた伊治公呰麻呂《これはるのきみあざまろ》の乱には、反乱側に加担したため、位階および吉弥侯部姓を剥奪され、そののち、再び帰順し、俘囚身分とされた。いわば、真麻呂は服属・離反を繰り返した当時の陸奥国北部の典型的な蝦夷の有力者の姿勢を示す人物といえよう。しかし、こうした姿勢が在地の反発を買い、「俘囚外従五位下吉弥侯部真麻呂父子二人」は同じ俘囚の大伴部阿弖良《おおともべのあてら》等に殺害されたのである（『類聚国史』延暦一四（七九五）年五月一〇日条）。

気仙・閇伊《へい》・弐薩体《にさったい》・都母《つも》などの三陸地方においても、地域の人々は古代国家に服属と抵抗を繰り返した。

『日本後紀』弘仁二(八一一)年七月丙午条には、征夷大将軍文室《ふんや》朝臣綿麻呂《わたまろ》が服属蝦夷の族長吉弥侯部於夜志閇《おやしべ》らに俘軍《ふぐん》一〇〇〇人を委ね、蝦夷の有力拠点である幣伊《へい》村を襲伐しようと計画した。また弐薩体村夷が幣伊村夷を誘い、邑良志閇《おらしべ》村降俘《こうふ》を攻める行為と、霊亀元(七一五)年条の狄徒《てきと》が邑良志別君《おらしべのきみ》を攻撃する行為は共通している。そうした状況の中で、古代国家は霊亀元年時に「閇村」に昆布貢献を確保するための拠点・郡家を設置している。

以上の古代国家と地域社会の熾烈なせめぎ合いこそが、古代三陸地方の歴史の実相であったといえよう。

3　行方郡正倉焼失事件

八世紀後半~九世紀前半にかけて陸奥国行方郡をはじめ、上野国《こうずけ》緑野郡《みどの》、上総国夷灊郡《いじみ》、武蔵国《むさし》入間郡《いるま》など東国各地の郡に置かれた正倉の焼失事件が相ついで発生した。

上野国緑野郡と上総国夷灊郡には、早くはヤマト王権によって緑野屯倉《みやけ》・伊甚《いじみ》屯倉がそれぞれ設置された。例えば、緑野郡は多くの渡来人とともに東北地方とくに出羽国からの俘囚が移住し、俘囚郷が置かれており、出羽国の蝦夷が「上毛野緑野直《かみつけののみどののあたい》」と賜姓していることなどもあり、古代国家の東北政策と深く関わっていることがうかがえる。一方、こうした古代国家の強力な支配に反発し、宝亀四(七七二)年緑野郡内において大規模な正倉の神火《じんか》事件が起きている。行方郡も、古代国家により、大規模な製鉄を中核に、新たな軍事拠点として新置された郡である。いずれにしても屯倉や軍団など、古代国家が直轄的に強力な楔《くさび》を打ち込んだ地区で、その反動のような正倉焼失事件が起きている点にも注目すべきであろう。

古代東北の太平洋沿岸地域すなわち〝海道〟地域は、海の道、川の道そして両者をつなぐ港(津)によって、列島各地との地域間交流を積極的に展開した。豊かな鉱産物・海産物は他地域との交易と人々の交流をも促進させた。また海上ルートによる政府の軍事行動と地方豪族相互の交流など、従来見過ごされていた側面も鮮明に浮かび上がってきた。

行方郡・行方団の新置、多賀城造営、そして気仙地方への拠点的支配など、古代国家は海道地域に強力な楔《くさび》を打ち込んだ。それが地域社会に大きな影響を及ぼし、海道地域の新たな歴史・文化を形成していったのである。

注

第一章

（1）仙台市教育委員会『郡山遺跡——総括編（1）（仙台市文化財調査報告書第二八三集）』二〇〇五年、ほか。
（2）石松好雄「大宰府の成立」（『新版 古代の日本 三 九州・沖縄』角川書店、一九九一年）。
（3）小松正夫「秋田城跡」（進藤秋輝編『東北の古代遺跡 城柵・官衙と寺院』高志書院、二〇一〇年）。
（4）拙稿「道祖神信仰の源流——古代の道の祭祀と陽物形木製品から」（『国立歴史民俗博物館研究報告第一三三集』二〇〇六年）。
（5）城と柵の発掘調査成果と文献史上の全般的な検討については、すでに拙稿「古代の城柵に関する試論——「古代国家と辺境」へのアプローチ」（『原始古代社会研究』4、校倉書房、一九七八年）で検討を行ったが、以下、本稿で新たな見解を示している。
（6）新潟県和島村教育委員会『八幡林遺跡（和島村埋蔵文化財調査報告書第一集）』一九九二年。
（7）宮城県多賀城跡調査研究所『多賀城跡（宮城県多賀城跡調査研究所年報一九八三）』一九八四年。
（8）この多賀城の命名に関する私見は、二〇〇八年一〇月四日開催された多賀城市歴史講演会「歴史の宝庫—多賀城」で初めて公表した。その講演レジュメに多賀城の名の由来を詳細に記載した。二〇一〇年二月刊行された進藤秋輝『古代東北統治の拠点・多賀城』（新泉社）では、すでに講演レジュメに基づき私見を紹介している。
（9）利府町教育委員会「宮城県利府町硯沢窯跡——発掘調査現地説明会資料」（二〇〇八年一〇月四日）。
（10）新潟県和島村教育委員会『八幡林遺跡（和島村埋蔵文化財調査報告書第三集）』一九九四年。「木簡学会新潟特別研究集会の記録」（『木簡研究』第一七号、一九九五年）。

第二章

（1）拙稿「古代の白河郡」（福島県教育委員会『関和久遺跡（福島県文化財調査報告第一五三集）』一九八五年）。
（2）岩手県水沢市教育委員会『胆沢城跡――昭和五六年度発掘調査概報』一九八二年。
（3）岩手県水沢市教育委員会『胆沢城跡――昭和五八年度発掘調査概報』一九八四年。
（4）多賀城市埋蔵文化財調査センター『市川橋遺跡城南土地区画整理事業に係る発掘調査報告書Ⅲ（多賀城市文化財調査報告書第75集）』二〇〇四年、および科学研究費補助金・研究成果報告書（研究代表者　古尾谷知浩）『漆工房と漆紙文書・木簡の研究』二〇〇六年。
（5）宮城県桃生郡矢本町教育委員会『赤井遺跡Ⅰ――牡鹿柵・郡家推定地（矢本町文化財調査報告書第14集）』二〇〇一年。
（6）本書第三章を参照。
（7）長岡郡の歴史的位置づけについては、拙稿「宮沢遺跡に関する文献上の検討」（宮城県教育委員会『東北自動車道遺跡調査報告書Ⅲ　（1）宮沢遺跡』一九八〇年）ですでに述べている。
（8）『日本歴史地名大系4　宮城県の地名』平凡社、一九八七年、「気仙沼市」項、七〇七頁。
（9）計仙麻・気仙・気仙沼などの読みについては、国語学者犬飼隆氏から貴重な御教示をいただいた。
（10）井上光貞「陸奥の族長、道嶋宿禰について」（古代史談話会編『蝦夷』朝倉書店、一九五六年、のちに『井上光貞著作集第一巻』岩波書店、一九八五年、に所収）。
（11）小口雅史「渡嶋再考」（『国立歴史民俗博物館研究報告第八四集』二〇〇〇年）。
（12）遺跡の概要については、佐藤正彦「小泉遺跡と出土遺物」（特集「小泉遺跡出土の墨書土器の研究」『陸前高田市立博物館紀要』第9号、二〇〇四年、所収）による。
（13）八木光則「小泉遺跡出土土器の編年的位置づけ」（注（12）『陸前高田市立博物館紀要』第9号所収）。
（14）村木志伸「小泉遺跡の墨書土器」（注（12）『陸前高田市立博物館紀要』第9号所収）。
（15）拙稿「「厨」墨書土器論」（『墨書土器の研究』吉川弘文館、二〇〇〇年）。
（16）拙稿「岩手県遠野市高瀬Ⅰ遺跡の墨書土器」（注（15）『墨書土器の研究』所収）。

第三章

(1) 中村明蔵「隼人の反乱をめぐる諸問題」(『史元』一五、一九七二年、のちに『新訂 隼人の研究』丸山学芸図書、一九九三年に修訂所収)。
(2) 宮城県多賀城跡調査研究所『多賀城漆紙文書』一九七九年。
(3) 白河郡の歴史的位置づけについては、拙稿「古代の白河郡」(福島県教育委員会『関和久遺跡(福島県文化財調査報告第一五三集)』一九八五年)を参照。
(4) 本書第四章参照。
(5) 薗田香融「古代海上交通と紀伊の水軍」(『古代の日本 五 近畿』角川書店、一九七〇年、のちに『日本古代の貴族と地方豪族』塙書房、一九九二年に所収)。
(6) 日下雅義『古代景観の復原』中央公論社、一九九一年。
(7) 平岡和夫編『千葉県 九十九里地域の古墳研究』山武考古学研究所、一九八九年。
(8) 白石太一郎・杉山晋作ほか「千葉県成東町駄ノ塚古墳発掘調査報告」(『国立歴史民俗博物館研究報告第六五集』一九九六年)。
(9) 佐伯有清「子代・名代と屯倉」(『古代の日本 七 関東』角川書店、一九七〇年)。

第四章

(1) 熊谷公男「古代東北の豪族」(『新版 古代の日本 九 東北・北海道』角川書店、一九九二年)。
(2) 宮城県教育委員会・宮城県土木部『市川橋遺跡の調査(宮城県文化財調査報告書第一八四集)』二〇〇一年。釈文は南相馬市博物館企画展『古代陸奥国 行方の郡家——国史跡泉官衙遺跡』二〇一一年による。
(3) 南相馬市教育委員会『泉廃寺跡 陸奥国行方郡家の調査報告(南相馬市埋蔵文化財調査報告書第六集)』二〇〇七年。
(4) 高橋崇「平安初期の奥羽」(高橋崇編『古代の地方史』六(奥羽編)、朝倉書店、一九七八年)。
(5) 宮城県多賀城跡調査研究所『多賀城跡(宮城県多賀城跡調査研究所年報一九八四)』一九八五年。
(6) 拙稿「過所木簡」(『古代地方木簡の研究』吉川弘文館、二〇〇三年)。

（7） 宮城県多賀城跡調査研究所『多賀城漆紙文書（宮城県多賀城跡調査研究所資料Ｉ）』一九七九年。
（8） 木簡学会『日本古代木簡選』岩波書店、一九九〇年。なお、「□守十八人」の部分は、本書では検討の結果、「船守十八人」と釈文を訂正した。
（9） 多賀城市教育委員会『市川橋遺跡（多賀城市文化財調査報告書第六四集）』二〇〇一年。
（10） 金沢製鉄遺跡群の概要については南相馬市博物館企画展図録『古代陸奥国・行方の郡家――国史跡・泉官衙遺跡』（南相馬市博物館、二〇一一年一月）による。
（11） 塩沢君夫「八世紀における土豪と農民」（『歴史学研究』第一七四号、のちに『古代専制国家の構造』御茶の水書房、一九五八年）。
（12） 田中卓「新たに世に出た『宝亀三年太政官符』」（『日本上古史研究』一－三、一九五七年、のちに『田中卓著作集10 古典籍と史料』国書刊行会、一九九三年に所収）。
（13） 佐伯有清「神火と国分寺の焼失」（『新撰姓氏録の研究　研究篇』吉川弘文館、一九六三年）。

第五章

（1） 磐城郡家とその周辺の遺跡の概要は、『荒田目条里遺跡（いわき市埋蔵文化財調査報告第七五冊）』（いわき市教育委員会、二〇〇一年）の「第八章　まとめ」を要約した。
（2） 拙稿「〝古代人の死〟と墨書土器」（『墨書土器の研究』吉川弘文館、二〇〇〇年）を参照。
（3） 宮城県教育委員会・建設省東北地方建設局『山王遺跡Ⅲ（宮城県文化財調査報告書第一七〇集）』一九九六年。
（4） 福島県教育委員会・福島県文化センター・日本道路公団『常磐自動車道遺跡調査報告11　大猿田遺跡（2次調査）（福島県文化財調査報告書第三四一集）』一九九八年）、釈文は、『木簡研究』二三（木簡学会、二〇〇一年）による。
（5） いわき市教育委員会『根岸遺跡（いわき市埋蔵文化財調査報告第七二冊）』二〇〇〇年。
（6） 『荒田目条里遺跡』（注（1））「第七章　文字資料」（平川南・三上喜孝共同執筆）。
（7） 福井県教育庁埋蔵文化財調査センター『年報5―平成元年度』一九九一年。
（8） 服藤早苗「古代の母と子」（森浩一編『日本の古代』第一二巻、中央公論社、一九八七年）。

（9） 宮城県多賀城跡調査研究所『多賀城漆紙文書（宮城県多賀城跡調査研究所資料Ⅰ）』一九七九年。

（10） 拙稿「古代における人名の表記——最新の木簡から発して」（『国史学』一六一号、一九九六年一二月、のちに『古代地方木簡の研究』吉川弘文館、二〇〇三年に所収）。

（11） 稲の品種を記した「種子札」については、詳しくは拙稿「種子札と古代の稲作」（『古代地方木簡の研究』吉川弘文館、二〇〇三年に所収）を参照。

（12） いわき市教育委員会『夏井廃寺跡（いわき市埋蔵文化財調査報告第一〇七冊）』二〇〇四年。

図版出典一覧

図1・46・48　南相馬市博物館企画展示図録『古代陸奥国行方の郡家』二〇一一年、一部改訂
図2　進藤秋輝『古代東北統治の拠点・多賀城』（シリーズ「遺跡を学ぶ」066）、新泉社、二〇一〇年
図3　新潟県立歴史博物館企画展示図録『越後佐渡の古代ロマン——行き交う人々の姿を求めて』二〇〇四年
図4・5　特別史跡多賀城跡調査50周年記念特別展図録『多賀城・大宰府と古代の都』東北歴史博物館、二〇一〇年
図6・43・44・53　平川南『日本の原像』（日本の歴史二）、小学館、二〇〇八年
図7　石松好雄・桑原滋郎『大宰府と多賀城』（古代日本を発掘する4）、岩波書店、一九八五年（作画　小沢尚）
図8　朴淳発「泗沘都城研究状況と課題」（国立扶余文化財研究所『百済泗沘時期文化の再証明』（二〇〇六年）に加筆
図9・39・40・41　進藤秋輝編『東北の古代遺跡』高志書院、二〇一〇年
図10　『韓国の古代木簡』国立昌原文化財研究所、二〇〇六年
表1・2　平川南「古代の城柵に関する試論——「古代国家と辺境」へのアプローチ」（『原始古代社会研究』4、校倉書房、一九七八年）
図11・表3　『新版 古代の日本4　中国・四国』角川書店、一九九二年
図12　奈良国立博物館特別展示図録『発掘された古代の在銘遺宝』一九八九年
図13　長岡市教育委員会提供
図14　東北歴史資料館・宮城県多賀城跡調査研究所『多賀城と古代東北』一九八六年
図15　宮城県多賀城跡調査研究所『年報一九八三　多賀城跡』一九八四年
図16　宮城県多賀城跡調査研究所提供
図18　宮城県多賀城跡調査研究所提供
図19　大阪府立近つ飛鳥博物館平成7年度春期特別展図録『鏡の時代——銅鏡百枚』一九九五年に加筆
図20・21　利府町教育委員会提供
図23　和島村埋蔵文化財調査報告書第三集『八幡林遺跡』一九九四年
図24　国立歴史民俗博物館編『正倉院文書拾遺』一九九二年
図25　『国立歴史民俗博物館研究報告84』二〇〇〇年
図26　平川南『よみがえる古代文書』岩波書店、一九九四年
図27　宮城県矢本町教育委員会『赤井遺跡I』二〇〇一年
図29　新潟県立歴史博物館平成20年度秋季企画展『ハンコ今昔』二〇〇八年
図30　国土地理院発行地図
図32　北海道立埋蔵文化財センター

図33・34 佐藤正彦「小泉遺跡と出土遺物」(陸前高田市立博物館『陸前高田市立博物館紀要』9、二〇〇四年)

図35 茨城県鹿島町教育委員会『神野向遺跡Ⅴ』一九八五年

図36・37・38 岩手県遠野市教育委員会『高瀬Ⅰ・Ⅱ遺跡』一九九二年

図42 宮城県多賀城跡調査研究所『多賀城漆紙文書』一九七九年

図45 角川源義「あづまの国」(『古代の日本7 関東』角川書店、一九七〇年)

図47 原町教育委員会『泉廃寺跡——遺跡が語る古代のはらまち』二〇〇三年

図49 原町教育委員会・福島県相双農林事務所『県営高平地区ほ場整備事業関連遺跡発掘調査報告書Ⅰ 下北高平館跡・正福寺跡・広畑遺跡』二〇〇〇年

図50 平川南『古代地方木簡の研究』吉川弘文館、二〇〇三年

図51・66 平川南『漆紙文書の研究』吉川弘文館、一九八九年

図52 宮城県多賀城跡調査研究所『年報一九七三 多賀城跡』一九七四年

図54・56・59・62・63・67・68 いわき市教育委員会・いわき市教育文化事業団編『荒田目条里遺跡』二〇〇一年

図55 いわき市文化事業団編『根岸遺跡』いわき市教育委員会、二〇〇〇年

図57 佐倉市教育委員会(文化課)『風媒花』16号、二〇〇三年(平川南「古代の印波と香取の海」)

図58 八千代市遺跡調査会編『上谷遺跡』大成建設株式会社、二〇〇四年

図60 宮城県教育委員会・建設省東北地方建設局『山王遺跡Ⅲ』一九九六年

図61 『日本歴史地図』(柏書房)に加筆

図64 福島県教育委員会・福島県文化センター・日本道路公団『常磐自動車道遺跡調査報告11 大猿田遺跡(2次調査)』一九九八年

図65 (写真所蔵)津幡町教育委員会

図70 いわき市教育委員会『夏井廃寺跡』二〇〇四年

図71 いわき市古代史研究会誌「いわき古代の風」(平川南「再現古代磐城の里」)

図72 (写真所蔵)鼻節神社(七ヶ浜町歴史資料館寄託)

図73 特別史跡多賀城跡調査50周年記念特別展図録『多賀城・大宰府と古代の都』東北歴史博物館、二〇一〇年

あとがき

本書刊行は、二〇一一年三月一一日の東日本大震災後の想いにもとづくものである。

「はじめに」でも述べたが、私は二〇一〇年一一月一三日に岩手県陸前高田市主催「気仙登場一二〇〇年記念講演会　再発見！　古代の気仙」に講師として招かれた。その講演会で私は、古代の気仙地方が金や鉄・漆を含む三陸一帯の豊かな資源と、北方世界のオオワシの羽、ヒグマの毛皮、アザラシの皮などを交易する一大拠点であったこと、都への昆布貢進地としても、閉伊《へい》地方とともに重要な役割を果たしたことなどを述べた。その二カ月ほど後の二〇一一年一月上旬、陸前高田市教育委員会の佐藤正彦氏から一通のメールが届いた。佐藤氏はその講演会の責任者として、準備段階から当日の進行などすべてを担っていた。メールの内容は当日参加できなかった市民のために講演記録を刊行したいとのことで、録音から起こした原稿の校正依頼であった。しかし、年度末の慌ただしさと数本の原稿執筆とが重なり、送られてきた原稿は手着かずのまま、三月一一日の大震災に襲われた。

陸前高田市は、大津波によって壊滅的な被害をうけた。三陸地方の先駆的総合博物館として名高い陸前高田市立博物館は館長はじめ職員六名の方が、そして佐藤正彦氏も亡くなられた。私は佐藤氏から依頼されていた原稿を返却しないままであったことを非常に悔いた。何としても佐藤氏の熱意に応えなければ、との思いから本書を為すことにした。

内容は、東北地方の沿岸地域に関する近年の講演活動などをベースに構成することとした。二〇〇八年一〇月四日の多賀城市歴史講演会「歴史の宝庫　多賀城」にはじまり、二〇一一年一月三〇日の福島県南相馬市「古代の郡家と地域社会」までの講演は、東北地方沿岸部における拠点的地域の新たな古代史像を描くものであった。

また、一九九六年から二〇〇一年にかけて、いわき市内の荒田目条里遺跡《あっためじょうり》をはじめ、貴重な文字資料を出土した数多くの遺跡の調査依頼をうけ、古代の磐城地方を検討する機会に恵まれた。市民の方々とも、何回かの講演会を通じて、海道の大郡、磐城郡の歴史的意義を確認した。

さらに遡り、一九九〇年ごろ、石巻市史編纂事業に参画して、奈良時代の正史『続日本紀』の牡鹿地域の記述を見た時に、研究し尽くされた感のある歴史書にも、「海道」としての牡鹿地方の新たな側面があることをはじめて見いだした。これまでの中央と地方という中央集権的な見方に対して、古代の地方豪族による地域間交流の視点の重要性を自治体史(『石巻の歴史』第6巻、特別史編、一九九二年)の中で記述した。そこで、本書に「海道・牡鹿地方」を改稿のうえ、収載することとした。

気仙・牡鹿・多賀城・行方・磐城の五地域は、現在においても東北地方太平洋沿岸部の中核的都市である。その地域が東日本大震災・原子力発電所事故によって被災したのである。

大震災後の六月末、多賀城・気仙沼・陸前高田市などの被災地を訪ね、被災情況とその修復活動などを見せていただいた。壊滅的な被害をうけた陸前高田市立博物館の歴史・文化資料のうち、被災現場のヘドロなどの中からレスキューされた一〇万点を超える資料は、沿岸近くの市街地から遠く移され、廃校となっていた山間部の生出《おいで》小学校に収容されていた。校内のすべての教室に泥や砂をかぶったままの資料や簡単な洗浄を済ませた資料がところ狭しと拡げられていた。私が訪ねた時、市の職員の方が真っ先に、「平川さん、小泉遺跡の〝厨〟墨書土器ですよ」と笑顔をうかべながら見せてくれた。ヘドロの中から採り上げた「厨」の文字が感激でかすんだ。小泉遺跡が古代気仙郡の中核的官衙の一部であることを立証した墨書土器であった。二〇一〇年一一月の講演会で「厨」墨書土器の意義について述べたことを、あの恐怖の震災体験を経ても記憶されていたことがうれしかった。

なお、東日本大震災に被災した博物館等に収蔵されていた歴史・文化資料の被災情況と修復活動については、国立歴史民俗博物館編『被災地の博物館に聞く——東日本大震災と歴史・文化資料』(吉川弘文館、二〇一二年三月)をお読みいただきたい。

本書の舞台は東北太平洋沿岸地域であるが、日本列島の歴史・文化は、海上ルートと、河川が海に注ぐ河口部から展開していく。列島沿岸部の原像ともいうべき古代史像を〝人と自然〟〝地域社会と国家〟という視点から描く試みが各地で進展することを期待したい。今こそ、自ら暮らす足元の歴史に市民一人ひとりが大きなエネルギーを見いだせるよう、真の地域史を確立しなければならない。

被災した沿岸地域の人々は、いまだ過酷な情況にありながらも復興へ向かっている。そのエネルギーは、これまでそれぞれの地で育まれてきた歴史・文化への強い思いから生まれているのだろう。被災地の再生にあたり、歴史・文化こそが地域社会の基盤となると信じ、本書が多少なりとも寄与することができれば幸いである。

本書刊行に際しては、篠崎尚子・武井紀子の両氏に史・資料点検、校正のご助力をいただいた。また震災後の各地における復興計画が多様な形で進行する中、本書を一日も早く現地に届けたいという焦りにも似た心境の中で、岩波書店の入江仰氏には種々の御無理をお願いしたり、大変なご尽力をいただいた。併せて心から御礼を申し上げたい。

平川　南

二〇一二年四月

■岩波オンデマンドブックス■

東北「海道」の古代史

2012年5月30日　第1刷発行
2017年9月12日　オンデマンド版発行

著　者　平川《ひらかわ》　南《みなみ》

発行者　岡本　厚

発行所　株式会社　岩波書店
〒101-8002　東京都千代田区一ツ橋2-5-5
電話案内　03-5210-4000
http://www.iwanami.co.jp/

印刷／製本・法令印刷

ISBN 978-4-00-730661-7　Printed in Japan